Treinamento e Desenvolvimento com foco em Educação Corporativa

Competências e técnicas de ensino presencial e on-line, Fábrica de Conteúdo, Design Instrucional, Design Thinking e Gamification

www.editorasaraiva.com.br

Roberto Madruga

Treinamento e Desenvolvimento com foco em Educação Corporativa

Competências e técnicas de ensino presencial e on-line, Fábrica de Conteúdo, Design Instrucional, Design Thinking e Gamification

Av. Paulista, 901, Edifício CYK, 3º andar
Bela Vista – SP – CEP 01310-100

SAC | Dúvidas referentes a conteúdo editorial, material de apoio e reclamações:
sac.sets@saraivaeducacao.com.br

Diretoria executiva	Flávia Alves Bravin
Diretoria editorial	Renata Pascual Müller
Gerência editorial	Rita de Cássia S. Puoço
Aquisições	Fernando Alves (coord.)
Edição	Ana Laura Valerio
	Neto Bach
	Thiago Fraga
Produção editorial	Alline Garcia Bullara
	Amanda M. Loyola
	Daniela Nogueira Secondo
Serviços editoriais	Juliana Bojczuk Fermino
Preparação	Alessandra Borges
Revisão	Débora Dutra Vieira
	Hebe Ester Lucas
Diagramação	MSDE / MANU SANTOS Design
Capa	MSDE / MANU SANTOS Design
Adaptação da 3ª tiragem	Camilla Felix Cianelli Chaves
Impressão e acabamento	Ricargraf

ISBN 978-85-472-3038-8

DADOS INTERNACIONAIS DE CATALOGAÇÃO NA PUBLICAÇÃO (CIP)
Aline Graziele Benitez CRB-1/3129

M157t Madruga, Roberto
1 .ed.   Treinamento e desenvolvimento com foco em educação corporativa / Roberto Madruga. – 1 .ed. – São Paulo: Saraiva Educação, 2018.

ISBN 978-85-472-3038-8

1. Didática 2. Metodologia 3. Técnicas de ensino. 4. Educação corporativa. I. Título.

CDD-371

Índices para catálogo sistemático:

1. Didática: metodologia
2. Técnica de ensino
3. Educação corporativa

Copyright © Roberto Madruga
2018 Saraiva Educação
Todos os direitos reservados.

1ª edição

4ª tiragem 2023

Nenhuma parte desta publicação poderá ser reproduzida por qualquer meio ou forma sem a prévia autorização da Saraiva Educação. A violação dos direitos autorais é crime estabelecido na lei nº 9.610/98 e punido pelo artigo 184 do Código Penal.

EDITAR 16277   CL 651501   CAE 624623

[DEDICATÓRIA]

Dedico este livro a todos os meus alunos, clientes e colaboradores. Vocês são minha razão de estudar novas competências, escrever e trabalhar com prazer, dedicação e amor.

Às instituições de ensino FGV, PUC, UFRJ, HSM e Ibmec, entre outras, por me proporcionarem a oportunidade de ensinar e ajudar a transformar vidas.

Também dedico meu livro à minha esposa e à minha família, que iluminam minha vida diariamente.

Aos estagiários Bruno Hatzfeld Mattos e Victor S. Togashi, pelo apoio ao projeto.

[SOBRE O AUTOR]

© Acervo pessoal

ROBERTO MADRUGA possui vasta experiência como professor, consultor, palestrante, *coach*, diretor de projetos educacionais e designer instrucional, reconhecido por sua multidisciplinaridade, experiência prática e criação de métodos estruturados nas áreas de Treinamento e Desenvolvimento de Pessoas e Consultoria em Gestão Organizacional, sempre com foco em resultados. Administrador, Designer e Mestre em Gestão Empresarial pela Fundação Getulio Vargas (FGV). Pós-graduado em Marketing, em Educação a Distância, em Gestão de Recursos Humanos, em Gestão Estratégica e Qualidade e em Pedagogia Empresarial. Master em Programação Neurolinguística (PNL) pela International Association of NLP Institutes, *coach* certificado pela International Association of Coaching Institutes (ICI). Professor de MBAs da FGV (Brasil), PUC-RJ, Universidade Federal do Rio de Janeiro (UFRJ) e HSM Educação Executiva.

Fundador e CEO da ConQuist, uma companhia que se tornou referência brasileira em consultoria e Educação Corporativa com mais de 200 empresas atendidas em projetos de T&D presenciais, a distância, programas de *coaching* ou consultoria especializada. Entre elas se destacam:

5ASEC	CLUB MED
ABBOTT	COCA-COLA
ALTERDATA SOFTWARE	CONTAX
AMERICAN EXPRESS	COPA D'OR HOSPITAL
AMIL	CSU
ANHANGUERA	CTIS
APAS	DUFRY
APPAI	EDITORA ABRIL
APSA	EMBRATEL
ARCOR	ENDOMEDICAL
ASSURANT	ENEL
AZUL SEGUROS	ESSILOR
BANCO DE AREIA	ESTALEIRO BRASA
BANCO DO BRASIL	FABRIMAR
BB TECNO	FETRANSPOR
BIOSYS/KOVALENT	FGV
BNDES	FIERGS
BR DISTRIBUIDORA	FIOTEC
BRASIL CT	FIRJAN
BRASIL TELECOM	GAN NUTRIÇÃO
BRASILCENTER	GASNATURAL
CAIXA	GLOBO.COM
CARREFOUR	GOLDEN CROSS
CARVALHO HOSKEN	GSK GLAXOSMITHKLINE
CASA & VIDEO	HERBALIFE
CASA SHOW	HSBC
CEG	IBEU
CHEVRON	INFOGLOBO
CIEE	INFOLINK

IPIRANGA PETRÓLEO	PAREX	SEBRAE	SWEDISH MARTCH
ITAÚ	PASSEIO SHOPPING	SEGURADORA LÍDER	TCE
JORNAL O GLOBO	PEIXE URBANO	SENAC	TELELISTAS.NET
LABS D'OR	PETROBRAS	SENAI	TELEPERFORMANCE
LAFARGE	PIRAQUÊ	SÉRGIO BERMUDES	TRE
LIBRA TERMINALS	PONTOFRIO	SESC	TERRA
LINDE GASES	PROFARMA	SESI	TIVIT
LOSANGO	PROLAGOS	SHOPPING INTERLAGOS	UNICRED
MANOBRASSO	PRUDENTIAL	SHOPPING NOVA AMÉRICA	UNIMED
MARINHA DO BRASIL	READERS DIGEST		UNIVERSIDADE ESTÁCIO
MORUMBI SHOPPING	REDE GAZETA	SICRED	UOL
NATURA	REDE GLOBO	SITEL	VALE
NET	REDE TENDÊNCIA	SKY	VIA VAREJO
NOKIA SIEMENS	RIOCARD	SODEXO	VIVO
O BOTICÁRIO	ROSSI	STRATURA	WHITE MARTINS
OI	SAINT-GOBAIN	SULAMÉRICA	XP EDUCAÇÃO

Escreva para o autor, ele terá prazer em responder à sua mensagem:

roberto.madruga@conquist.com.br

SUMÁRIO

INTRODUÇÃO 1

CAPÍTULO 1   TREINAMENTO E DESENVOLVIMENTO POR COMPETÊNCIAS 5

1.1   Gestão por Competências: modelando a organização 6
1.2   Vinte resultados de T&D quando conectados às competências 7
1.3   Gestão por Competências: diferenças e implantação 8
1.4   Competência, uma aptidão do ser humano 9
1.5   CHAR – ampliando o significado de competência 9
1.6   Classificação de competências em quatro categorias 10
    1.6.1   Quanto ao tipo de aplicação da competência 10
    1.6.2   Quanto à abrangência da competência 11
    1.6.3   Quanto à diferenciação advinda do Planejamento Estratégico 11
    1.6.4   Quanto à competência emocional 12
1.7   Classificação de treinamentos por competência 13
    1.7.1   Treinamento em competências técnicas 13
    1.7.2   Treinamento em competências comportamentais 14
    1.7.3   Treinamento em competências híbridas 16
1.8   O caminhar das competências 17
1.9   Gestão de carreira e competências complementares 18
1.10 Estágio de desenvolvimento do aluno 19
1.11 A competência para desenvolver competências 20
1.12 Competências para ensinar 22
Caso de sucesso: Club Med 23
Questões para reflexão e prática 25

CAPÍTULO 2   IMPLEMENTANDO EDUCAÇÃO CORPORATIVA E UNIVERSIDADE CORPORATIVA 27

2.1   A educação de acordo com os momentos históricos 28
    2.1.1   Pré-história 28
    2.1.2   Surgimento da escrita 28
    2.1.3   Pedagogia oriental 28
    2.1.4   Grécia 28
    2.1.5   Humanismo 29
    2.1.6   Absolutismo 29
    2.1.7   Empirismo 29
2.2   As fases do modelo econômico e as estratégias de T&D 29
2.3   Princípios da Educação Corporativa 31

2.4　Ser ou não ser, eis a questão　*32*
2.5　Quadrantes da Educação Corporativa　*33*
2.6　Tendências da Educação Corporativa　*34*
2.7　Como surgiram as Universidades Corporativas　*36*
2.8　Conversão de estratégia em EC e depois em UCs　*37*
2.9　Doze Princípios Norteadores da UC　*38*
2.10　Estruturando a Universidade Corporativa　*40*
2.11　Aplique a Escala de Educação Corporativa　*41*
　　　2.11.1　Escala de Educação Corporativa – descubra em que estágio a sua organização está　*41*
2.12　O Planejamento Estratégico e a Universidade Corporativa　*44*
　　　2.12.1　Missão da UC　*45*
　　　2.12.2　Visão da UC　*45*
　　　2.12.3　Valores da UC　*45*
　　　2.12.4　Objetivos da UC　*45*
　　　2.12.5　Estratégias da UC　*46*
2.13　Iniciando por Competências Universais　*46*
2.14　Como montar um time de Educação Corporativa ou UC　*47*
Caso de sucesso: Empresa Vivo　*49*
Questões para reflexão e prática　*50*

CAPÍTULO 3　LIDERANÇA EDUCADORA, PROGRAMA DE DESENVOLVIMENTO DE LÍDERES E GESTÃO DE MUDANÇAS　*53*

3.1　A tríade: aluno, líder educador e área de TH　*54*
3.2　Razões para implantar a liderança educadora com parceria　*56*
3.3　2cs + 2is: comandar, conduzir, influenciar e inspirar　*56*
3.4　A incansável repetição do líder educador　*58*
3.5　Tendências do Capital Humano　*59*
3.6　Educação continuada de líderes – PDG ou PDL　*60*
3.7　Seis grupos de competências para líderes　*61*
3.8　Como priorizar a participação no PDL　*63*
3.9　Perguntas para o PDL　*64*
3.10　Estratégias de liderança e o líder educador　*65*
3.11　Gestão da Mudança e os Projetos Educacionais　*66*
3.12　É melhor fazer a gestão do que não mudar　*67*
3.13　Erros fatais em um processo de mudança　*68*
3.14　Dez passos para implementar soluções　*70*
Caso de sucesso: Ipiranga　*71*
Questões para reflexão e prática　*72*

CAPÍTULO 4　DIAGNÓSTICO DE NECESSIDADES DE TREINAMENTO & DESENVOLVIMENTO (DNT)　*75*

4.1　Treinamento emergencial *versus* processo natural de T&D　*76*
4.2　Diagnóstico de Necessidades de Treinamento e Desenvolvimento (DNT)　*77*
4.3　Vantagens de se diagnosticarem situações de aprendizagem　*80*
4.4　Metodologia diagnóstica para o DNT　*80*
4.5　DNT – 1ª parte: análise da organização　*81*

   4.5.1 Análise do Planejamento Estratégico existente *81*
   4.5.2 Identificação das competências essenciais e distintivas *83*
   4.5.3 Análise de leis, normas e certificações *84*
   4.5.4 Resultados do negócio e dados dos clientes *85*
4.6 **DNT – 2ª parte: análise dos recursos humanos** *86*
   4.6.1 Análise dos dados existentes dos colaboradores *86*
   4.6.2 Análise da produtividade, processos e indicadores *87*
   4.6.3 Competências por cargo *88*
   4.6.4 Pesquisa com o público-alvo *89*
Caso de sucesso: BBTecno *91*
Questões para reflexão e prática *93*

CAPÍTULO 5 PLANEJAMENTO E PLANO DE TREINAMENTO E DESENVOLVIMENTO *95*

5.1 **Planejando a implementação de ações educacionais** *96*
5.2 **Plano de Desenvolvimento ou Programa de Treinamento** *97*
   5.2.1 Plano de Desenvolvimento simplificado *98*
   5.2.2 Plano de Desenvolvimento completo *99*
5.3 **Criando a Trilha de Desenvolvimento** *101*
5.4 **Dimensionamento de recursos e orçamento** *104*
   5.4.1 Calendarização dos treinamentos *106*
   5.4.2 Definição dos instrutores e tutores *106*
   5.4.3 Preparação dos instrutores e tutores *106*
   5.4.4 *Checklist* da infraestrutura de treinamento *107*
   5.4.5 Piloto de treinamento *107*
   5.4.6 Certificação do aluno *108*
   5.4.7 Ações pós-treinamento *108*
   5.4.8 Análise e registro dos resultados *108*
5.5 **Vinte recomendações para Planejamento de T&D** *109*
5.6 ***Checklist* de infraestrutura e ferramentas** *114*
Caso de sucesso: Disney Institute – Estados Unidos *115*
Questões para reflexão e prática *116*

CAPÍTULO 6 MÉTODO DIFAC: DESIGN INSTRUCIONAL + FÁBRICA DE CONTEÚDO *119*

6.1 **Desenvolver conteúdo é imperativo para quem educa** *120*
6.2 **Definição do Design Instrucional** *120*
6.3 **Sete competências para desenvolver o Design Instrucional** *122*
6.4 **As diversas definições de Design Instrucional** *122*
6.5 **Design Instrucional + Fábrica de Conteúdo** *123*
6.6 **Funções da Fábrica de Conteúdo** *124*
6.7 **Método DIFAC: Design Instrucional + Fábrica de Conteúdo em dez passos** *124*
6.8 **Outros modelos de Design Instrucional** *140*
   6.8.1 Modelo ADDIE de Design Instrucional – Estados Unidos *140*
   6.8.2 Modelo SAM de Design Instrucional *141*
   6.8.3 Modelo de Princípios Instrucionais de Merrill *141*
   6.8.4 Modelo de nove níveis de Gagné *142*
Caso de sucesso: Alterdata Software *143*
Questões para reflexão e prática *145*

CAPÍTULO 7   DICAS PARA MINISTRAR AULAS PRESENCIAIS, DESIGN THINKING E GAMIFICATION   *147*

7.1   Como vender as características e os benefícios de Treinamento e Desenvolvimento   *148*
7.2   Quarenta dicas para ministrar aulas presenciais   *148*
    7.2.1   Dicas para abertura da aula   *149*
    7.2.2   Dicas para o impacto inicial   *149*
    7.2.3   Dicas para sustentação da aprendizagem   *149*
    7.2.4   Dicas para fechar a aula com excelência   *150*
7.3   Como tornar uma aula participativa   *150*
7.4   Tipos de oradores   *151*
7.5   O orador perfeito   *152*
7.6   Liberdade para conquistar a criatividade   *152*
7.7   Todo cuidado com a infraestrutura de aula   *153*
7.8   Design Thinking para educadores   *155*
7.9   Design Thinking como alavanca para o ensino   *157*
7.10   Seis técnicas simples para enriquecer as aulas   *158*
7.11   Não confunda *Gamification* com "venda de jogos"   *159*
7.12   Cinco estratégias para *Gamification*   *159*
7.13   *Gamification* amplia a experiência do aluno   *160*
7.14   Indicadores de engajamento do aluno na *Gamification*   *161*
7.15   Resolução de problemas com *Gamification*   *162*
7.16   *Gamification* customizada de acordo com a idade, geração e gênero   *163*
7.17   A arte de questionar o aluno   *164*
7.18   Saia justa: a arte de ser questionado   *164*
    7.18.1 Perguntas básicas   *165*
    7.18.2 Perguntas difíceis   *165*
    7.18.3 Perguntas fora do contexto   *165*
    7.18.4 Perguntas maliciosas   *166*

Caso de sucesso: Laboratório de Atenção e Treinamento Walterboot   *167*
Questões para reflexão e prática   *168*

CAPÍTULO 8   EAD NA ERA DO *RAPID E-LEARNING* E DO *LEAN E-LEARNING*   *169*

8.1   As mudanças em nossa sociedade   *170*
8.2   Cenário favorável do EaD para o Brasil   *170*
8.3   Como se tornar um mestre *blended*   *171*
8.4   Propostas pedagógicas aplicáveis ao EaD   *172*
8.5   Estatísticas mundiais sobre o ensino a distância   *173*
8.6   *Rapid e-Learning* combinado com *Lean e-Learning*   *173*
8.7   Educação a distância *versus* distração a distância   *174*
    8.7.1 Decágono de Competências EaD   *175*
8.8   Ranking dos LMS   *177*
8.9   Funcionalidades das ferramentas de autoria   *178*
8.10   Classificação das ferramentas de autoria   *178*
8.11   A importância de saber criar vídeos céleres   *180*
8.12   Produção ágil de EaD   *181*

8.13 A importância da boa navegação no ambiente virtual do curso *184*
8.14 Oito métodos para obter engajamento e *feedback* no *e-Learning* *185*
8.15 Revendo a relação tutor-aluno *186*
8.16 Papéis do tutor on-line *187*
8.17 Dez competências dos tutores *188*
8.18 O questionário on-line efetivo *188*
Caso de sucesso: Unesco *190*
Questões para reflexão e prática *191*

CAPÍTULO 9 METODOLOGIA, MÉTODOS, TÉCNICAS DE ENSINO E TEORIAS DE APRENDIZAGEM APLICADAS *193*

9.1 Pedagogia e Andragogia *194*
9.2 Hierarquia 4M2T: Metodologia, Modalidade, Método, Técnica, Tecnologia e Material de ensino *195*
    9.2.1 Metodologia de ensino *196*
    9.2.2 Modalidade de ensino *197*
    9.2.3 Método de ensino *198*
    9.2.4 Técnica de ensino *198*
    9.2.5 Tecnologias e materiais didáticos *199*
9.3 Dez elementos que definem uma metodologia educacional *199*
9.4 Diferentes formas de aprendizagem *200*
9.5 A aprendizagem vivencial com estratégia empresarial *201*
9.6 Estratégias pedagógicas para dificuldades de aprendizagem *202*
9.7 Teorias de aprendizagem aplicáveis em T&D *203*
    9.7.1 Janelas de Johari – Joseph Luft e Harry Ingham *203*
    9.7.2 Pirâmide da Aprendizagem – Edgar Dale *204*
    9.7.3 Curva de aprendizagem ABCDE para cursos de curta duração *205*
    9.7.4 Kolb Learning Styles – Aprendizagem experiencial – David Kolb *206*
    9.7.5 Variação de Honey-Mumford *209*
    9.7.6 *Bloom's Taxonomy* – Benjamin Bloom *209*
    9.7.7 O modelo 70:20:10 – Morgan McCall, Robert W. Eichinger e Michael M. Lombardo *210*
Caso de sucesso: Globo.com *212*
Questões para reflexão e prática *213*

CAPÍTULO 10 AS 40 MODALIDADES DE ENSINO E DE DESENVOLVIMENTO DE PESSOAS *215*

10.1 Títulos para educadores e educandos *216*
10.2 Como escolher a modalidade de ensino ou de desenvolvimento *217*
10.3 Quarenta e uma modalidades diferentes de desenvolvimento *219*
10.4 PDI: como escolher a modalidade certa *230*
Caso de sucesso: Laboratório Sabin *232*
Questões para reflexão e prática *233*

CAPÍTULO 11 INDICADORES DE T&D E A CULTURA DE DESEMPENHO *235*

11.1 Indicadores de Gestão de Pessoas *236*
11.2 Características dos indicadores *237*
11.3 Escala Brasileira de Liderança *238*

11.4   O processo de melhoria contínua   *239*
11.5   Indicadores setoriais de T&D   *240*
11.6   Vinte e sete indicadores de T&D aplicáveis   *246*
11.7   Indicadores de Gestão de T&D   *243*
11.8   Indicadores de cobertura e escopo de T&D   *244*
11.9   Indicadores de satisfação e engajamento em T&D   *245*
11.10   Indicadores de produtividade   *246*
11.11   Indicadores de T&D ligados a competências   *247*
11.12   Indicadores financeiros de T&D   *248*
11.13   Indicadores de T&D ligados aos resultados de negócios   *249*
11.14   Norma ABNT NBR ISO 10015:2001   *250*
Questões para reflexão e prática   *252*

CAPÍTULO 12   FORMULÁRIOS PARA PLANEJAMENTO, IMPLEMENTAÇÃO E AVALIAÇÃO DE EDUCAÇÃO CORPORATIVA   *255*

12.1   Modelos de formulários para T&D   *256*
Questões para reflexão e prática   *269*

REFERÊNCIAS   *271*

[INTRODUÇÃO]

Sabe quais são os fatores que mais elevam o nível de desenvolvimento dos países mais prósperos do mundo? Por um lado, é o investimento dos governos na educação básica e, por outro, o investimento das organizações privadas e públicas no treinamento e no desenvolvimento dos seus colaboradores, resultando numa gigante sinergia entre a educação básica e o desenvolvimento de competências voltadas para o mercado de trabalho.

De fato, existe uma relação direta entre investimento em Educação Corporativa e desempenho da economia de um país. Isso nos faz refletir sobre o quanto temos a caminhar no Brasil. Capacitar colaboradores promove inovação, aumento de produtividade, incremento de eficiência e eficácia, prepara sucessores, amplia vantagens competitivas, torna a organização mais sustentável e contribui para a redução do custo Brasil.

Sabemos que ninguém faz nada sozinho. Já se foi o tempo em que as organizações desenvolviam seus talentos de maneira solitária. Estamos vivendo uma era na qual as empresas estão com o seu quadro de pessoal extremamente enxuto e, portanto, aumentando parcerias com consultorias especializadas. Segundo a Associação Brasileira de Treinamento e Desenvolvimento (ABTD), 84% das organizações contratam fornecedores externos e adotam soluções terceirizadas como parte de sua estratégia de investimento em Educação Corporativa.

Quando comecei a escrever este livro planejei contribuir com empresas, educadores, estudantes, líderes, consultores, empreendedores e instituições de ensino, reunindo, de forma objetiva, dicas práticas, metodologias, técnicas de ensino e de criação de conteúdo que forneçam resultados duradouros na transformação de pessoas.

A elaboração desta obra também teve como objetivo contribuir com minha equipe, clientes e alunos, reunindo em um único conteúdo tendências, pesquisas e metodologias que pratico cotidianamente e que já ajudaram mais de 200 organizações e mais de 100 mil alunos. Por que guardar segredo de experiências se uma das maiores missões do educador é atuar pela prosperidade humana e na disseminação do conhecimento?

Então, este livro é uma missão, uma contribuição para o mundo corporativo e acadêmico e também para o desenvolvimento pessoal. Aliás, esta é uma grande tendência: cuidar tanto do aprimoramento individual quanto do coletivo, sem descuidar de nenhum deles.

Um desafio interessante foi criar o nome do livro. Parece algo simples, mas não é. Cada educador e cada empresa nomeia da maneira que prefere o ato de transformar pessoas. Procuro atribuir o termo Desenvolvimento de Pessoas ao conjunto mais abrangente, que contém em si o conjunto Educação Corporativa. Esse, por sua vez, inclui todas as iniciativas de Treinamento. Veja a Figura a seguir.

Figura I.1 Desenvolvimento de Pessoas é a competência que abrange o conjunto formado por Educação Corporativa, que contém as ações de treinamento presencial e on-line

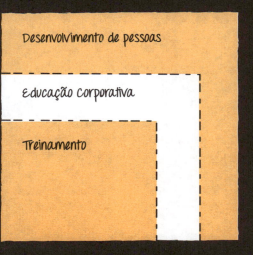

Fonte: elaborada pelo autor.

Assim, os capítulos do livro foram criados para abranger as três camadas, resultando no título *Treinamento e Desenvolvimento com foco em Educação Corporativa*.

Do ponto de vista do mundo corporativo, as soluções educacionais profissionais modificam a organização internamente e também criam vantagens competitivas duradouras que são percebidas pelo mercado. Educar colaboradores de forma estruturada e profissional é uma das estratégias empresariais de retorno mais rápido.

Olhando-se do prisma não corporativo, isto é, a pessoa como um ser humano distinto e não apenas como um colaborador organizacional, jamais devemos esquecer que desenvolver o próximo é aferir benefícios mútuos, oferecer oportunidades de crescimento pessoal, proporcionando a realização de sonhos e de melhoria de vida. Educar é nobre e imperativo para o nosso país.

Projetei esta obra em 12 capítulos dispostos da forma a seguir.

O **Capítulo 1** é dedicado a tratar Treinamento e Desenvolvimento (T&D) não como algo isolado, mas incluí-lo no modelo de Gestão por Competências que é um compromisso nobre nas organizações, abordando o significado ampliado de competências – CHAR (conhecimentos, habilidades, atitudes e resultados), a classificação de competências por categorias, os treinamentos em competências técnicas, comportamentais e híbridas. Também falarei sobre como desenvolver tais competências, fechando o capítulo com um caso de sucesso muito diferenciado sobre o Club Med.

O **Capítulo 2** enfoca a implantação de Educação Corporativa e de Universidade Corporativa, incluindo temas como os 12 princípios para criação e revisão de Universidade Corporativa, reflexos do Planejamento Estratégico na Educação Corporativa, como montar uma equipe educacional, entre outros. O capítulo é finalizado com o reconhecido caso de sucesso da empresa Vivo. Nesse capítulo você poderá também realizar a pesquisa *Escala da Educação Corporativa*.

Já o **Capítulo 3** desmistifica para você como se realiza o planejamento e a aplicação de Programas de Desenvolvimento de Líderes (PDL), também denominados Programas de Desenvolvimento Gerencial (PDG), e o *Change Management*. O capítulo inclui temas como 2cs + 2is dos líderes, estratégias de liderança, o líder educador, passos para implantação de mudanças organizacionais, finalizando com o caso de sucesso da empresa de distribuição de combustíveis Ipiranga.

O **Capítulo 4** apresenta a metodologia completa e as ferramentas para Diagnóstico e Levantamento de Necessidades de Treinamento (DNT/LNT) criadas por mim. Esse capítulo traz temas bem atuais e urgentes, como o processo completo de T&D, como realizar a análise da organização para desenvolver T&D, como fazer levantamento dos recursos humanos e como elaborar o Relatório de Necessidades de Treinamento (RNT), fechando com um caso de sucesso sobre a empresa BB Tecnologia e Serviços.

O sucesso de qualquer programa de desenvolvimento de pessoas começa pelo correto planejamento dos componentes necessários. Ao longo do **Capítulo 5**, apresento como planejar treinamentos de alta performance presenciais e a distância, elaboração do Plano de Treinamento e do Plano de Desenvolvimento, criação de trilha de conhecimento, dimensionamento de recursos e orçamento, preparação dos instrutores e infraestrutura. O capítulo termina com a apresentação do caso de sucesso do Disney Institute, dos Estados Unidos.

Elaborei o **Capítulo 6** para apresentar aos leitores como criar conteúdos educacionais para situações presenciais e on-line, como aplicar o Design Instrucional e quais os dez passos para produção na Fábrica de Conteúdo. O capítulo trata também da redação de textos a serviço do Design Instrucional e dos modelos de Design Instrucional, como: ADDIE, SAM, Merrill, e o de 9 níveis de Gagné. O sensacional caso de sucesso da Alterdata Software encerra esse capítulo.

Como conduzir aulas presencialmente, utilizar o Design Thinking e Gamification são temas do **Capítulo 7**, no qual apresento 40 dicas para ministrar treinamentos presenciais, como tornar uma aula participativa, cuidados com a infraestrutura de aula, Design Thinking a serviço do educador, como implantar a Gamificação no ensino e como incentivar os alunos utilizando a Gamificação. Finalizo o capítulo com o caso de sucesso internacional do Laboratório de Atenção e Treinamento Walterboot.

O **Capítulo 8** é dedicado a apresentar técnicas para criar e implementar Educação a Distância na era do *Rapid e-Learning* e *Lean e-Learning*, trabalhando em todas as fases, desde o diagnóstico até a publicação de conteúdos on-line. São abordados, também, os problemas dos instrutores analógicos, os métodos para simplificar a obtenção de *feedback* no *e-learning*, o Decágono de Competências EaD, o Learning Management System (LMS), as ferramentas de autoria e as dicas para criar vídeos breves, fechando com o caso de sucesso da Unesco.

O **Capítulo 9** tem como foco metodologias, métodos de ensino, técnicas de ensino e teorias de aprendizagem – elementos diferentes e complementares e que todo educador precisa conhecer e dominar. São apresentados alguns ícones como a Hierarquia 4T2M, as diferentes formas de aprendizagem e as teorias de aprendizagem como Janelas de Johari, Curva de Aprendizagem ABCDE, Kolb Learning Styles, Bloom's Taxonomy e o Modelo 70:20:10.

O **Capítulo 10** traz as nomenclaturas pelas quais os educadores podem ser chamados, as 40 modalidades diferentes de ensino e desenvolvimento de pessoas, além de explicar como escolher a modalidade certa para a ocasião certa e como recomendar a modalidade de ensino resultante do Plano de Desenvolvimento Individual (PDI). O capítulo termina apresentando o caso de sucesso do Laboratório Sabin.

Na atualidade, não basta dominar as técnicas de desenvolvimento de pessoas. É necessário também administrar indicadores ligados a esse complexo processo de forma a garantir a participação, o engajamento dos alunos e o controle dos resultados esperados. O **Capítulo 11** foi desenvolvido para apresentar 27 indicadores para mensuração da gestão e do processo e para apresentar resultados de T&D. Trata, também, da Escala Brasileira de Liderança, do processo de melhoria contínua e da norma de treinamento ISO 10015:2001.

Para fechar com "chave de ouro", criei o **Capítulo 12**, no qual são apresentados aos leitores diversos formulários para planejamento, implementação e avaliação de T&D. O objetivo é oferecer para educadores pessoas físicas, empresas e instituições de ensino formas simples para organizar a demanda, a produção e o controle das iniciativas educacionais. O leitor poderá optar por utilizá-los em Word, Excel ou em sistemas de gestão de T&D.

Enfim, este livro foi cuidadosamente projetado para atender àqueles que almejam ampliar competências para diagnosticar, planejar e ministrar aulas presenciais e on-line, com metodologias modernas e técnicas de ensino, e que queiram conhecer e implantar Educação Corporativa, Fábrica de Conteúdo, Design Instrucional, Design Thinking e Gamification.

O livro é uma excelente opção de leitura para os seguintes públicos:

Alunos de graduação e pós-graduação dos mais variados cursos que precisam pesquisar, compreender e desenvolver competências ligadas ao desenvolvimento de pessoas.
Educadores, professores, consultores, instrutores, palestrantes, *coaches*, conselheiros, pedagogos, especialistas, facilitadores, multiplicadores e tutores.
Profissionais de Recursos Humanos de todas as áreas de RH, Talentos Humanos, Desenvolvimento Humano Organizacional e T&D.
Líderes de todas as áreas de organizações privadas ou públicas que almejam o desenvolvimento dos seus colaboradores.
Autodidatas e estudantes, ou seja, pessoas que estão em busca de maior conhecimento na área ou que querem aprender por si.
Empreendedores que precisam desenvolver seu negócio por meio da capacitação de pessoas ou empreendendo na área da educação.
Instituições de ensino, escolas, cursos e universidades que pretendem tornar o processo de ensino dos seus alunos mais diferenciado e produtivo.

A grande diferença desta obra para as demais sobre o mesmo tema é que ela possui uma linguagem próxima do leitor, apresentando dicas práticas, concretas e valiosas exercidas e experimentadas por mim, meus clientes e meus alunos em mais de 20 anos de atuação na área de ensino presencial e em EaD.

Vamos iniciar o **Capítulo 1**? Desejo a você uma ótima leitura!

Roberto Madruga

CAPÍTULO 1
TREINAMENTO E DESENVOLVIMENTO POR COMPETÊNCIAS

> A aquisição de competências por qualquer pessoa é algo nobre, contudo terá mais valor se acrescentarmos a palavra Resultados no tradicional CHA, transformando-o no CHAR moderno.

O método clássico de "dar aulas", com um docente ditando o que deve ser anotado pelos aprendizes, está dando cada vez mais espaço para metodologias experienciais e que magnetizem melhor a atenção dos alunos. Nesse sentido, o verbo "dar" precisa ser descontinuado com urgência, porque o educador não pode dar o seu conhecimento, pois em tese ele ficaria sem. Quando damos ou doamos um livro, naturalmente ficamos sem ele. Contudo, quando ministramos aulas presenciais e on-line estamos **compartilhando** nosso conhecimento, crenças, visões e experiências com os alunos, que fazem o mesmo com a gente. Aliás, uma das virtudes de um grande educador é despertar no aluno a semente que ele já possui, ajudando-o a frutificá-la com o passar do tempo.

O nome dessa semente é Competência. Essa é a palavra mais mencionada na atualidade pelas organizações e instituições de ensino que almejam desenvolver seus colaboradores, alunos e parceiros rumo à criação de diferenciais competitivos e ao desenvolvimento da sociedade.

Designada comumente como a soma de Conhecimentos, Habilidades e Atitudes de um indivíduo (CHA), a competência é a base da Educação Corporativa, é a busca pela perfeição que, embora saibamos ser impossível de ser alcançada por nós, seres humanos, caminhar em sua direção já garante resultados substanciais e satisfação geral.

Competência é o Santo Graal que diariamente milhões e talvez bilhões de pessoas no mundo pensam em aprimorar. Muitas tentam, contudo, nem todas conseguem. De um lado, a pessoa que deseja se qualificar deve investir tempo, dedicação e, por vezes, dinheiro. De outro, as organizações precisam investir nos seus colaboradores e parceiros não apenas monetariamente, mas também com tempo, recursos, metodologias e projetos educacionais consistentes e duradouros. Quando isso ocorre, há criação de benefícios para todas as partes, além de proporcionar prosperidade para a sociedade.

O cerne do Treinamento e Desenvolvimento (T&D) é promover a criação e o aprimoramento de competências junto às pessoas, resultando em aprendizagem organizacional. Esse processo alia a metodologia e a prática de tal forma que possam atuar na transformação de pessoas por meio da utilização dos princípios andragógicos e heutagógicos.

A Heutagogia, um termo derivado do grego (*heuta* = auto + *agogus* = guiar), tem como base um processo educacional alinhado à tecnologia da informação e à comunicação (TICs), no qual o estudante é o único responsável pela aprendizagem, como é feito no caso do EaD. Já a Andragogia é a ciência de orientar a aprender e remete ao conceito de educação para adultos; diferentemente da Pedagogia, do grego (*paidós* = criança).

O núcleo central dessas ciências é desenvolver competências nos indivíduos e nos grupos.

1.1 Gestão por Competências: modelando a organização

Praticar a **Gestão por Competências** é desenvolver o colaborador e, consequentemente, a organização rumo ao futuro de curto, médio e longo prazo, quando as partes estarão mais engajadas e preparadas para responder aos desafios impostos pelo mercado.

Administrar os recursos humanos de uma empresa pelo método de Gestão por Competências é um processo mais profundo do que se pode imaginar, pois envolve todos os subsistemas de RH, desde o momento em que as competências são mapeadas até a seleção dos profissionais, sua avaliação e capacitação de acordo com as competências identificadas (Figura 1.1).

Figura 1.1 Gestão por Competência é um processo estratégico que começa no correto mapeamento destas e segue o ciclo do colaborador desde a sua seleção, passando por T&D

Fonte: elaborada pelo autor.

1.2 Vinte resultados de T&D quando conectados às competências

Algumas organizações aprenderam a importância de desenvolver competências em conjunto com seus colaboradores e hoje colhem frutos saudáveis. Contudo, existem muitas que não incorporaram ainda, em seu DNA, a arte e a técnica de desenvolver pessoas, muitas vezes por acreditar que custa caro e que não há benefícios.

Dessa forma, apresento as conclusões da pesquisa que conduzi para identificar quais resultados foram obtidos por organizações que promoveram o desenvolvimento do seu pessoal com métodos eficazes presenciais e on-line, sempre com base no ganho de competências. Ao todo, são 20 resultados.

1. Proporciona mudança de hábitos e atitudes do colaborador.
2. Melhora a autoestima, na medida em que inclui o ser humano.
3. Aumenta a produção e a produtividade.
4. Reduz erros repetitivos.
5. Conduz pessoas a novas descobertas.
6. Atua na redução de custos de não conformidade.
7. Desenvolve equipes autogerenciáveis.
8. Constrói diferenciais competitivos para a organização.
9. Diminui o *turnover*.
10. Diminui o absenteísmo.
11. Aumenta condições para a empresa se diferenciar no mercado.
12. Aumenta a taxa de fidelização de clientes.
13. Aumenta o tempo de permanência dos funcionários na empresa.
14. Diminui o risco de litígios com clientes.
15. Promove o surgimento de talentos.
16. Cria a cultura de investimento em pessoas.
17. Proporciona ambiente de inovação.
18. Desperta a colaboração para redução de desperdícios.
19. Eleva o padrão de qualidade de produtos e serviços.
20. Promove a profissionalização da organização.

Daí a grande responsabilidade dos gestores das organizações para que o desenvolvimento de competências não seja meramente uma ação de treinamento isolada, sem sentido, mas que esteja alinhado às necessidades organizacionais.

De acordo com Rogério Leme, em seu livro *Aplicação prática de gestão de pessoas por competências*, muito se fala em Gestão por Competências, mas existem dúvidas sobre sua essência. Gestão por Competências é um modelo que permite que empresas e colaboradores atinjam os objetivos propostos por meio da elevação de competências técnicas, comportamentais e híbridas. Conforme Leme, os procedimentos tradicionais de treinamento estão baseados em levantamentos de necessidades pouco assertivos, pois, na prática, o líder do colaborador analisa e informa o RH quais os treinamentos de que ele necessita, apoiando-se no "achismo" sem usar alguma base científica.

Leme mostra que chefes despreparados teimam em "jogar" com pessoas e situações. Com a finalidade de agradar alguns colaboradores, acabam direcionando-os para treinamentos desnecessários para a função que executam, deixando de indicar outros colaboradores que realmente precisam se desenvolver – ou até mesmo corrigir uma ineficiência – simplesmente para prejudicá-los. Todos saem perdendo: organização e colaborador.

Esse é o efeito perverso quando não se utiliza metodologia adequada para mapear as necessidades dos colaboradores.

Pensando nisso, dediquei o **Capítulo 4** inteiramente para o Diagnóstico de Necessidades de Treinamento e Desenvolvimento (DNT).

1.3 Gestão por Competências: diferenças e implantação

Embora algumas empresas modernas apliquem a Gestão por Competências, ainda pecam nos processos de seleção, utilizando uma abordagem tradicional que encara o profissional como mero ocupante do cargo ofertado. Joel Souza Dutra, em seu livro *Gestão de pessoas,* apresenta, com muita propriedade, diferenças gritantes entre a abordagem tradicional e a baseada em Gestão por Competências, como mostra a Tabela 1.1.

Tabela 1.1 Abordagem tradicional *versus* abordagem por competências para Gestão de Pessoas

Aspectos analisados	Abordagem tradicional	Abordagem por competências
Horizonte profissional	Cargo a ser ocupado	Carreira da pessoa na empresa
Perfil	Para um cargo específico	Para atender a demandas presentes e futuras
Processo de escolha	Observa a adequação para o cargo	Observa a adequação para uma trajetória específica
Ferramentas de escolha	Testes de conhecimentos, habilidades e atitudes necessárias para o cargo	Análise da trajetória profissional para avaliar a maturidade profissional e o ritmo de desenvolvimento
Contrato psicológico	Contrato construído visando a determinada posição da empresa	Contrato construído visando a uma carreira ou trajetória profissional na empresa
Compromisso da organização	Manter o cargo para o qual a pessoa está sendo captada	Desenvolver a pessoa para determinada trajetória dentro da empresa
Internalização	Adequação ao cargo	Adequação a uma trajetória

Fonte: DUTRA, 2002.

1.4 Competência, uma aptidão do ser humano

Desde que nos conhecemos por seres humanos estamos desenvolvendo nossas competências. Há mais de 300 mil anos, o *Homo Erectus* descobriu que, ao friccionar uma pedra contra outra, as faíscas produzidas gerariam fogo. O homem aprendeu, então, a dominar esse novo tipo de energia, e passou a cozinhar. Aprendemos a domesticar animais, logo, melhoramos nossa dieta, ingerindo mais proteína. Aprendemos a contar histórias nas aldeias, dessa forma, nos tornamos educadores. Assim surgiu a metodologia, a tecnologia e a vontade do ser humano de aprender e não parar jamais. Somos indivíduos insaciáveis por conhecimento e tudo indica que essa jornada não se esgotará.

Na atualidade, desenvolvemos um modelo de gestão organizacional que é impulsionado fortemente pela criação de competências que representam a força motriz para as atividades de T&D. **Competências** e **capacitação** são palavras que andam juntas e de mãos dadas.

Por isso, vou dedicar as próximas páginas para apresentar as categorias e tipos de competências, o novo significado de competências, as competências técnicas, comportamentais e híbridas.

1.5 CHAR – ampliando o significado de competência

O funcionário de uma empresa que, por exemplo, é expert em infraestrutura, conhece tudo sobre materiais e tem grande capacidade tecnológica pode ser considerado competente em sua função? Talvez sim, mas não há certezas quanto a isso. O fato de "saber tudo" já não é mais garantia, isoladamente, de sucesso das próprias organizações, tampouco de um funcionário que tenha bastante conhecimento técnico. Além disso, o fato de adquirir uma competência pode ainda não ser suficiente se não houver direcionamento para a obtenção de resultados.

De que adianta, por exemplo, um funcionário que faz ótimos balanços contábeis, mas que não os entrega no prazo?

Por essas razões é que está na hora de acrescentarmos mais uma letra à famosa e tradicional sigla CHA (conhecimento, habilidade e atitude). É necessário incluirmos o "R" de **resultados** para garantir que todo **CHAR** seja orientado para o êxito de quem está em busca de determinada competência: indivíduo, organização e sociedade? Isso mesmo, o CHAR pode e deve, no mínimo, possuir três *stakeholders* interessados.

Figura 1.2 Evolução do CHA para o CHAR

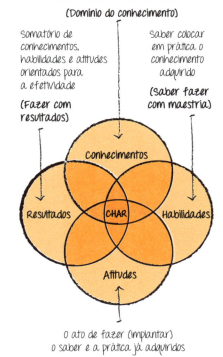

Fonte: elaborada pelo autor.

Sendo para fins lucrativos ou não, toda organização busca maximizar seus frutos e para isso precisará contar com o seu ativo mais valioso: pessoas competentes e orientadas ao resultado. Veja na Figura 1.2 o diagrama do CHAR que preparei.

Para considerarmos que alguém adquiriu uma competência, é necessário que essa pessoa domine o saber, o fazer e se movimente com atitude para implantar o que está definido. Entretanto, a pessoa deve estar orientada para o resultado, pois isso trará maiores benefícios para si mesma e para os outros.

Posso fornecer um exemplo bem prático que observamos no dia a dia. Um garçom com dez anos de experiência que domina completamente o processo de servir e atender seus clientes – e que é elogiado por eles – pode ser ainda mais efetivo se, durante o seu trabalho, observar ao redor e praticar ações simples para melhorar o resultado do restaurante. Ele poderá sugerir ao proprietário do estabelecimento dicas de pratos que podem gerar mais negócios, pois está continuamente ouvindo as opiniões dos clientes. Esse é um exemplo do CHA acoplado ao R, assim temos o CHAR.

Quando as pessoas chegam a esse estágio, ocorre um grande número de benefícios mútuos, isto é, todas as partes envolvidas no processo ganham. O restaurante que tem seus resultados ampliados certamente aumentará seu quadro de funcionários, criará oportunidades para crescimento profissional e, consequentemente, contribuirá para a sociedade.

Portanto, não basta capacitar as pessoas nas competências necessárias, é preciso dirigir as ações educacionais com foco em resultados, de maneira que os *stakeholders* interessados sejam beneficiados, ou seja: organização, colaborador, clientes e sociedade.

1.6 Classificação de competências em quatro categorias

Em reuniões com executivos é comum percebermos que as pessoas confundem os diversos tipos de competências, o que pode gerar algum ruído na comunicação mesmo que a intenção seja de desenvolver pessoas.

Existem muitas classificações e muitos pontos de vista. Como uma pequena contribuição, vou pontuar as mais importantes. Iremos desmistificar esse tema tão primordial para quem trabalha com T&D.

A partir de minhas experiências e pesquisas, identifiquei quatro categorias de competências: quanto ao tipo **de aplicação**, à **abrangência**, ao **planejamento estratégico** e **emocional**, conforme apresentado no Quadro 1.1.

Quadro 1.1 Classificação das competências em quatro categorias

Aplicação	Abrangência	Estratégica	Emocional
Técnica Comportamental Híbrida	Organizacional Departamental Transversal	Essencial Distintiva	Pessoal Social

Fonte: elaborado pelo autor.

1.6.1 Quanto ao tipo de aplicação da competência

Competência técnica: como o nome já diz, ela é responsável pelo *upgrade* técnico e instrumental dos alunos. A sua prioridade é voltada para a execução de trabalhos mais especializados que estratégicos. O que vale para a competência técnica é o domínio de uma determinada ferramenta ou tarefa para o sucesso da execução do trabalho com maestria. Exemplos: elaboração de planilhas, relatórios analíticos e procedimentos operacionais.

Competência comportamental: aquela que conduzirá o indivíduo para níveis mais elevados de relacionamento consigo mesmo e com as pessoas com as quais ele interage. A competência comportamental não é de fácil assimilação como a técnica, portanto precisa de instrutores diferenciados. Exemplos: inteligência emocional, trabalho em equipe, proatividade.

Competência híbrida: acumula tanto a natureza técnica quanto a comportamental. Essa é a competência mais complexa e mais difícil de ser desenvolvida. Alguns exemplos: negociação, liderança e comunicação interpessoal. Em muitos casos, as organizações contratam consultorias especializadas em educação corporativa para desenvolver competências híbridas em seus funcionários.

1.6.2 Quanto à abrangência da competência

Competência organizacional: para que a missão de uma empresa possa ser cumprida, os que fazem parte dela devem "respirar" competência organizacional. Um hospital, por exemplo, tem como uma das principais competências organizacionais o compromisso de servir ao próximo. Os colaboradores, indistintamente, devem ser selecionados e desenvolvidos a partir dela.

Competência departamental: é mais visível para cada área especificamente e, portanto, faz parte da avaliação de desempenho e do desenvolvimento de um setor. Por exemplo, a área de controladoria deve possuir uma competência denominada analítica para que resultados e cenários possam ser avaliados. A área de RH, por sua vez, deve dominar com maestria a competência de avaliação de desempenho.

Competência transversal: não é focada em um departamento, mas em um processo que poderá ser *across organization*, isto é, aquele conjunto de tarefas que não residem em uma única área, pois está em quase todos os departamentos. Como exemplo, a competência de atendimento ao cliente não é exclusividade da área de vendas, pois é necessário que exista interação de diversos outros atores para a satisfação do consumidor.

1.6.3 Quanto à diferenciação advinda do Planejamento Estratégico

Competência essencial: quando elaboro o Planejamento Estratégico com executivos, precisamos descobrir quais são as competências que asseguram que a empresa pode se manter no mercado e se diferenciar para seu público. Uma indústria automobilística, por exemplo, apresenta como grande competência essencial a capacidade de estabelecer alianças no mercado de fornecedores.

Competência distintiva: assim como a competência essencial, essa também é gerada a partir do Planejamento Estratégico e irá ditar o que a empresa terá de tão especial e de tão único que a clientela irá escolhê-la dentre tantas outras opções de empresas concorrentes.

Suponhamos que a competência distintiva de uma indústria farmacêutica seja a pesquisa de medicamentos inteligentes; então, ela terá de criar uma cultura empresarial que faça que seus funcionários se desenvolvam e colaborem para a manutenção dessa competência distintiva. Não adianta ter a competência gravada apenas no papel, ela precisa estar em sintonia com os objetivos do Planejamento Estratégico.

1.6.4 Quanto à competência emocional

Para quem lida com educação de pessoas é imprescindível conhecer os trabalhos sobre competências emocionais, pois permitem modelar grupos de alunos com dinâmicas de grupo específicas.

Um importante estudo denominado *The emotional competence framework*, conduzido pelo Consortium for Research on Emotional Intelligence in Organizations, uma organização cuja missão é avançar a pesquisa e a prática da inteligência emocional e social por meio da geração e intercâmbio de conhecimentos, classifica *competências pessoais e sociais*, promovendo uma melhor compreensão em diversos campos. Quanto às **competências pessoais**, o estudo as divide em três tipos, que são explicados no Quadro 1.2.

Quadro 1.2 Competências pessoais divididas em três tipos

Autoconsciência	Autoavaliação	Motivação
Atenção ao emocional / Autoavaliação / Autoconfiança	Autocontrole / Consciência / Adaptabilidade / Inovação	Direcionamento / Comprometimento / Iniciativa / Otimismo

Fonte: adaptado de CONSORTIUM FOR RESEARCH ON EMOTIONAL INTELLIGENCE IN ORGANIZATIONS, 1998.

Com relação ao autoconhecimento (autoconsciência), os perfis dividem-se entre três majoritários. O primeiro, atenção ao emocional, identifica melhor nossas emoções e nos ajuda a entender por que as sentimos, bem como seus efeitos e impactos na performance profissional. O segundo, autoavaliação, revela os limites, as forças e as fraquezas; as pessoas que têm esse tipo de competência são abertas a novas perspectivas e aprendizados, valorizando as experiências próprias. O terceiro, autoconfiança, está relacionado a pessoas determinadas, capazes de tomar decisões mesmo sob forte pressão e que causam impacto com sua presença.

Os indivíduos também divergem na forma como se motivam. Por isso, pessoas impulsionadas pelas conquistas (Direcionamento) focam em resultados, procurando manter um alto padrão por meio de desafios. Pessoas compromissadas (Comprometimento) buscam alinhar seus objetivos com os da organização, procurando um propósito nas tarefas que recebem. Já as que prezam pela Iniciativa buscam cumprir objetivos além dos esperados, sempre atentas às novas oportunidades. Outras preferem valorizar as recompensas (Otimismo) acima dos obstáculos, sendo persistentes.

Quadro 1.3 Competências sociais divididas em dois tipos pelo estudo

Atenção social	Habilidades sociais
Empatia	Influência
Orientação para o serviço	Comunicação
	Liderança
Desenvolvimento alheio	Catalisação de mudanças
	Geração de conflitos
Alavancagem de oportunidades	Construção de laços
	Colaboração e cooperação
Atenção às políticas e aos relacionamentos	Trabalho em equipe

Fonte: adaptado de CONSORTIUM FOR RESEARCH ON EMOTIONAL INTELLIGENCE IN ORGANIZATIONS, 1998.

Competências sociais: o consórcio também se empenhou em observar a atenção social e as habilidades sociais, como mostra o Quadro 1.3.

Quanto à **atenção social**, os *empáticos* sabem se colocar no lugar das outras pessoas. As pessoas *orientadas ao serviço* sabem identificar rapidamente as necessidades dos consumidores e procuram aumentar sua fidelidade e satisfação. Já os *mentores* buscam desenvolver quem está ao redor, por meio de recompensas e aconselhamento. De forma semelhante, os *alavancadores* buscam trabalhar a diversidade dos ambientes em que estão envolvidos. Por último, os indivíduos com visão mais *política* das situações aliam as emoções à sua base de relacionamentos influentes.

Por último, as **habilidades sociais** também foram divididas. Os *influenciadores* são aqueles hábeis em persuadir e convencer os que os rodeiam. Os *comunicadores* são eficientes, pois conseguem transmitir melhor as ideias. Já os *líderes* inspiram grupos e pessoas a empenharem-se em uma missão, gerenciando por meio do exemplo. Os *catalisadores* conseguem reconhecer quando mudanças são necessárias e quais barreiras precisam ser superadas para implementá-las.

Quando se trata de contornar situações difíceis, os *gerenciadores de conflitos* são verdadeiros diplomatas, pois encerram desentendimentos com habilidade. Pessoas *estimuladoras* buscam relações que sejam mutuamente benéficas, enquanto indivíduos *cooperativos* preferem trabalhar com outros para atingir um objetivo próprio. Já as pessoas *grupais* modelam equipes que tenham sinergia e um objetivo comum.

A importância desse estudo é o aprofundamento do conceito de competência comportamental, ampliando as possibilidades de os educadores capacitarem pessoas com perfis diversos utilizando técnicas diferentes.

Finalizada a apresentação das *quatro categorias de competências*, analisarei a primeira delas (*Tipo de aplicação*), pois é a mais comentada pelas organizações e é composta por competências técnicas, comportamentais e híbridas. A Figura 1.3 apresenta o relacionamento (ou não) entre elas.

Figura 1.3 Competências híbridas são formadas por competências técnicas e comportamentais

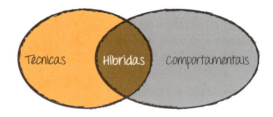

Fonte: elaborada pelo autor.

1.7 Classificação de treinamentos por competência

1.7.1 Treinamento em competências técnicas

Competências técnicas dizem respeito ao desenvolvimento de habilidades em que o colaborador aprende a lidar com ferramentas e procedimentos. No mundo atual, as **competências técnicas** têm um papel fundamental por permitir que as pessoas utilizem melhor os mecanismos para aumentar sua eficiência e eficácia, podendo chegar à tão almejada efetividade.

Quando dominamos uma nova técnica adquirimos todas as condições de produzir mais gastando menos tempo. Assim ocorreu há 10 mil anos, quando os seres humanos aprenderam a agricultura e transmitiram essa competência por gerações.

Existem muitos exemplos que observamos no cotidiano. Em meus estudos sobre gestão de desempenho identifiquei que um funcionário que tenha como uma de suas funções comprar passagens aéreas, ao utilizar, com habilidade, um site de reservas, consegue fazer três vezes mais reservas do que uma pessoa que não utiliza a mesma ferramenta com proficiência. Um pintor que recebeu treinamento de quatro horas de duração sobre como pintar e preparar paredes apresenta uma taxa de sucesso 100% maior do que pessoas que pintam sem técnica. Um administrador consegue aumentar a produtividade em mais de 50% quando conhece ferramentas de gestão.

Por mais simples que sejam, esses exemplos são esclarecedores, pois mostram a grande distância entre uma pessoa que domina uma técnica específica e uma que não tem o mesmo conhecimento.

A falta de técnica pode abrir um abismo intransponível e separar uma pessoa de oportunidades que poderiam estar muito próximas.

A seguir, exemplos de áreas em que pode haver treinamentos em competências técnicas.
Procedimentos.
Produtos e serviços.
Sistemas de atendimento.
Processos de fabricação.
Regras da empresa.
Processos e fluxogramas.
Normas e rotinas.
Ferramentas da qualidade.
Gráficos e tabelas.
Cadastramento de informações.

É importante saber que o desenvolvimento em competências técnicas tem natureza restrita quando é necessário resolver problemas mais complexos. Por exemplo, o fato de um colaborador dominar determinado procedimento não significa que ele será bem-sucedido ao colocá-lo em prática, pois necessitará de novas atitudes para ir em frente e exercitar aquilo que aprendeu.

Por isso, além da competência técnica, desenvolver pessoas em competências comportamentais deve ser prioridade nas organizações.

1.7.2 Treinamento em competências comportamentais

Um carro de última geração sendo pilotado pelo profissional mais brilhante não consegue ir em frente sem combustível. Assim é a competência comportamental. Não adianta apenas instrumentalizar o ser humano, pois sua capacidade de aprender e utilizar técnicas pode ser limitada pela própria ferramenta. Por exemplo, ao treinar um colaborador a utilizar um sistema de gestão de relacionamento com clientes (CRM, em inglês *customer relationship management*), o limite de sua agilidade será a própria infraestrutura e velocidade do *software* em processar as informações e carregar as telas.

Dessa forma, será necessário treinar o colaborador em competências comportamentais para que ele crie novas atitudes desenvolvendo comportamentos que encantem os clientes.

As **competências comportamentais,** quando colocadas em prática, ajudam na construção de outras formas do saber e permitem a criação de novas conexões cerebrais, auxiliando o indivíduo a criar caminhos nunca antes pensados, tanto para a resolução de problemas quanto para a inovação.

As competências comportamentais auxiliam o ser humano a identificar suas emoções de maneira consciente, permitindo que o indivíduo tempere seu comportamento e suas atitudes profissionais para alcançar ótimos resultados no ambiente de trabalho.

Desenvolver competências comportamentais significa modificar características e valores pessoais, o que, de fato, é uma tarefa árdua e de longo prazo, contudo comprovadamente possível. Diariamente vivencio exemplos de pessoas que evoluem comportamentalmente em competências despertadas, várias vezes, por ações de desenvolvimento.

A verdade é que muitas empresas investem mais na capacitação das competências técnicas do que na das comportamentais. O que pode ser contraditório se considerarmos que o futuro das organizações inteligentes é aumentar os treinamentos comportamentais e híbridos. Devemos lembrar que as capacidades técnicas estão cada vez mais facilitadas por conta das novas tecnologias. Deve-se considerar, também, que pode haver preconceito por parte de alguns integrantes da alta direção das empresas ao acharem que um treinamento comportamental não tem tanta utilidade. Pura desinformação!

Por experiência, posso afirmar que desenvolver aspectos comportamentais nos colaboradores aumenta a satisfação deles para com a empresa, faz que se sintam mais seguros, além de adquirir senso de pertencimento e vontade de acertar.

A seguir, alguns exemplos de desenvolvimento em competências comportamentais que aceleraram o resultado nas empresas que capacitamos.

Autoconfiança.
Resolução de problemas.
Empatia.
Inteligência emocional.
Trabalho colaborativo.
Iniciativa.
Automotivação.
Espírito de equipe.
Valorização das diferenças.
Resistência à frustração.
Controle de estresse.
Despertar da criatividade.

Um ponto de atenção para o desenvolvimento em competências comportamentais é que, apesar de as pessoas saírem motivadas e vibrantes das aulas, imediatamente podem deparar com a dura realidade empresarial e não saber "como" colocar em prática aquilo que vivenciaram. Será necessário apoio pós-treinamento.

Imagine alguém que recebe uma ótima dose de otimismo num treinamento de motivação de equipe, em seguida volta para sua estação de trabalho e não consegue colocar em prática a simples tarefa de comunicar-se melhor por e-mail. Essa situação certamente causará repetidas críticas do seu chefe. É por isso que o colaborador deve ser visto na sua totalidade e receber treinamentos híbridos.

Sempre recomendo que durante o momento do treinamento comportamental haja uma espécie de **escalada de mudança em 6 passos**, que deve começar pela clara conscientização de quais comportamentos a empresa considera inadequados (o problema); em seguida devem ser apresentados novos padrões de comportamento mais positivos (a solução), auxiliando o colaborador a ter vontade de mudar e empreender seu próprio esforço de mudança, alcançando êxito nesse caminho.

É importante salientar que o êxito deverá ser conquistado também após a aula, assim os líderes desses colaboradores devem estar comprometidos com a sustenção dessas mudanças e aprendizados. Veja a Figura 1.4.

Figura 1.4 Escalada de mudança em seis passos quando o treinamento comportamental colabora para que haja um processo de mudança gradual, com total apoio ao colaborador

Fonte: elaborada pelo autor.

A seguir irei tratar de competências híbridas, que acumulam as comportamentais e as técnicas.

1.7.3 Treinamento em competências híbridas

Você já deve ter ouvido falar que as pessoas são contratadas por suas competências técnicas, porém são demitidas por falhas comportamentais. Essa é uma grande realidade brasileira. Qual o melhor remédio para isso? Capacitar colaboradores em **competências híbridas**. Esse é, de longe, o maior desafio das organizações que querem construir equipes de alto desempenho.

Os treinamentos em competências híbridas são capacitações que trazem para as pessoas novos conhecimentos, habilidades e atitudes, causando mudanças na forma de ver e sentir o mundo que as cerca e, assim, seguir adiante e galgar oportunidades profissionais e pessoais.

Os treinamentos híbridos mesclam competências comportamentais e técnicas e, por isso, são muito transformadores, levando o indivíduo que foi capacitado a resolver melhor as situações diárias a que é submetido, potencializando a produtividade para a organização e a satisfação pessoal para o colaborador.

Imagine um piloto de Fórmula 1 que precisa ter alta competência técnica no domínio dos instrumentos do veículo e das condições da pista. Imagine agora ele enfrentando uma tempestade durante uma corrida. Todo o seu conhecimento pode ser inútil se ele não estiver emocionalmente treinado para lidar com situações de estresse. Por isso, técnica aliada a comportamento define melhor a tomada de decisão.

Competências híbridas são aquelas que requerem o desenvolvimento não apenas instrumental como também técnico e comportamental. A seguir, exemplos de capacitações em competências híbridas.
Comunicação.
Liderança.
Negociação.
Gestão de pessoas.
Vendas e atendimento a clientes.

Relacionamento interpessoal.
Oratória.
Coaching.
Programação neurolinguística.
Gestão de mudanças.
Marketing.
Gestão do desempenho.

1.8 O caminhar das competências

Há algum tempo fui contratado por uma grande empresa do setor de Comunicação para avaliar o motivo que levava seus colaboradores a não reterem a informação recebida nos treinamentos internos, o que, consequentemente, causava grandes falhas no atendimento aos clientes.

Em média, eles recebiam 250 horas de treinamentos técnicos e oito de competências comportamentais por ano, o que correspondia a 3% do tempo total gasto com desenvolvimento.

No começo do diagnóstico já tínhamos a evidência de que os colaboradores eram tratados como uma enciclopédia, pois conheciam muito dos produtos, serviços e sistemas, contudo não conseguiam superar obstáculos simples quando as questões estavam "fora do book".

Uma das recomendações foi investir em treinamentos comportamentais e híbridos com a finalidade de formar pessoas pensantes e com capacidade de tomar boas decisões, e não apenas com capacidade para repetir informações.

A Figura 1.5 mostra as diferentes mudanças que ocorrem nas crenças e o aumento de visão estratégica quando são desenvolvidas as competências técnicas, comportamentais e híbridas, sendo essas últimas as mais impactantes.

Figura 1.5 As diferentes mudanças em crenças e visão estratégica ocasionadas por treinamentos em competências técnicas, comportamentais e híbridas

Fonte: elaborada pelo autor.

À medida que o colaborador é treinado nos demais tipos de competência, ele recebe uma espécie de "*upgrade*" pessoal", adquirindo maior visão estratégica ao mesmo tempo que revê suas crenças.

Vale lembrar que cerca da metade dos problemas de pessoas que não se adaptam à forma de trabalhar das empresas está relacionada com alguma crença negativa do tipo incapacitante, como "não vou conseguir". Há pessoas inclusive que, por causa dessa crença, desistem antes de tentar, eliminando em 100% a chance de sucesso.

Devemos lembrar que proporcionar capacitação adequada às pessoas significa abrir seus horizontes para novas descobertas e maior possibilidade de melhoria de qualidade de vida.

1.9 Gestão de carreira e competências complementares

Devemos ter bastante cuidado quando tratamos de macrocompetências em termos de T&D, pois não podemos abrir demais o foco das ações capacitantes. Aliás, esse é o grande dilema de algumas pessoas que contratam treinamento, pois sempre questionam: "Posso incluir na carga horária programada mais e mais conteúdo para as pessoas saberem de tudo de uma só vez?". A resposta é simples: tudo tem seu tempo. Um engenheiro precisa de cinco anos para se formar, um administrador, quatro, o mesmo ocorre com outras profissões. Como esperar que num treinamento com carga horária de 16 horas os alunos consigam aprender e praticar todas as competências que a empresa quer lhes atribuir?

A tentativa de empurrar o conteúdo "goela abaixo" já não surte os efeitos do passado, pois, atualmente, as pessoas estão mais bem informadas e reconhecem quando isso acontece, podendo reagir negativamente a treinamentos desse tipo e ao próprio instrutor. É por isso que precisamos desenvolver as pessoas a partir de trilhas nas quais se alcance, gradativamente, a aquisição de **competências complementares**. Para que um especialista em RH consiga almejar o cargo de gerência geral da área, será importante trilhar primeiramente as competências exigidas para realizar os subprocessos de RH. Já um diretor-geral de vendas que possui vários canais de comercialização precisará conhecer todas as modalidades diferentes de vendas e, além disso, deverá dominar competências ligadas a comunicação, RH e marketing, além de *call center*, como apresentado no Quadro 1.4.

Quadro 1.4 Exemplos de competências complementares em quatro áreas de atuação nas empresas

Recursos Humanos	Vendas Pessoais
# Processo de recrutamento # Processo de seleção # *Assessment* # Avaliação de desempenho # Procedimentos de RH # Departamento pessoal # Remuneração # Benefícios	# Vendas em lojas # Vendas diretas # Vendas de produtos # Vendas de serviços # Contorno de objeções a vendas # Vendas para o governo # Vendas de soluções # Vendas de impacto
Comunicação Organizacional	**Marketing**
# Técnica de apresentações # Condução de reuniões # Comunicação assertiva # Neurolinguística na comunicação # Comunicação persuasiva # Comunicação em situações de conflito # Comunicação com clientes internos # Comunicação com clientes externos	# Planejamento estratégico de marketing # Pesquisa de mercado # Marketing de serviços # Marketing de varejo # Marketing para indústrias # Marketing de relacionamento # Implementação de CRM # Programas de lealdade e fidelização

Fonte: elaborado pelo autor.

Se você deseja ter ascensão profissional, tenha em mente que você mesmo deve gerenciar a sua carreira e definir as trilhas de competência que irá seguir criando metas para isso. Planeje-se e descubra qual é o melhor modelo para se desenvolver buscando cursos de curta e longa duração. Procure conseguir parceria com a empresa para a qual trabalha, mas não espere que ela solucione seu problema.

Se, por outro lado, você é o responsável pelo desenvolvimento de pessoas na organização, não se esqueça de que o CHAR, visto no começo deste capítulo, é incremental, pois aprendemos com facilidade aquilo que é mais pertinente e faz mais sentido em nossas atividades.

Quando pensamos corporativamente, a área responsável por T&D deverá, antes de tudo, realizar o correto diagnóstico de necessidades de treinamento (assunto que será tratado em profundidade no **Capítulo 4**), a fim de coletar subsídios e, então, sugerir qual a trilha de desenvolvimento mais adequada para cada área.

Lembrando que esse não é um esforço isolado das empresas, pois cabe ao colaborador buscar também por si mesmo novos conhecimentos, habilidades e atitudes.

1.10 Estágio de desenvolvimento do aluno

Quando pensamos no desenvolvimento de colaboradores pelas empresas, logo vem à nossa mente que os funcionários precisam "sair" melhores depois desse esforço. Isso pode ocorrer tanto em virtude do desenvolvimento proporcionado pela organização quanto pelo próprio funcionário que tratou de trabalhar a si mesmo e buscar aprendizagens, mesmo sem a ajuda da empresa.

Aliás, essa é uma tarefa que todos nós devemos ter em mente e praticar, pois jamais uma organização conseguirá suprir todas as necessidades de desenvolvimento de seus colaboradores.

Independentemente se o investimento é pago pelo funcionário ou proporcionado pela organização, toda e qualquer ação de capacitação deve levar em conta o crescimento rumo a três realidades: criação de valor, proatividade e transformação de colaboradores em mentores.

A Figura 1.6 apresenta os diversos estágios de desenvolvimento de um colaborador, levando-o a rever crenças, construir

Figura 1.6 Caminho para criação de valor e proatividade nas pessoas e empresas com o processo de T&D

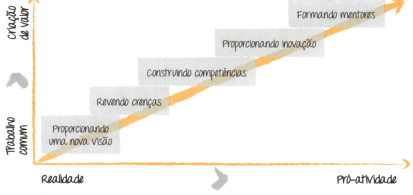

Fonte: elaborada pelo autor.

competências e partir para a inovação, ao mesmo tempo que se tornará natural a agregação de valor para seu trabalho e incremento da proatividade. O resultado desse investimento é o funcionário poder ampliar sua competência, obter mais vontade de transformar a realidade em algo melhor e vir a se tornar um mentor, trabalhando, assim, no desenvolvimento de outros colaboradores.

Em minhas palestras, costumo projetar a Figura 1.6 para apresentar aonde queremos chegar com treinamentos customizados e especiais.

1.11 A competência para desenvolver competências

Como fazer que colaboradores e clientes galguem novas competências e se tornem engajados com o treinamento que você planejou e ministrou? Uma das respostas é que para alguém trabalhar na área de desenvolvimento de pessoas precisa ampliar suas competências continuamente e não "estacionar" em sua carreira, do contrário será facilmente superado ou mesmo desacreditado.

Serão apresentadas agora algumas alternativas de como conquistar êxito nas ações educacionais presenciais e a distância de forma constante e plena. Elas são válidas se você pretende treinar alguém ou se você coordena o processo de aprendizado dessas pessoas.

A **competência para desenvolver competências** requer ao menos sete fatores de sucesso, como pode ser visto no Quadro 1.5.

A seguir, apresento o detalhamento de cada um desses fatores.

1. Pesquisa e desenvolvimento. Antes de qualquer ação educacional é preciso realizar um diagnóstico apurado a fim de identificar aspectos como experiência e maturidade dos participantes; descobrir qual o principal *gap* a ser superado; determinar qual a metodologia mais adequada a ser aplicada; definir que tipo de perfil o instrutor precisa ter e levantar situações reais do dia a dia das pessoas para serem utilizadas durante as aulas.

Levantar e analisar informações antes do treinamento é tão estratégico que irei dedicar um capítulo exclusivo para demonstrar o que há de mais eficaz para realizar o Diagnóstico de Necessidades de Treinamento e Desenvolvimento (DNT).

Quadro 1.5 Competências mínimas para quem deseja atuar no desenvolvimento de competências de pessoas

Competências para desenvolver competências	
1. Realizar pesquisa e desenvolvimento	4. Ter cuidado com o excesso de autoconfiança
2. Ter interesse genuíno pelo aprendizado do aluno	5. Estudar muito
3. Ter experiências múltiplas	6. Manter-se em forma vale a pena
	7. Considerar o poder da liderança nos resultados de aprendizagem

Fonte: elaborado pelo autor.

Além disso, quem lidera uma ação educacional (seja construindo conteúdo, planejando ou trabalhando como instrutor ou *coach*) também deve ter como foco a pesquisa externa, não apenas para atualização na competência a ser ministrada, mas para obter novas descobertas e inovação. Tenho o hábito de ler ao menos um livro por mês sobre gestão empresarial e educação.

A receita é certa: quanto mais aprendemos, melhor ensinamos!

2. Interesse genuíno pelo aprendizado do aluno. Costumo dizer que, em alguns esportes, o atleta não pode e não deve pensar em agradar à plateia, pois correrá o risco de perder a partida. Já imaginou se os corredores da prova de 100 metros rasos corressem sorrindo e interagindo com a plateia durante todo o percurso? Certamente o jamaicano Usain Bolt jamais cravaria seu recorde mundial de 9s58. Entretanto, já notou que ele brinca com a plateia somente no final da prova?

No processo de ministrar aulas, o professor deve realizar o seu trabalho 100% focado no estímulo, na participação do aluno e na cooperação em prol da aquisição da competência ministrada. Fazendo-se uma analogia com o esporte, o professor ou instrutor, nesse caso, assume a posição de treinador e não de atleta. Por isso, jamais realize uma aula esperando receber elogios, confetes ou medalhas. O centro das atenções é o aluno, e não o técnico do time.

3. Experiências múltiplas. Independentemente do número de pessoas que alguém já tenha capacitado ou ministrado *coaching*, será importante considerar lidar com públicos completamente diferentes.

Devemos nos conscientizar de que o fundamental é ser relevante para a vida dessas pessoas, e não ficar pensando em colecionar troféus pela quantidade de alunos treinados. Não importa a quantidade de pessoas que alguém tenha capacitado, e sim o quanto contribuiu para a vida delas e para o sucesso de suas empresas.

Por isso, recomendo fervorosamente que instrutores e professores adquiram experiências múltiplas em treinar grandes, médios ou pequenos grupos de diversos níveis hierárquicos e de vários setores da economia. Saber lidar com públicos de faixas etárias, classes sociais e regiões geográficas diferentes é um privilégio que devemos valorizar e enriquece a experiência de quem ensina.

4. Evitar o excesso de autoconfiança. Independentemente da experiência e do número de "horas de voo", sempre entro em sala de aula prestando atenção em todos os detalhes e preparado para a ação educacional em questão. Já ouviu falar que 70% dos acidentes de carro acontecem no raio de 500 metros da residência dos motoristas? Excesso de autoconfiança não faz bem a ninguém, pois diminui a atenção a detalhes primordiais, como observar atentamente as pessoas no ambiente de aula.

Autoconfiança é algo que todo instrutor deve ter e levar consigo em todas as ocasiões, contudo, na medida certa, evitando passar para o público a sensação de arrogância. Não seria a arrogância o excesso de autoconfiança?

5. Estudar muito. Estudar é peça fundamental para criar materiais instrucionais que despertem a curiosidade e a participação dos alunos. Deve-se estudar sobre a realidade deles, métodos novos de ensino relacionados com a competência em questão e, efetivamente, investir horas de aprendizado em assuntos que são complementares ao objeto do treinamento.

Recomendo que as pessoas que trabalham na área educacional estudem temas novos, por conta própria, de quatro a dez horas por semana, a fim de desenvolver outras habilidades e ampliar ideias para aperfeiçoar suas ações educacionais.

Tenho o hábito de acessar palestras pelo celular ou baixar áudios de novos cursos, investindo muitas horas de estudo por semana, aproveitando situações como trânsito, fila de espera em aeroportos ou enquanto aguardo na recepção de escritórios de clientes etc. No carro, por exemplo, tenho arquivos de som com músicas e um *pendrive* somente com *audiobooks*.

6. Manter-se em forma vale a pena. Confesso que não foi fácil chegar até aqui em minha carreira e muito tenho que agradecer aos meus alunos, colaboradores e clientes. Contudo, obter sucesso não garante a primeira posição a ninguém, pois a velocidade das novas informações é incrível e a qualquer momento podemos ficar desatualizados.

Repentinamente pode ser criada uma nova tecnologia ou disseminado um novo saber que poderá tornar obsoleto o conhecimento até então adquirido. Portanto, é importante ficar de olho nas tendências, frequentar congressos e pesquisar fontes internacionais fidedignas para estar sempre um passo à frente. Este livro, por exemplo, contém fontes de pesquisa nacionais e internacionais de vanguarda, por isso, serve como importante apoio. No **Capítulo 10** apresento mais de 40 modalidades diferentes de desenvolvimento; escolha a sua e volte a ser aluno!

Outra dica é saber que é preciso se exercitar, não apenas mentalmente, mas fisicamente também, a fim de manter a mente jovem e o corpo cooperando para a conquista de sonhos. Quem trabalha na área educacional deve desenvolver boa resistência física e psicológica. Malhar é vital.

7. O poder da liderança nos resultados de aprendizagem. Embora a palavra liderança seja uma das mais disseminadas no mundo empresarial, muitas vezes é mal utilizada e confundida com chefiar. Costumo dizer que instrutores, professores e tutores que tanto se dedicam à educação devem apresentar competências para liderar as situações de aprendizagem e não deixar as coisas "soltas".

Atuar no desenvolvimento de competências humanas é um dos trabalhos mais nobres que pode existir e pressupõe compromisso em ajudar pessoas a se transformarem. Já pensou nisso? Essa ajuda na transformação será mais ou menos efetiva se as pessoas que estiverem dirigindo o processo de aprendizagem liderarem as situações que precisam ser lideradas.

Devemos lembrar que as novas gerações estão cada vez mais dispersas por conta da tecnologia e que, por isso, precisarão de líderes para despertar a sua aprendizagem, impedindo que uma aula seja inócua e cansativa.

Não basta apenas a construção de competências no aluno a ser treinado, são necessárias também competências para os líderes se envolverem no sucesso do processo educacional. É o que o mercado chama de competências para ensinar.

1.12 Competências para ensinar

Para ensinar não é suficiente apenas conhecer e dominar a matéria. São necessárias competências imprescindíveis tanto dos gestores que patrocinam o treinamento quanto dos instrutores e mestres que vivenciam a situação de aprendizagem junto aos alunos. Todos devem desenvolver capacidades para mobilizar recursos cognitivos e, assim, auxiliar o treinando no processo de aprendizagem.

Philippe Perrenoud, em seu livro *Dez novas competências para ensinar*, mostra que são necessárias pelo menos dez grandes famílias de competências para as pessoas que têm a responsabilidade de ensinar.

1. Organizar e dirigir situações de aprendizagem.
2. Administrar a progressão das aprendizagens.
3. Conceber e fazer evoluir os dispositivos de diferenciação.
4. Envolver os alunos em suas aprendizagens e em seu trabalho.
5. Trabalhar em equipe.
6. Participar da administração do ensino.
7. Informar e envolver os pais.
8. Utilizar novas tecnologias.
9. Enfrentar os deveres e os dilemas éticos da profissão.
10. Administrar sua própria formação contínua.

Para o Perrenoud, cada uma das famílias se desdobra em outras competências. Por exemplo, a família n. 2, **Administrar a progressão das aprendizagens**, mobiliza cinco competências mais específicas: conceber e administrar situações-problema ajustadas ao nível e às possibilidades dos alunos; adquirir uma visão longitudinal dos objetivos do ensino; estabelecer laços com as teorias subjacentes às atividades de aprendizagem; observar e avaliar os alunos em situações de aprendizagem, de acordo com uma abordagem formativa; fazer balanços periódicos de competências e tomar decisões de progressão.

Vou apresentar agora, de forma sucinta, o caso de sucesso de desenvolvimento de competências praticado pelo Club Med, uma empresa admirável da qual tenho muito orgulho de ter participado como consultor e *coach*.

CASO DE SUCESSO

Club Med

Fundado em 1950, o Club Med tem como objetivo proporcionar uma experiência única para famílias e casais. Para garantir que os seus clientes estejam focados em nada além de estar felizes, a empresa encarrega-se de cuidar de todos os detalhes durante a sua estada nos empreendimentos. Assim, a companhia atua de forma global gerenciando mais de 70 *resorts*, uma embarcação e diversos *tours* luxuosos. O Club Med fundou o mercado de férias *all-inclusive*, com atividades esportivas e de lazer, alimentação, hospedagem e demais gastos que o cliente possa ter nas viagens incluídos no pacote.

Com grande importância no grupo, a operação brasileira do Club Med aposta no desenvolvimento de talentos e lideranças dentro do seu corpo de funcionários para manter um alto padrão de atendimento e operações de excelência. Assim, os colaboradores possuem a perspectiva de se tornar gerentes no período de dois anos após sua contratação, passando por processos de desenvolvimento a todo momento, o que permite à empresa solucionar sua própria demanda constante por talentos.

A Universidade de Talentos foi uma grande solução desenvolvida pelo Club Med para estruturar e organizar as ações de treinamento e desenvolvimento. Atuando em temporadas de seis meses, nas quais cerca de mil pessoas são aprimoradas, a universidade possui coordenadores de treinamento em cada *resort*. Esses profissionais ficam responsáveis pela aplicação de diversos métodos como *coaching*, *team work*, *teambuilding*, dinâmica de grupo e *job rotation*.

Ao identificar talentos que precisam ter seu desenvolvimento acelerado, a universidade, em conjunto com a área de gestão de carreiras, desenvolve um planejamento individual para o profissional com o devido acompanhamento.

Com a finalidade de começar as atividades pronto para tudo que possa acontecer, logo no início das temporadas o colaborador realiza cinco dias de treinamentos voltados para atividades como integração, atitude, comportamento, conhecimento técnico, higiene e segurança no trabalho.

Preparar seus colaboradores para a abertura e operações iniciais do Lake Resort foi um grande desafio para o Club Med. Em menos de dez dias, 250 treinandos e 1.800 alunos e estagiários foram apresentados à filosofia e à cultura do grupo por meio de 45 cursos. Esse primeiro contato com os princípios corporativos, promovido pela universidade, foi essencial para a construção de uma nova mentalidade num espaço que transitava de uma gestão familiar para a de uma multinacional. O esclarecimento dos objetivos foi essencial em um primeiro momento para que só então as práticas, padrões e processos fossem postos em questão.

Um ponto importante para a estratégia de capacitação de pessoas é o entrosamento entre a área de desenvolvimento e os demais setores que precisam aprimorar seus colaboradores. A partir de um alinhamento feito com os gerentes sobre os objetivos do desenvolvimento, os profissionais treinados recebem uma avaliação na qual devem indicar três práticas que passarão a adotar com os novos conhecimentos.

Em alguns casos, há uma segunda etapa de reciclagem. Assim, o Club Med procura demonstrar para as equipes que tão importante quanto realizar a capacitação é colocar em prática o conhecimento adquirido.

Reter e rememorar o que foi aprendido são a chave para ter os novos conhecimentos sempre transformados em práticas benéficas para o desenvolvimento profissional de cada indivíduo e para a própria imagem da empresa perante seus clientes. Assim, a adaptação dos cursos e das salas de aulas à realidade do colaborador cria um elo entre o que é dito pelos treinadores com o que será vivenciado pelos alunos no dia a dia dos *resorts*.

Para saber mais sobre o Club Med, acesse: <http://www.clubmed.com.br>.

QUESTÕES PARA REFLEXÃO E PRÁTICA

1

Explique a abrangência da Gestão por Competências nas organizações. Quais processos ela envolve?

2

Quais resultados T&D pode gerar quando conectados com as competências organizacionais?

3

Explique a diferença do CHAR criado pelo autor para o tradicional CHA. Em sua opinião, qual é a evolução do novo conceito de competências?

4

Faça uma dissertação sobre a necessidade de desenvolvimento de competências técnicas, comportamentais e híbridas pelo colaborador. Quais as diferenças entre elas? Forneça exemplos.

5

A competência híbrida é a mais desafiadora de ser desenvolvida. Explique os motivos.

6

O que são competências complementares em termos de gestão de carreira? Forneça exemplos.

7

Quais são os principais estágios de desenvolvimento dos alunos que o autor apresentou em forma de gráfico? Quais as diferenças entre o primeiro estágio e o mais avançado?

8

Desenvolver competências em alguém é algo nobre e requer competências do educador. Forneça exemplos dessas competências necessárias para desenvolver competências.

9

No caso de sucesso apresentado do Club Med, quais são os principais públicos capacitados?

10

Por que a abertura e as operações iniciais do Lake Resort foram um grande desafio para a área de educação corporativa do Club Med?

CAPÍTULO 2
IMPLEMENTANDO EDUCAÇÃO CORPORATIVA E UNIVERSIDADE CORPORATIVA

> Implementar Educação Corporativa em uma empresa não deve ser uma ação visando o marketing interno. O verdadeiro compromisso da Educação Corporativa, antes de mais nada, é criar uma cultura organizacional de desenvolvimento contínuo das pessoas com foco em alto desempenho.

Já faz muito tempo que as atividades de T&D passaram a ser consideradas vitais para as organizações e a fazer parte, inclusive, do seu Planejamento Estratégico.

Lembro muito bem de uma reunião de consultoria com um cliente que, naquela época, ocupava um cargo de diretor, estávamos discutindo estratégias para aumentar suas vendas, pois o mar não estava para peixe. Durante algumas horas interagimos sobre as possibilidades disponíveis para alavancar os seus resultados, e então começamos a aprofundar as questões ligadas ao desenvolvimento do seu pessoal. Inicialmente, o cliente estava resistente, pois no passado fizera treinamentos internos com a equipe de cerca de 300 vendedores e não alcançou qualquer resultado. Perguntei-lhe se saberia me dizer quais foram os módulos ministrados, a duração e os objetivos do curso. Ele não conseguiu se lembrar nem da carga horária e confessou que rotulava treinamento como algo extremamente operacional.

Por que alguns diretores se envolvem com a troca de ar-condicionado no escritório, mas pouco se importam com a Educação Corporativa? Essa é a realidade de muitas empresas que não "bebem da fonte" Educação Corporativa, levando a diretoria a considerar a capacitação de seus funcionários algo importante, porém disforme.

Quanto àquele diretor, o primeiro passo que apresentei no projeto foi o de ajudá-lo a modificar essa crença, alocando-o como integrante do processo tanto durante o planejamento quanto nas fases de criação de conteúdo e de sala de aula. Inclusive solicitei a ele que assistisse à turma piloto. O resultado é que, ao final, ele ficou muito feliz, pois houve aumento significativo nas vendas e grande satisfação dos funcionários.

Portanto, educação de pessoas gera resultados a olhos vistos e é um **processo contínuo e estratégico**, sendo imprescindível o envolvimento da alta cúpula da organização.

2.1 A educação de acordo com os momentos históricos

Para compreendermos a **Educação Corporativa (EC)** é importante entender que ela resulta de um processo evolutivo que acompanha o ser humano desde a sociedade pré-histórica até os dias atuais.

Educação Corporativa é algo extremamente atual que chegou para ficar e substituir a visão tradicional de treinamentos isolados, que apenas são utilizados para apagar incêndios de última hora. Educar organizações, contudo de forma estruturada, passou a ser a palavra de ordem.

Voltando às origens da educação, é certo que o ensino de uma época tem muito a ver com a posição que a sociedade ocupa naquele determinado momento. Por isso, o modelo de educação sempre irá se modificar ao sabor da história, adaptando-se às necessidades da sociedade e à cultura vigente de cada nação, servindo, assim, de ferramenta propulsora do conhecimento e do relacionamento entre as pessoas.

São apresentadas, a seguir, as diferentes características da educação antes de ela ser como é atualmente, conforme o momento histórico da humanidade.

2.1.1 Pré-história

Ausência de organização na sociedade, que era bastante rudimentar; falta de um local formal para realizar o ensino (escolas); por natureza, a educação era difusa, e todos do grupo podiam participar da educação infantil; não havia mestres ou pessoas que liderassem a aprendizagem; ausência de registro formal da educação, pois não havia a escrita; a educação se dava de forma oral.

2.1.2 Surgimento da escrita

Surge há cerca de 6 mil anos na Mesopotâmia, região em que está localizado o Iraque atualmente. Os mesopotâmios formaram 1.500 pictogramas, que são símbolos que representavam ideias; cerca de mil anos depois, os pictogramas deram origem à escrita cuneiforme. A escrita se desenvolve como uma maneira de o Estado registrar informações. Inicialmente, mesmo de forma rudimentar, ainda não era caracterizada como alfabeto, pois estava concentrada em poucas pessoas pertencentes às classes mais elevadas.

2.1.3 Pedagogia oriental

Os egípcios contavam com a arte de ensinar, pois precisavam comandar e ordenar a sociedade e, para isso, era preciso dominar a multiplicação de ideias. O ensino não era democratizado, servindo apenas a quatro grupos: faraó, senhores da corte, escribas e administradores; os filhos dos nobres também não tinham acesso ao ensino aberto, pois precisavam seguir, severamente, o modelo patriarcal. O ensino era fundamentado na obediência e na submissão, e as camadas mais populares, como os artesãos, deveriam apenas aprender seus ofícios e somente por intermédio de seus pais.

2.1.4 Grécia

Primeira civilização a desenvolver a formação integral, ou seja, a união de corpo e espírito. O sistema educativo da Grécia clássica é criado por volta do século V a.C.; os sofistas eram professores itinerantes que percorriam as cidades ensinando a arte da retórica em troca de pagamento; começaram a difundir a educação baseados no método dialético, no ceticismo e na análise crítica. Sócrates destaca-se como modelo de educador; o sistema de educação, embora para poucos, incentivava o pensamento crítico individual e se distanciava do modelo fechado e secreto.

2.1.5 Humanismo

Surge no século XIV o Humanismo como um conjunto de crenças que aquilata o que vem do ser humano, tais como valores, conhecimento e justiça. O movimento humanista segue uma linha mais empirista e menos espiritual, exaltando o racionalismo; cria-se, a partir daí, alguma contradição entre o Humanismo e o pensamento emanado da religião, que atribuía tais crenças aos deuses; passa-se a valorizar o corpo humano por meio das artes, assim como os sentimentos.

Os princípios humanistas colocam a capacidade humana e a racionalidade como preponderantes.

2.1.6 Absolutismo

A partir de 1530, eram enviados ao Brasil jesuítas que tratavam de catequizar os índios e, ao mesmo tempo, disseminar entre os colonos a fé católica. O processo educacional no absolutismo visava aos interesses da Coroa Portuguesa, que fazia questão de autorizar, em terras brasileiras, apenas o ensino religioso e alguma alfabetização, demonstrando completa dominação sobre a colônia. A educação no absolutismo, a exemplo de outras eras, favoreceu os filhos dos nobres que recebiam privilégios para estudar em outros países, notadamente no continente europeu.

2.1.7 Empirismo

O empirismo prega que o conhecimento deve ser, principalmente, fundamentado no método científico; como processo pedagógico, valoriza a experiência e as evidências para explicar as causas e os efeitos sobre as coisas. Assim, a forma de educar ganha um impulso importante, já que o conhecimento científico passa a ser valorizado, abrindo espaço para surgir a metodologia científica.

Esses são momentos históricos da humanidade que deram origem à educação como a conhecemos. A seguir será apresentada a evolução do processo de T&D mais conectada às necessidades das organizações.

2.2 As fases do modelo econômico e as estratégias de T&D

Atualmente são aceitas cinco fases distintas que representam a evolução do **Treinamento Empresarial**, as quais foram caracterizadas por Marcos Pontual em *Evolução do treinamento empresarial* ao estudar o modelo tratado no Congresso Internacional de Treinamento e Desenvolvimento ocorrido na Inglaterra, em 1973.

Cada fase corresponde a uma forte característica do ciclo econômico vigente, o que de fato demonstra que o processo de educação corporativa é revisto conforme a sociedade se transforma ao longo do tempo. A mudança do modelo econômico baseado na indústria para o modelo pós-industrial, no qual a gestão do conhecimento ganhou força, se traduz em mudança de necessidades de formação dos colaboradores.

A Tabela 2.1 traz as fases do modelo econômico *versus* as características organizacionais da época e as estratégias de Treinamento e Desenvolvimento utilizadas.

Tabela 2.1 As fases do modelo econômico *versus* características organizacionais e T&D

Fase	Características das organizações na época	Estratégias de T&D
1ª – Subdesenvolvimento	# Maior ênfase no capital do que nas pessoas. # Jornadas de trabalho longas. # Necessidade de aumento da produção.	Início da qualificação da mão de obra de acordo com a demanda, contudo identificando o ser humano como um mero recurso organizacional.
2ª – Em desenvolvimento	# Introdução de sistemas de administração de produção. # Ênfase na divisão do trabalho. # Ênfase na supervisão dos subordinados.	Estabelecimento de padrões de trabalho e de avaliação do desempenho e criação de instituições nacionais voltadas para a formação de mão de obra.
3ª – O após o início da industrialização	# Ênfase nas vendas e desenvolvimento de novos produtos. # Aumento da responsabilidade social da organização. # Início da descentralização e delegação.	Treinamento e Desenvolvimento com ênfase na efetividade e avaliação dos colaboradores e na mobilidade interna na organização.
4ª – Industrialização avançada	# Diversificação da produção. # Implantação de sistemas de gestão e centralização da informação. # Implantação de política de participação nos lucros.	Planejamento e desenvolvimento dos recursos humanos numa visão de longo prazo; e formação dos colaboradores em competências comportamentais.
5ª – Pós-industrialização	# Ênfase em equipes autogerenciáveis. # Necessidade de desenvolvimento das lideranças. # Necessidade de fortalecimento do espírito de equipe.	Desenvolvimento da cultura organizacional, investimento em despertar na equipe inovação, em capacitações externas e na formação de líderes.

Fonte: baseada em PONTUAL apud BOOG, 1980; OLIVEIRA, 2000.

Estamos vivendo uma nova era na qual as relações de Educação Corporativa estão deixando de ser operacionais para pertencer ao mundo das estratégias, merecendo maior cuidado dos principais gestores. Por isso, há muitas razões para implantar **Educação Corporativa** como uma estratégia empresarial repleta de profissionalismo. Para isso, são necessários Princípios Norteadores.

2.3 Princípios da Educação Corporativa

Quando uma nova tendência que traz resultados positivos é difundida no mercado, ela será, naturalmente, experimentada e adotada por milhares de empresas em todo o mundo. Assim ocorreu no Brasil com a Educação Corporativa, termo utilizado amplamente por organizações privadas e públicas. Contudo, será que em todos os casos a utilização da expressão por uma companhia se traduz em práticas reais que honram esse compromisso?

Por essas razões me identifiquei com os princípios da Educação Corporativa de Marisa Eboli em sua obra *Educação corporativa no Brasil: mitos e verdades*. Os princípios são os fundamentos filosóficos que fornecem inspiração para adoção de práticas, isto é, de escolhas organizacionais. Assim, para que ocorra o sucesso de um sistema de Educação Corporativa, os princípios precisam vir acompanhados de práticas reais e não de suposições (Tabela 2.2).

Tabela 2.2 Princípios para o sucesso em Educação Corporativa e práticas para viabilizá-los

Princípios	Práticas
Competitividade	# Obter o comprometimento e o envolvimento da alta cúpula com os sistemas de educação. # Alinhar as estratégias, diretrizes e práticas de Gestão de Pessoas às estratégias do negócio. # Implantar um modelo de Gestão de Pessoas por competências. # Conceber ações e programas educacionais alinhados às estratégias do negócio.
Perpetuidade	# Ser veículo de disseminação da cultura empresarial. # Responsabilizar líderes e gestores pelo processo de aprendizagem.
Conectividade	# Adotar e implementar a educação "inclusiva", contemplando o público interno e externo. # Implantar modelo de gestão do conhecimento que estimule o compartilhamento de conhecimentos organizacionais e a troca de experiências. # Integrar sistema de educação com o modelo de gestão do conhecimento. # Criar mecanismos de gestão que favoreçam a construção social do conhecimento.

Disponibilidade	# Implantar projetos virtuais de educação (aprendizagem mediada por tecnologia). # Utilizar de forma intensiva tecnologia aplicada à educação. # Implantar múltiplas formas e processos de aprendizagem que favoreçam a "aprendizagem a qualquer hora e em qualquer lugar".
Cidadania	# Obter sinergia entre programas educacionais e projetos sociais. # Comprometer-se com a cidadania empresarial, estimulando a formação de atores sociais dentro e fora da organização e a construção social do conhecimento organizacional.
Parceria	# Parcerias internas: responsabilizar líderes e gestores pelo processo de aprendizagem de suas equipes, estimulando a participação nos programas educacionais e criando um ambiente de trabalho propício à aprendizagem. # Parcerias externas: estabelecer parcerias estratégicas com instituições de ensino superior.
Sustentabilidade	# Tornar-se um centro de agregação de resultados para o negócio. # Implantar sistema métrico para avaliar os resultados obtidos, considerando-se os objetivos do negócio. # Criar mecanismos que favoreçam a sustentabilidade financeira do sistema.

Fonte: EBOLI, Marisa. Educação corporativa no Brasil: mitos e verdades. São Paulo: Gente, 2004. In: SILVA, Fabíola Fernandes; LUCIO, Emellyne Marcella de Melo; BARRETO, Leilianne Michelle Trindade da Silva. Treinamento, desenvolvimento e educação de pessoas em turismo: case Disney. *Revista Hospitalidade*, São Paulo, v. X, n. 2, p. 283, dez. 2013. Disponível em: <https://www.revhosp.org/hospitalidade/article/view/526/544>. Acesso em: 13 nov. 2017.

2.4 Ser ou não ser, eis a questão

To be or not to be, that is the question é a frase em inglês do questionamento feito pelo personagem principal da peça *A tragédia de Hamlet*, cujo autor é William Shakespeare. A célebre sentença utilizada comumente em nossos dias é aplicada em casos de dúvidas e dilemas.

Quando alguém utiliza nas empresas o termo Educação Corporativa deve estar consciente de que a palavra "educação" é um compromisso nobre e, ao mesmo tempo, complexo de se implantar, pois exigirá uma série de estratégias e recursos para seu êxito. Por isso, o termo deve ser empregado com precisão e não por puro marketing. Ser ou não ser? Nesse caso, é preciso ser e fazer!

A minha definição para Educação Corporativa é:

> A verdadeira Educação Corporativa ocorre quando a organização estabelece um processo contínuo, vigoroso e planejado de implementação de várias modalidades educacionais fundamentadas em métodos e técnicas de ensino estruturados e motivadores, visando ao desenvolvimento de competências nos seus colaboradores e parceiros sem excluir grupos nem cargos.

Muitas pessoas confundem Educação Corporativa com ações isoladas de treinamento desejando resolver algum problema pontual. Digamos que a organização tenha passado por uma auditoria realizada por um órgão certificador de qualidade que concluiu que os colaboradores não estão suficientemente capacitados para um determinado processo. Na sequência, a empresa contrata um treinamento específico, "preenche a lacuna" assinalada e nunca mais capacita alguém. Isso é Educação Corporativa? Naturalmente que não.

Nesse caso não houve um processo planejado e contínuo para que o ensino fosse destinado a desenvolver e reter o capital intelectual humano, desenvolver e incentivar pessoas, traduzindo-se em resultados para todos. Logo, trata-se de treinamento pontual realizado e não de uma estratégia consistente de Educação Corporativa.

Jeanne Meister, em seu livro *Educação corporativa: a gestão do capital intelectual através das universidades corporativas*, foi muito feliz ao condensar uma ótima definição sobre a nobre tarefa das organizações:

> Educação Corporativa é um sistema de formação de pessoas pautado pela gestão de pessoas com base em competências, devendo, portanto, instalar e desenvolver nos colaboradores internos e externos as competências consideradas críticas para a viabilização das estratégias de negócio, promovendo um processo de aprendizagem ativo e permanente, vinculado aos propósitos, valores, objetivos e metas empresariais.

2.5 Quadrantes da Educação Corporativa

Após tantos anos atuando como consultor e educador em muitas empresas é fácil diferenciar aquelas que empreendem a EC e aquelas que ainda estão numa fase anterior. Criei o diagrama a seguir em forma de quadrantes para identificar em que estágio se encontra a organização quanto à educação de seus colaboradores e parceiros. O quadrante 1 é desejável, enquanto os de número 2, 3 e 4 demonstram que há algo a ser completado.

Figura 2.1 Quadrantes da Educação Corporativa

Fonte: elaborada pelo autor.

Claramente o **Quadrante 1** é o desejável, pois define o *status* em que a Educação Corporativa é realmente praticada por uma organização, tornando as pessoas desenvolvidas em suas competências e ao mesmo tempo estimuladas para agir. Nesse quadrante, a empresa possui condições para desenvolver e reter o **Capital Intelectual** e proporcionar a seus funcionários que se desenvolvam em suas carreiras também.

Já no **Quadrante 2**, embora a empresa estruture o envio de informações para os colaboradores, isso não é suficiente para agregar valor para os clientes. A partir de investimentos na Educação Corporativa, será possível a empresa migrar com o passar do tempo para o Quadrante 1.

Já o **Quadrante 3** é a área sombria e perigosa, representando um ponto vulnerável pela empresa, já que as pessoas nem sequer recebem informações básicas de forma estruturada. Nesse quadrante reina a desordem com falta de informação e ausência de propósitos para desenvolver colaboradores. É possível afirmar que aí ocorre o famoso "salve-se quem puder".

O **Quadrante 4** também traz riscos para o negócio, pois as pessoas parecem eufóricas com sucessivas ações de estímulo, contudo, a motivação dura pouco, pois a organização não consegue desenvolver seus funcionários e apenas emite estímulos externos. Com o passar do tempo, a euforia tende a se esvaziar, fazendo que a empresa migre involuntariamente para o Quadrante 3, perdendo diversas conquistas.

Devemos fazer a distinção entre a organização que apenas *informa* e a que atua na *transformação* dos colaboradores. Somente existirá mudança nas pessoas e elevação de competências se houver um processo educacional instalado, e não apenas a maestria em "emitir comunicados" para os colaboradores. Comunicados são efêmeros, educação é duradoura.

Ressalto também no *eixo y* que quando a questão da metodologia educacional é *informal*, isto é, não está conectada com princípios fundamentais da Educação Corporativa, a tendência é que tudo aquilo que é comunicado para os colaboradores seja passageiro e apresente baixo nível de retenção do conhecimento.

De forma oposta, o processo educacional é *estruturado*, o que não quer dizer que seja carregado de formalismo.

Tudo aquilo que é estruturado tem maior sobrevida e chance de êxito. Um atleta que ganha medalha de ouro fez uso de planejamento e métodos para alcançar o pódio. Da mesma maneira age um estudante que pretende passar numa prova difícil ou um educador que deseja genuinamente transformar pessoas.

2.6 Tendências da Educação Corporativa

Tendências mostram que o desenvolvimento do aprendizado deverá ser centrado na visão do usuário em vez de focar os desejos exclusivos da organização. A empresa deve mudar sua postura de prestadora única, central e exclusiva de treinamentos para outra na qual sirva de apoio a esses processos, aproveitando conteúdos e recursos.

Devemos estar sempre atentos para o processo de Educação Corporativa, que é evolutivo por suas **naturezas humana e tecnológica**. Toda vez que identificarmos a conjugação desses fatores, independentemente de qualquer tipo de projeto, saberemos que haverá necessidade constante de mudanças organizacionais para acompanhar suas tendências e atualizações.

É certo que o aprendizado evolui com as mudanças da sociedade. Para efeito de comparação, algumas características dessas duas realidades (natureza humana e natureza tecnológica) foram baseadas no estudo *The new organization: different by design* e mostram a diferença do presente para o futuro da EC (Tabela 2.3).

Tabela 2.3 Diferença entre aprendizado presente e tendências futuras na EC

Presente	Futuro
Aprendizado é uma série de programas corporativos criados e aprovados pela equipe de Treinamento e Desenvolvimento.	O aprendizado é um ambiente e uma experiência, envolvendo experts, conteúdos e materiais externos, assim como o T&D.
Aprendizado se baseia em um catálogo de cursos dentro do sistema corporativo.	São ofertados vídeos, cursos, contato com experts e informações sobre onde encontrar mais conteúdos.
O treinamento é imposto por T&D baseado em cargos e necessidades que a empresa tem.	Os colaboradores buscam oportunidades de desenvolvimento.
Foco em treinamento interno organizacional.	Treinamento externo (a empresa convida instrutores e empresas externas) em diferentes fontes.
Os educadores cuidam de todos os processos: produção, avaliação, aplicação e logística.	Educadores são especialistas em cada etapa do processo.
Treinamento pautado em uma leitura recomendada pelo instrutor.	Treinamento com foco na experiência, por meio de simulações e estudos de caso.
São aprendidas habilidades específicas de forma direta.	O processo de adquirir o conhecimento é facilitado pelo educador.
As competências são rigidamente definidas, guiando todo o aprendizado.	As organizações criam estruturas voltadas a conhecimentos amplos.
A organização lidera o treinamento, bem como seu foco, ferramentas e divisão no modelo 70:20:10.	A organização dá suporte para o treinamento, que é interno e externo, com experiências profissionais e sociais.

Fonte: adaptada de BERSIN, 2016.

Como tendência, as organizações devem evitar capacitações que sejam encaradas como "adestramento", procurando centrar o treinamento nos aprendizes de forma não impositiva, ou seja, permitindo que eles construam em conjunto a aprendizagem. O papel de suporte da organização deve ser ofertar conteúdos inteligentes, tecnologias na medida certa, instrutores experientes e ferramentas que favoreçam a aprendizagem das pessoas presencialmente, on-line ou *blended*, honrando o verdadeiro compromisso da Educação Corporativa.

Quando a empresa está verdadeiramente praticando a Educação Corporativa, apresenta grandes chances de dar mais um passo adiante e criar a Universidade Corporativa (UC). Esse tema será abordado a seguir com base em diversos projetos bem-sucedidos.

2.7 Como surgiram as Universidades Corporativas

A fim de treinar a visão sistêmica, é sempre bom conhecer a origem das coisas e o relacionamento entre os assuntos estudados e praticados. Como tudo começou? Quais os motivos que levaram empresas brasileiras a criar suas UCs?

O conceito de **Universidade Corporativa** surgiu no Brasil na década de 1990 e encontrou em nosso país terreno fértil por quatro grandes motivos:

1. A queda de qualidade do ensino médio e universitário, convocando empresas de maior porte a investirem na educação de seus funcionários.
2. Ótima capilaridade e capacidade de as consultorias implantarem projetos de T&D junto às empresas.
3. Executivos visionários buscando o melhor para seus colaboradores e clientes.
4. A descoberta de que a educação continuada de colaboradores gera inúmeros resultados, entre os quais a **retenção de talentos** e o **aumento do capital intelectual**.

Nos últimos anos, cada vez mais as organizações deparam com a necessidade de capacitar seus colaboradores e parceiros, pois na maior parte das vezes essas pessoas chegam às empresas com grandes defasagens de competências e comportamento, comprometendo o sucesso do negócio.

As empresas são o grande laboratório para a evolução de conceitos de gestão que, com o passar do tempo, tendem a ser mais adequados às estratégias e desafios vigentes. À medida que os problemas empresariais se tornam mais complexos, são necessários novos projetos para ajudar a resolvê-los. Assim é a Universidade Corporativa: um sistema vivo.

Os autores Dutra, Fleury e Ruas, no livro *Competências: conceitos, métodos e experiências*, lembram que o surgimento de UCs estabeleceu um marco de transição do tradicional Centro de Treinamento para um foco maior na educação continuada de todos os colaboradores.

Meister, em sua obra *Educação corporativa: a gestão do capital intelectual através das universidades corporativas*, definiu com muita propriedade os cinco pilares que convergiram para a popularização das Universidades Corporativas. A quebra na linearidade e na hierarquia das corporações, levando a uma maior flexibilidade, é o primeiro deles. O segundo liga-se à valorização do conhecimento em todos os níveis, do individual ao corporativo. Já o terceiro trata do conhecimento ao identificar sua rápida obsolescência na atualidade. O quarto pilar é o valor que é dado à aplicabilidade da habilidade a ser retida para todos os campos da vida. O quinto e último pilar é o surgimento do panorama de educar para uma perspectiva global do negócio.

É possível extrair dos cinco pilares a conclusão de que o cenário de Gestão de Pessoas passou por uma importante mudança. Antes voltado a identificar e gerir os cargos, o atual setor volta-se à gestão de competências dos indivíduos que só estarão

Tabela 2.4 Mudança de paradigma dos pilares dos tradicionais Centros de Treinamento para as UCs

Centro de treinamento tradicional	Pilares	Universidade Corporativa
Desenvolver habilidades	Objetivo	Desenvolver competências críticas
Aprendizado individual	Foco	Aprendizado organizacional
Tático	Escopo	Estratégico
Necessidades individuais	Ênfase	Estratégia de negócios
Interno	Público	Interno e externo
Espaço real	Local	Espaço real e virtual
Aumento das habilidades	Resultado	Aumento da competitividade

Fonte: MEISTER, 1999.

preparados para exercer suas funções se possuírem desenvoltura para completar os processos previstos para o desafio do cargo.

Meister ainda comparou os centros tradicionais de desenvolvimento com as Universidades Corporativas, que se proliferaram principalmente a partir da década de 1990. As necessidades agora estão voltadas para a criação das competências críticas do negócio, focando na aprendizagem corporativa e utilizando as estratégias de negócio como modelos para ensinar e empregar as novas tecnologias.

2.8 Conversão de estratégia em EC e depois em UCs

Toda e qualquer **estratégia empresarial** somente pode ser viabilizada por pessoas que puderem responder adequadamente aos desafios emanados do **Planejamento Estratégico (PE)**. O problema é que muitas vezes a empresa não consegue atingir os objetivos traçados pelo Planejamento Estratégico por ter negligenciado o desenvolvimento do seu pessoal.

Muitas empresas gastam rios de dinheiro fazendo seu Planejamento Estratégico anual, contudo, na hora de definir a verba para T&D é aquele sacrifício... O resultado disso é que o Planejamento Estratégico somente poderá ser implantado com maestria se os colaboradores forem capacitados continuamente nas competências demandadas.

Devemos lembrar que as pessoas podem cumprir os objetivos atribuídos obtendo melhor resultado quando as competências necessárias para isso são desenvolvidas, sustentadas e presentes em seu dia a dia por meio da Educação Corporativa estruturada e em pleno funcionamento.

É por isso que os esforços de Educação Corporativa devem ser emanados das estratégias organizacionais, para que estejam de

Figura 2.2 Necessidade de alinhamento constante entre o PE e a EC, que poderá resultar, a partir de investimentos e projetos estruturados, em uma Universidade Corporativa

Fonte: elaborada pelo autor.

acordo com aquilo que os gestores almejam. Assim, o pessoal de **Desenvolvimento Humano Organizacional (DHO)** e os líderes que priorizarão o desenvolvimento de pessoas deverão fazer uma leitura da Missão, da Visão e dos Valores organizacionais e considerar fortemente não apenas as estratégias de RH, como também as estratégias de negócios.

Esse alinhamento é a espinha dorsal de qualquer iniciativa para criar ou administrar Universidades Corporativas, que são a evolução natural da Educação Corporativa a partir de certo porte de empresa. Assim, haverá mais verba disponível para desenvolver as pessoas continuamente.

A **Figura 2.2** demonstra a necessidade de alinhamento constante entre o Planejamento Estratégico, que é um esforço corporativo, e a Educação Corporativa, de forma a valorizar a importância desta. Com o passar do tempo, com investimentos importantes e projetos estruturantes, o escopo de Educação Corporativa poderá ser ampliado, podendo se transformar em uma Universidade Corporativa.

Mais da metade das empresas que dizem possuir uma Universidade Corporativa não a têm, pois estão no estágio anterior. A mudança da Educação Corporativa para Universidade Corporativa é uma tarefa árdua. Envolve diversos projetos estruturantes, investimentos significativos, metodologia de ponta, governança cuidadosa e muitos outros recursos.

A seguir, irei apresentar essa complexidade por meio de 12 princípios para UCs.

2.9 Doze Princípios Norteadores da UC

Há algumas Universidades Corporativas no Brasil que ganharam o *status* do nome, contudo, a precariedade de seu funcionamento não justifica essa nobreza. Nesses casos, ocorrem problemas de toda natureza que as impedem de trazer benefícios para os *stakeholders*, como falta de estrutura, pouco foco e ausência de governança.

Para que as ações de Educação Corporativa ganhem o *status* de UC não basta apenas a vontade dos gestores. São necessárias várias iniciativas e projetos estruturados para que, de fato, ela aconteça e possa gerar frutos o ano todo e durante muitos anos.

Minha definição para Universidade Corporativa é:

> Universidade Corporativa é um processo e não um local físico no qual as pessoas se sentam e aprendem, como uma sala de aula. Também não é adequado confundir a implantação

> de educação a distância com a criação de Universidade Corporativa, que possui um compromisso maior e se vale de diversas modalidades de ensino, tanto presenciais quanto on-line. A Universidade Corporativa é o próximo passo do modelo de Educação Corporativa se a organização desenvolver continuamente seus colaboradores e parceiros por meio de variadas modalidades de ensino presenciais e a distância.

Elaborei os **Doze Princípios Norteadores da Universidade Corporativa** para servirem de guia tanto para projetos de novas UCs quanto para reestruturação das já existentes.

1. **Estrutura**: dedicação de estrutura específica, por menor que seja, para funcionamento da UC, nos moldes de uma universidade. Mais adiante comento quais são as competências desse time que pode ser formado pelo trabalho colaborativo dos recursos internos com consultorias.
2. **Investimento**: anualmente a empresa deve alocar capital para tornar realidade os objetivos das UCs, de forma a não ficar apenas do discurso, mas, sim, partir para a prática. O investimento deve ser calculado não somente nos treinamentos possíveis de ser feitos, mas observando o processo completo de desenvolvimento dos colaboradores e a geração de valor.
3. **Apoio externo**: trazer consultores externos experientes para colaborar no desenvolvimento de estratégias, conteúdos e aulas das UCs faz todo sentido, até porque muitas vezes os recursos internos da empresa são alocados para outras tarefas. Melhor que contratar um único consultor externo é contratar uma consultoria que poderá disponibilizar vários deles de acordo com a fase em que o projeto está, além de apresentar garantias.
4. **Continuidade**: não tratar a UC como um breve projeto que tem um início, meio e fim bem delimitados, mas como algo perene e contínuo na organização. A mudança de cultura provocada pela Universidade Corporativa, quando bem implementada, mostrará a todos que a UC veio para ficar.
5. **Diferenciação**: será importante que a UC traga diferenciais para a organização, de forma que esta possa não apenas sobreviver como também prosperar no segmento em que atua. A diferenciação no atual mercado hipercompetitivo é cada vez mais vital para a sustentabilidade empresarial.
6. **Inovação e gestão do conhecimento**: a busca pela inovação e a gestão do capital intelectual da organização passam a ser foco também das capacitações internas ou externas, pois de nada adiantam treinamentos eminentemente operacionais se a empresa não conseguir transformá-los em conhecimento compartilhado e assimilado pelas pessoas. Aliás, essa é uma das grandes missões das UCs.
7. **Metodologia**: o cerne da Universidade Corporativa é adquirir ou desenvolver metodologia educacional que atue em todas as fases da capacitação, incluindo o diagnóstico e as ações de desenvolvimento e sustentação da aprendizagem junto aos alunos.

8. **Governança:** nenhuma iniciativa organizacional sobrevive sem governança e, nesse processo, os gestores estratégicos precisam acompanhar a evolução das UCs, suas realizações e indicadores. O **Capítulo 11** deste livro é dedicado a apresentar os indicadores da área educacional que podem ser implantados e gerenciados por qualquer empresa.
9. **Multimodalidades**: as UCs devem utilizar várias modalidades educacionais para tornarem-se desejadas pelos colaboradores e não "algo chato" e mera formalidade a ser cumprida. Esse item é tão importante que dediquei um capítulo inteiro para tratar disso (**Capítulo 10**), trazendo a sugestão de 40 modalidades de ensino.
10. **Atendimento aos *stakeholders***: UCs são responsáveis pelo planejamento e pela execução de capacitações para os públicos interno e externo, desenvolvendo competências para o sucesso da organização. O público interno é formado por colaboradores e terceirizados, enquanto o externo é composto pelos demais *stakeholders* de interesse da empresa, como fornecedores e parceiros. A UC vai além do público interno.
11. **À frente do negócio**: analogamente a uma fábrica de automóveis, a UC que não entender as necessidades dos seus *stakeholders* e as demandas do negócio se tornará obsoleta rapidamente, perdendo interesse do seu público e eficácia organizacional. As UCs devem estar 100% alinhadas às estratégias de negócios da empresa e participar de seu aprimoramento contínuo.
12. **Lapidadora da cultura**: a personalidade de uma empresa é fortemente moldada pelos valores individuais dos seus colaboradores durante a inter-relação entre eles. Dessa maneira, dependendo da direção que tome, a cultura organizacional poderá trazer bons frutos ou dificuldades na implantação de mudanças. É por isso que a UC deve atuar constantemente, por meio de seus recursos educacionais, como guardiã e lapidadora da cultura organizacional.

Dessa forma, conclui-se que o escopo da Universidade Corporativa é mais sensível e abrangente do que o escopo da Educação Corporativa, necessitando de mais investimentos e grande atenção dos diretores, além do cumprimento dos princípios citados. Um desses princípios é a lapidação da cultura, cujo exemplo apresento a seguir.

2.10 Estruturando a Universidade Corporativa

A Universidade Corporativa é um projeto de grande complexidade que não nasce pronto, mas evolui gradativamente, dura anos a fio e precisa contar com o tempo e a dedicação das pessoas-chave dentro da organização.

A UC pode funcionar muito bem tanto em uma organização privada quanto pública, e pode ser implementada e gerenciada por pessoal interno, por consultoria ou por equipe mista.

- **Com pessoal interno**: a empresa desenvolve por meio de seus próprios funcionários os conteúdos de treinamento, a gestão educacional, a instrutoria e o atendimento aos *stakeholders*. A desvantagem desse processo é que a organização pode transformar-se numa "ilha" a partir do momento que não "oxigena" seu processo educacional. Vale lembrar do ditado popular: a união faz a força.

- **Por meio de consultorias**: neste caso as consultorias são contratadas para gerenciar em grande parte o processo de ensino, desde criar fábrica de conteúdo, ministrar treinamentos, atender os alunos, contratar os instrutores até implantar tecnologias educacionais. A consultoria também apoia a empresa na definição das estratégias da UC. Tudo isso ocorre bem quando a empresa contratante possui minimamente um gestor exclusivo para a UC.
- **Por meio de equipe mista**: colaboradores das organizações apoiados por consultorias com experiência na área educacional implantam os processos anteriormente descritos. O trabalho é colaborativo e as equipes são entrosadas e com papéis bem definidos, somando esforços.

Na minha experiência, esses dois últimos modelos são mais frequentes e apresentam maior taxa de sucesso.

Para estruturar uma UC, seja como novo projeto, seja para reestruturar o atual, apresentei anteriormente os *12 Princípios fundamentais para criação e revisão da Universidade Corporativa*. Agora chegou a hora de estruturar o projeto, isto é, reunir uma série de providências e recursos para dar início às mudanças necessárias.

Um dos primeiros passos é a avaliação de *gap* a fim de detectar em que ponto a empresa se encontra no quesito educacional.

2.11 Aplique a Escala de Educação Corporativa

A melhor forma de iniciar um projeto educacional estruturado e eficiente ou mesmo reestruturar um atual não é "meter a mão na massa" sem se preparar. O segredo é identificar *gaps* logo no início. Dessa forma, recomendo a você realizar a avaliação a seguir, na qual desenvolvi a **Escala de Educação Corporativa**. Essa escala foi elaborada para que a organização descubra em que **estágio** se encontra em termos de maturidade de Educação Corporativa presencial ou a distância, e assim possa tomar conhecimento sobre o que está faltando para implantar mudanças.

2.11.1 Escala de Educação Corporativa – descubra em que estágio a sua organização está

A pesquisa apresentada na Tabela 2.5 poderá ser respondida por pessoas que trabalham em T&D ou por usuários/alunos, inclusive com o objetivo de a empresa comparar as diferentes visões.

Tabela 2.5 Escala de Educação Corporativa para identificar o estágio em que cada organização está.

Concentre-se nas afirmativas a seguir e responda de maneira transparente. As respostas são válidas tanto para capacitações presenciais quanto on-line. Indique na coluna à direita apenas o número correspondente à nota atribuída e faça o somatório ao final:

discordo totalmente = 0, discordo = 2, nem concordo nem discordo = 4, concordo = 6, concordo totalmente = 8.

Escala Educacional

1. O processo de Educação Corporativa é prioridade da alta cúpula, não apenas no discurso como na prática, com a alocação de investimentos e infraestrutura.	0 ☐	2 ☐	4 ☐	6 ☐	8 ☐
2. Os investimentos e custeios dedicados ao desenvolvimento interno e externo de colaboradores são suficientes para as necessidades da empresa.	0 ☐	2 ☐	4 ☐	6 ☐	8 ☐
3. A empresa desenvolve regularmente capacitações para o seu público interno mediante um diagnóstico estruturado, adequando os temas às necessidades das áreas.	0 ☐	2 ☐	4 ☐	6 ☐	8 ☐
4. A empresa atua cotidianamente na capacitação não apenas de funcionários como também de clientes e parceiros do negócio.	0 ☐	2 ☐	4 ☐	6 ☐	8 ☐
5. Existem indicadores ligados à Educação Corporativa que são auditados, controlados e comunicados para a alta cúpula, que toma providências em caso de não cumprimento.	0 ☐	2 ☐	4 ☐	6 ☐	8 ☐
6. A empresa procura parceiros constantemente no mercado e convida consultorias para a elaboração de conteúdos e aplicação de capacitações mais estratégicas.	0 ☐	2 ☐	4 ☐	6 ☐	8 ☐
7. Anualmente 100% dos funcionários são desenvolvidos pela organização em cargas horárias diferenciadas e suficientes para cada cargo poder dar o máximo de si.	0 ☐	2 ☐	4 ☐	6 ☐	8 ☐
8. A organização possui ou terceiriza um ambiente virtual de aprendizagem para ministrar conteúdos on-line constantemente e de forma atrativa para o seu pessoal.	0 ☐	2 ☐	4 ☐	6 ☐	8 ☐
9. A organização dispõe ou terceiriza infraestrutura confortável, bem localizada e bem equipada de salas de aula para treinar a qualquer momento seus colaboradores.	0 ☐	2 ☐	4 ☐	6 ☐	8 ☐

	0	2	4	6	8
10. Existe um acervo e são aplicados cotidianamente recursos instrucionais como gamification, dinâmicas de grupo, livros e pesquisas para tornar as aulas participativas para todos os cargos.	☐	☐	☐	☐	☐
11. A empresa planeja com antecedência de quais capacitações presenciais e on-line as pessoas irão participar e as envolve com os seus objetivos antes das datas das aulas.	☐	☐	☐	☐	☐
12. Existe uma estratégia de comunicação interna que é aplicada para divulgar constantemente as boas práticas e os resultados advindos do processo de capacitação realizado.	☐	☐	☐	☐	☐
13. Tanto os funcionários de T&D quanto os consultores externos são valorizados pela empresa do ponto de vista de remuneração e reconhecimento.	☐	☐	☐	☐	☐
14. Há um processo constituído, sistêmico e simplificado para atender às dúvidas dos alunos em forma de secretaria acadêmica, mesmo que seja virtual, antes e após as aulas.	☐	☐	☐	☐	☐
15. Os treinamentos presenciais ou on-line, desde que estruturados, são constantes na organização, sendo essa prática de educação continuada percebida pelos colaboradores.	☐	☐	☐	☐	☐
16. A organização possui proficiência própria ou terceirizada por consultoria para criação de conteúdos diferenciados, controle de versões e atualização constante dos materiais.	☐	☐	☐	☐	☐
17. A capacitação de colaboradores não é exclusividade da área de RH e pode ser realizada também pelas áreas de negócios da empresa que possuem autonomia para contratação.	☐	☐	☐	☐	☐
18. A empresa realiza ou contrata treinamentos que ocorrem de forma estruturada, seguindo metodologias confiáveis e com educadores experientes.	☐	☐	☐	☐	☐
19. Os educadores alocados pela empresa facilitam o aprimoramento de competências pelos alunos e proporcionam sempre atividades práticas e participativas em aula.	☐	☐	☐	☐	☐
20. A organização proporciona conhecimentos específicos e amplos para as pessoas e contribui fortemente para o desenvolvimento dos colaboradores em suas carreiras.	☐	☐	☐	☐	☐
TOTAL					

Fonte: elaborada pelo autor. Disponível em: <http://www.conquist.com.br/quiz/escala-de-educacao-corporativa/>. Acesso em: 07 dez. 2017.

Faça a soma e compare o resultado obtido com as informações da Tabela 2.6.

Tabela 2.6 Resultado da Escala de Educação Corporativa para identificar o grau das organizações

Pontuação	Grau	Estágio
> 142 pontos	A	Universidade Corporativa Modelo de Referência
De 136 a 141 pontos	B	Universidade Corporativa Implementada
De 120 a 135 pontos	C	Educação Corporativa Implementada
De 104 a 119 pontos	D	Educação Corporativa em fase inicial
< 103 pontos	E	Sem estratégia e com treinamentos desconectados

Fonte: elaborada pelo autor.

Devemos lembrar que não há obrigatoriedade para a organização atingir o grau A, B, C, D ou E, pois dependerá do porte da empresa e de sua possibilidade de investimentos. Contudo, é sempre bom sabermos que é possível galgar mais um degrau.

Compartilhe a **Escala de Educação Corporativa** para as pessoas diagnosticarem a maneira como percebem suas empresas. O link é: <http://www.conquist.com.br/escala-de-educacao-corporativa/>. A seguir, apresentarei as relações do Planejamento Estratégico com o aprimoramento das Universidades Corporativas. É uma ótima forma de galgar posições na Escala Educacional.

2.12 O Planejamento Estratégico e a Universidade Corporativa

A criação de Universidade Corporativa requer o uso de metodologia de Planejamento Estratégico de forma a tratar da concepção dessa unidade não como um simples objeto de desejo da alta gestão, mas como um marco que irá proporcionar para organização e colaboradores mudanças na sua maneira de pensar, agir e fazer. Trata-se de uma importante mudança de cultura, em que o desenvolvimento de pessoas passa a fazer parte do DNA da organização.

São cinco passos importantes que podem ser empregados tanto na criação de nova UC como na reestruturação de uma já existente. Na Figura 2.3 vou apresentar cada um dos passos.

Figura 2.3 Passo a passo para criação ou inovação de Universidade Corporativa

Fonte: elaborada pelo autor.

2.12.1 Missão da UC

A missão da UC é o propósito, o motivo de existência da Universidade Corporativa. Para que ela existe? Qual o sentido de sua criação? A resposta a essas perguntas nós chamamos de Missão.

Vamos tomar como exemplo a criação da Universidade Corporativa do Serviço Brasileiro de Apoio às Micro e Pequenas Empresas (Sebrae), cuja missão de sua UC é "Promover ambiente de aprendizagem para o desenvolvimento de competências dos colaboradores internos e externos, contribuindo para o alcance dos resultados do Sebrae junto aos pequenos negócios".

2.12.2 Visão da UC

A visão é aquilo que nós, seres humanos, precisamos constantemente obter para conseguirmos ir em frente e superar obstáculos. A visão nos dá uma noção desafiadora de futuro e exprime o que a UC "deseja ser quando crescer". No caso do exemplo apresentado, a visão é "Ser reconhecida como uma estratégia educacional para o desenvolvimento de competências, visando ao atendimento de excelência ao empreendedor e à micro e pequena empresa".

Portanto, tornar-se reconhecida é uma visão arrojada, mas factível.

2.12.3 Valores da UC

Para tornar possível o cumprimento da missão e o estabelecimento da visão de futuro, a organização precisa pautar a criação de UC em valores sólidos que transmitam aos públicos interno e externo sua força e convicção. A UC do Sebrae tem os seguintes valores:

> Inovação: processo contínuo de renovação organizacional e pessoal, a partir da interação intensiva de aprendizado e experiências internas e externas, que promovam a adequação de estratégias e ou o desenvolvimento e difusão de novos conhecimentos;
> Corresponsabilidade com o aprendizado: compromisso permanente do Sebrae, parceiros, educadores e colaboradores com os resultados;
> Compartilhamento: socialização do saber, estabelecendo conexões e intensificando a comunicação e a interação, de forma coletiva e organizada, visando à construção de um saber comum;
> Flexibilidade: processos e programas com capacidade de ajustes às demandas e necessidades;
> Transparência: critérios claros e compartilhados em todas as etapas dos programas e processos;
> Cidadania: ações pautadas por posturas éticas e socialmente responsáveis;
> Universalização: inclusão de todos os colaboradores internos e externos no processo.

2.12.4 Objetivos da UC

Os objetivos podem ser quantitativos ou qualitativos. Os quantitativos estão ligados ao cumprimento de metas na linha do tempo. Já os qualitativos são mais aspiracionais. Um exemplo de objetivo quantitativo de um projeto que implantei numa organização com milhares de funcionários: *capacitar 100% dos líderes nas cinco principais competências organizacionais nos próximos seis meses*. Já o objetivo qualitativo foi *tornar a UC um centro de referência de inovação dentro e fora da empresa*. Como fica evidente, o primeiro é de fácil mensuração, o segundo, nem tanto.

2.12.5 Estratégias da UC

Tudo aquilo que planejamos antes de executar pode ser classificado como estratégia, desde que seja aderente a um objetivo anteriormente traçado. Se você, por exemplo, tem o objetivo de ser promovido nos próximos 12 meses, talvez uma estratégia interessante seja realizar um curso capaz de alavancar as competências complementares para o cargo pretendido.

Analogamente, para cumprir os seus objetivos, as UCs precisam também criar estratégias educacionais condizentes com os recursos de que dispõem. Dessa forma, os objetivos são atingidos com maior facilidade. Um exemplo de estratégia que pode ser adotada por uma UC: instituir metas de capacitação anual para os diversos departamentos e acompanhar a execução.

2.13 Iniciando por Competências Universais

A função da Universidade Corporativa não deve ser somente construir competências de longo prazo, mas também combinar as competências com ações educacionais para resolução de situações que necessitem da aquisição de simples conhecimentos operacionais urgentes, os quais podem fazer grande diferença na operação da empresa. Quando uma empresa apresenta dúvidas sobre o sequenciamento das capacitações, é sempre bom lembrar das Competências Universais.

Costumo recomendar que alguns conhecimentos, habilidades e atitudes são universais para qualquer tipo de organização, por isso podem entrar na lista de prioridade das UCs:

Conhecimentos
1. Saúde e segurança no trabalho.
2. Multiculturalidade.
3. Princípios da operação.
4. Conceitos sobre trabalho em equipe.
5. Diretrizes de atendimento interno e externo.
6. Características mais marcantes dos clientes.
7. Conhecimento dos produtos e serviços da empresa.
8. Etiqueta empresarial.
9. Normas de conduta da empresa.
10. Fundamentos de ética e moral.

Esses são conhecimentos relativamente fáceis de ser ministrados e podem ser dominados pelo ocupante de qualquer cargo da empresa para que ela possa operar com segurança e respeito ao seu mercado.

Habilidades
1. Técnica de atendimento a clientes internos.
2. Técnica de atendimento a clientes externos.
3. Negociação.
4. Participação produtiva em reuniões.
5. Relacionamento interpessoal.
6. Comunicação assertiva.
7. Técnicas para gerar ideias e inovações.
8. Comunicação não violenta.
9. Identificação de erros e iniciativa para corrigi-los.
10. Avaliação do próprio desempenho.

Atitudes
1. Empatia com o próximo.
2. Liberdade para sugerir ideias.
3. Prontidão para resolução de problemas.
4. Empenho em evitar conflitos.
5. Cautela ao citar outras pessoas.
6. Proatividade.
7. Espírito de equipe.
8. Agilidade para performance.
9. Visão "ganha-ganha".
10. Cooperação.

Seria possível imaginar uma empresa competitiva, independentemente do porte, que não precise desenvolver seus colaboradores nesses conhecimentos, habilidades e atitudes?

2.14 Como montar um time de Educação Corporativa ou UC

Algumas vezes me perguntam como conseguimos conquistar tantos projetos de Educação Corporativa e consultoria nas maiores empresas do país fazendo pouca ou quase nenhuma propaganda. Essa não é uma pergunta fácil de responder, pois envolve muitos anos de trabalho duro e várias iniciativas estruturantes que deram certo. Certa vez Thomas Edison descreveu que a "genialidade é constituída por 10% de inspiração e 90% de transpiração". Realmente, eu e minha equipe acreditamos nisso.

Uma das iniciativas de que mais tenho orgulho foi implantar um **competenciograma** que tem a finalidade de permitir que a nossa equipe trabalhe conhecendo o processo de educação corporativa como um todo e esteja apta para realizar as diversas etapas do processo representadas pelas **cinco verticais de T&D**: planejar, elaborar conteúdo, ministrar treinamentos presenciais e on-line, providenciar infraestrutura e atender clientes, alunos e educadores. Veja a seguir o competenciograma.

Figura 2.4 Competenciograma: competências estruturadas em cinco verticais para montagem de uma equipe própria, de empresa externa ou híbrida

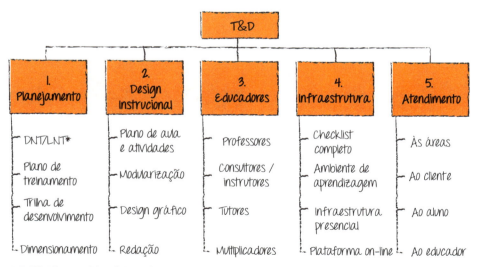

* DNT/LNT: Desenvolvimento/Levantamento de Necessidade de Treinamento.
Fonte: elaborada pelo autor.

Nos dias atuais, não adianta dominar apenas uma vertical. Certamente o cliente sofrerá os impactos. Por isso, se a intenção é montar uma equipe interna de T&D ou contratar parceiros, é necessário lembrar que o sucesso das ações educacionais depende de haver competência nas cinco verticais e não apenas em uma, independentemente do tamanho da equipe.

Uma dica adicional é desenvolver uma forma de trabalho que leve a equipe a encarar as tarefas sempre como desafios.

O autor Francisco Lacombe, em seu célebre livro *Recursos humanos: princípios e tendências*, destaca que o desenvolvimento organizacional é um conjunto complexo de medidas que tem a finalidade de mudar a cultura empresarial atingindo suas atitudes, estruturas e valores, visando a uma atualização para um contexto que suscite novos desafios e áreas de atuação. Tal implementação ocorre por meio do agente de mudanças, profissional interno ou externo, na figura de um consultor.

O papel do agente de mudanças será completo somente se ele construir um ambiente receptivo e favorável para as soluções, bem como um nível saudável de concorrência; aperfeiçoar os métodos e a agilidade de resposta a problemas; aumentar a autonomia e o autocontrole dos funcionários e recompensar financeiramente os aprimoramentos pessoais dos colaboradores. Essas metas são alguns guias para o agente de mudanças, bem como índices para reconhecer sua efetividade. Todos aqueles que atuam em T&D, independentemente da vertical de que fazem parte, devem lembrar-se de que são agentes de mudanças.

Irei apresentar agora o caso de sucesso praticado pela Vivo, empresa na qual muito me orgulho de ter realizado grandes projetos na área de Educação Corporativa.

CASO DE SUCESSO

Empresa Vivo

Como desafios na área de Educação Corporativa, a Vivo realiza anualmente a divisão de orçamento entre seus diversos departamentos, além da escolha de um plano de treinamento duradouro e condizente com os planos de carreiras individuais. Isso se deve, principalmente, à grande quantidade de funcionários distribuídos por todo o território nacional e que se subdividem em diversos cargos, como executivos, vendas e técnicos de campo. Os funcionários recebem, com antecedência, um comunicado e um material específico do treinamento, enquanto os executivos criam sua própria demanda de conteúdo.

A empresa capacita mais de 20 mil pessoas por ano, desde técnicos de campo a altos executivos, por meio de treinamentos presenciais e a distância, utilizando diversas metodologias transformadoras como *games* e *quiz*. Além disso, há uma percepção de utilização futura de ferramentas que vêm ganhando relevância, como realidade virtual e realidade aumentada. A Vivo também adota a prática de contratar empresas de Educação Corporativa para realizar treinamentos especializados em suas dependências.

Com diferentes níveis de cargos, a empresa precisou desenvolver um treinamento que cativasse uma cultura única nos executivos nacionalmente. O Programa de Desenvolvimento de Líderes (PDL) treinou as diferentes hierarquias de acordo com os assuntos que a elas eram inerentes, sempre alinhando práticas de Gestão de Pessoas e unindo as áreas. Assim, as áreas técnicas e de vendas começaram a compartilhar o mesmo ritmo de atuação em aulas práticas e palestras bimestrais, criando grande integração, parceria e estabilidade entre as equipes.

A operadora também encontrou um grande desafio ao desenvolver novas práticas comerciais e integração com um sistema mais moderno em 4 mil funcionários no breve período de 30 dias. A transparência ao longo do processo, expondo todas as vantagens que ele trazia para os colaboradores, foi o grande diferencial para resultar num cenário de mais conversões de venda, em um tempo menor e com muito mais qualidade.

Outra forma que a companhia encontrou para vencer obstáculos no treinamento foi desenvolver um método que direcionasse e aperfeiçoasse os técnicos de campo de forma remota. Com pouca disponibilidade de tempo ou logística para alocá-los em salas de aula, a Vivo criou equipamentos para mobilidade com descrições passo a passo para que os técnicos acessassem o conteúdo remotamente. A ação de levar o conhecimento diretamente para essa equipe, adaptando toda a linguagem, fez o desafio ser superado de forma exemplar.

Para saber mais sobre a Vivo, acesse: <http://www.telefonica.com.br/>.

QUESTÕES PARA REFLEXÃO E PRÁTICA

1
Existem diferenças importantes entre Educação Corporativa e Universidade Corporativa? Quais são?

2
Quais são as principais razões para implementar Educação Corporativa com profissionalismo em vez de fazer ações isoladas de treinamento?

3
Por que algumas empresas teimam em chamar de Educação Corporativa alguns projetos incipientes de capacitação de colaboradores?

4
A Escala de Educação Corporativa é um importante instrumento criado pelo autor deste livro para ajudar as pessoas e organizações a medirem o estágio em que se encontram em termos educacionais. Disserte sobre as intenções dessa pesquisa.

5
Como surgiram as Universidades Corporativas no Brasil? Quais foram os seus motivadores?

6
O autor recomenda a reflexão da empresa quanto à situação em que se encontra o desenvolvimento de seus funcionários no que chama de Quadrantes

da Educação Corporativa. Quais as diferenças entre os quadrantes 1, 2, 3 e 4 e qual é o mais adequado?

7

O autor sugere Doze Princípios Norteadores da Universidade Corporativa para que realmente ela exista, gere resultados e tenha continuidade. Cite alguns dos princípios e como podem ser aplicados na prática.

8

Quais são as competências necessárias para montar um time de profissionais internos ou externos para EC e UCs segundo a ferramenta competenciograma apresentada neste livro?

9

Faça uma dissertação sobre a metodologia de Planejamento Estratégico utilizada nas organizações e como ocorre a passagem para a criação de missão, visão, valores, objetivos e estratégias para a Universidade Corporativa nessas organizações.

10

No caso de sucesso sobre a empresa Vivo, quais foram os principais desafios quanto ao desenvolvimento das pessoas?

CAPÍTULO 3
LIDERANÇA EDUCADORA, PROGRAMA DE DESENVOLVIMENTO DE LÍDERES E GESTÃO DE MUDANÇAS

> "Se um líder precisar bater no peito e gritar para todos sobre a sua posição hierárquica é porque não está ainda contando com o reconhecimento de sua equipe e provavelmente estão lhe faltando competências importantes."

Por mais que as organizações procurem capacitar todos os cargos, é certo que qualquer transformação precisa começar pelos líderes. Contudo, será que todos os gestores que gerenciam uma ou mais equipes lideram verdadeiramente ou apenas chefiam? Há uma enorme diferença entre essas duas ações. Isso nada tem a ver com o cargo de chefia de departamento, mas com a evolução dessa ação para o verbo **liderar**, que precisará do desenvolvimento contínuo do gestor que deseja atingir a liderança.

Além de muita vontade de mudar, será importante o aprimoramento de competências para chegar lá.

Este capítulo é dedicado ao líder educador e ensina como implementar Programas de Desenvolvimento de Líderes, que apelidamos frequentemente de PDL ou PDG, que significa Programa de Desenvolvimento Gerencial.

Também apresentarei práticas e pesquisas de como conduzir mudanças organizacionais (*change management*), que são um dos maiores desafios dos novos tempos, pois nenhuma organização consegue dar um passo à frente sem preparar o seu pessoal para transformar hábitos, atitudes ou processos de trabalho.

3.1 A tríade: aluno, líder educador e área de TH

Creditar a tarefa de capacitar pessoas exclusivamente a Recursos Humanos (prefiro chamar de Talentos Humanos – TH) é, no mínimo, irresponsável e injusto com essa área e tende a causar **atrofia da liderança**.

Atrofia parece um termo forte, mas, de fato, constantemente analiso empresas e vejo que líderes que não são incentivados a desenvolver seu pessoal se retraem e diminuem sua importância na organização, não sendo mais reconhecidos como líderes, mas como chefes. Adicionalmente, a empresa também perde muito com esse comportamento, ou seja, ninguém ganha.

Um dos grandes papéis do **líder educador**, de qualquer organização, é atuar no desenvolvimento de seus colaboradores, pois está convivendo continuamente com eles e, portanto, está mais próximo deles.

Quer o líder queira ou não, o simples ato de tratar bem as pessoas ao seu redor já colabora para disseminar conceitos e comportamentos, mesmo que inconscientemente. Vale lembrar que grande parte da nossa percepção ocorre de forma irrefletida, isto é, sentimos sensações e aprendemos com elas o tempo inteiro, não necessariamente as racionalizamos.

Mesmo que o líder educador não se sinta confortável para entrar em sala de aula e capacitar formalmente o seu pessoal, deve compreender que há outras maneiras de desenvolver pessoas. Ele pode, por exemplo, estar atento ao seu **próprio comportamento** que é observado – e até reproduzido – pelas pessoas que o cercam. O exemplo diário do líder é tão forte quanto o treinamento formal, e é por isso que se deve tomar cuidado em passar bons exemplos, evitando os maus modelos.

O compromisso do líder educador vai além de estar em sala de aula com seus colaboradores. Ele (ou ela) pode transmitir diariamente bons exemplos tanto por meio de suas atitudes quanto pela qualidade das tarefas que executa. São formas de transferir *know-how* para a equipe por meio de conhecimentos formais, existentes na companhia e no mercado (**conhecimento explícito**), ou por meio de conhecimentos informais, contidos em cada pessoa (**conhecimento tácito**), ao apresentar suas experiências de vida, por exemplo.

Assim, o líder deve ser o agente ativo da transformação de seus colaboradores, atuando conjuntamente com a área de TH e com fornecedores para promover a transformação do conhecimento tácito em explícito, que é tão necessário para o sucesso da organização.

Em muitas empresas a área de TH é responsável por uma parte dos treinamentos, geralmente os mais corporativos, enquanto as demais diretorias possuem autonomia para contratar e aplicar treinamentos para suas equipes, desde que os líderes estratégicos dessas áreas estejam engajados nesse processo.

A Figura 3.1 apresenta os papéis sinérgicos e colaborativos entre o líder, o aluno que será capacitado e a área de TH. Note que tanto a área de Gestão de Pessoas poderá atuar diretamente no planejamento e na execução de treinamentos quanto os líderes, desde que possuam autonomia e preparo para isso.

Figura 3.1 Os papéis sinérgicos e colaborativos do líder educador, do aluno e da área de TH no desenvolvimento das pessoas

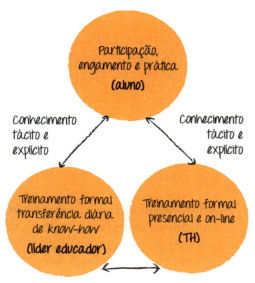

Fonte: elaborada pelo autor.

Diante dessa proposta, as responsabilidades ficam mais bem definidas e não cerceiam o desenvolvimento do capital intelectual, tão importante para que a organização alcance vantagens competitivas. Resumidamente, esses são os papéis das três partes apresentadas na Figura 3.1:

Aluno. Participar, engajar-se e colocar em prática aquilo que aprendeu são as principais responsabilidades do educando durante a ação de capacitação e, também, depois do treinamento. A prática diária modificada pelas novas competências aprendidas já é um grande resultado. O colaborador jamais poderá ficar alheio a todo esse investimento, mas deve tornar-se um agente ativo da própria transformação, complementando o que aprendeu em forma de autoinstrução.

O funcionário que espera até hoje que a empresa seja responsável em 100% por seu desenvolvimento vai continuar esperando, pois os tempos mudaram.

Líder. Ações educacionais para a equipe emanadas da área de TH devem ter o líder como um grande parceiro. Ele não deve apenas participar mas também atuar como **mentor** e mantenedor do conhecimento adquirido pelas pessoas. Afinal de contas, depois que um funcionário for treinado, o líder é quem acompanhará diariamente sua performance, fornecendo reforço e *feedback* para dar continuidade à aprendizagem.

Além disso, os diretores de outras áreas devem buscar desenvolver programas de T&D estruturados e específicos para suas necessidades, contudo sempre alinhando com a área de TH. Não se deve esperar que TH consiga suprir toda a demanda organizacional por desenvolvimento de pessoas, principalmente se a empresa for de médio ou grande porte.

Talentos Humanos. O momento de transição pede que a área de Recursos Humanos seja mais estratégica, praticando o desapego de realizar 100% das ações de desenvolvimento na organização. O que se percebe, de fato, é que a área de Talentos Humanos, por mais preparada e instrumentalizada que possa ser, dificilmente dará conta de atender com perfeição a todas as demandas educacionais.

Portanto, além do nobre papel de planejar e executar ações educacionais mais corporativas, a equipe de TH também poderá desenvolver parcerias e incentivar as demais diretorias, que deverão se empenhar no planejamento e implantação de capacitações mais específicas voltadas para suas equipes, sempre contando com o acompanhamento de TH. O grande desafio dos profissionais de TH é se tornar verdadeiramente *business partners* das demais áreas da empresa, e não represar demandas.

3.2 Razões para implantar a liderança educadora com parceria

Sabemos que, por mais tecnologia que uma empresa tenha, o resultado final, positivo ou não, sempre será creditado às pessoas. Por isso, qualquer programa de desenvolvimento voltado para líderes não pode ser encarado como uma fórmula mágica que garanta os resultados, mas sim como uma estratégia organizacional que irá priorizar não apenas os recursos materiais e tecnológicos, mas também os recursos humanos.

Meu saudoso pai sempre me dizia: "Ninguém nasce sabendo", o que é uma grande verdade. A maior parte das coisas geniais que fazemos é aprendida ao longo de nossa vida e ensinada pelos nossos pais, mestres, instrutores, amigos e por exemplos que captamos no mundo que nos rodeia.

Nas empresas, a aprendizagem da liderança também se dá dessa forma. Vamos evoluindo conforme aprendemos, contudo esse aprendizado pode ser algo planejado e acelerado em vez de improvisado e sem sentido. Esse é o papel da organização.

Os autores Luis César de Araujo e Adriana Amadeu Garcia, em *Gestão de pessoas, estratégias e integração organizacional*, nos mostram as razões que levam as empresas ao processo de treinar e desenvolver o seu pessoal:

Identificação de metas: sejam elas de expansão, admissão ou desligamento de pessoas, ou mesmo de alteração nos meios e modos de efetuar determinadas tarefas.
Identificação de gargalos: identificar as áreas nas quais as competências das pessoas necessitem ser melhoradas para que elas possam atender aos requisitos exigidos por suas funções.
Falhas na comunicação: as pessoas optam por utilizar "dialetos" que muitas vezes são interpretados de maneiras diversas.
Remanejamento de pessoas: é algo muito comum em casos de substituições constantes motivadas por ausência de pessoas, implantação de novas tecnologias, novos procedimentos, *softwares*, férias ou para treinamento fora da empresa.
Modernização da organização: atualização da tecnologia, do maquinário e dos equipamentos da organização como um todo.
Recém-formados com conhecimentos aquém do desejável: deficiência do processo de aprendizagem, uma vez que as instituições de ensino não conseguem capacitar seus alunos para que eles possam suprir a demanda do mercado de trabalho com qualificação adequada.
Natureza das atividades desenvolvidas pela organização: desfazer a impressão de que a necessidade de treinamento existe conforme o tamanho da organização. Não é o tamanho da empresa que justifica a necessidade de treinamento, mas suas atividades.
Comprometimento da alta direção: é fundamental para o sucesso de qualquer tipo de programa, inclusive com o T&D.
Diagnose da organização que aprende: as metas são estipuladas por meio de uma diagnose organizacional apurada que resulta nas necessidades de T&D.

3.3 2cs + 2is: comandar, conduzir, influenciar e inspirar

Como visto anteriormente, jamais devemos apostar que toda a responsabilidade de treinamento dos colaboradores deve recair exclusivamente sobre a área de TH ou sobre os instrutores isoladamente. Os líderes da empresa devem ter um papel ativo como coautores do desenvolvimento dos seus colaboradores em conjunto com Talentos Humanos e demais parceiros internos e externos.

Já foi a época em que o líder gastava a maior parte do seu tempo ditando tarefas. O grande desafio agora é transformar-se em um líder educador que traga resultados palpáveis para a organização.

Existem centenas de definições sobre liderança na literatura mundial, muitas delas contêm certo romantismo no tratamento das responsabilidades de liderar. Depois de muitas pesquisas sobre o segredo do sucesso de grandes líderes, publiquei no meu livro *Triunfo da liderança* um significado que acredito ser objetivo e palpável.

Na Figura 3.2, apresento que liderar é a interseção de quatro verbos fortes e assertivos representados pelos **2cs + 2is**.

Figura 3.2 Os 2cs + 2is ilustrando o significado de liderar, que é a prática diária de comandar, conduzir, influenciar e inspirar pessoas

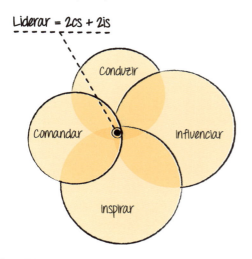

Fonte: MADRUGA, 2015.

A minha definição para liderança é:

> O ato diário de praticar os **2cs + 2is**, isto é, comandar, conduzir, influenciar e inspirar pessoas (por meio da aplicação de estratégias de liderança) a colocarem em prática suas competências, trabalhando com qualidade, desempenho e vontade.

Nas situações em que o líder precise ser assertivo, por exemplo, ele poderá usar mais atitudes de comando. Nos casos em que necessite formar as pessoas, poderá influenciar e inspirar. O que importa é assumir que ocorrem diariamente quatro responsabilidades no ato de liderar e não apenas uma só.

Todas podem ser praticadas alternadamente considerando as seguintes variáveis que ocorrem no dia a dia:

Tamanho da equipe.
Objetivos a serem cumpridos.
Necessidades organizacionais.
Circunstâncias de mercado.
Maturidade da equipe.
Necessidades da equipe.
Situações emergenciais.
Grau de desenvolvimento da equipe.

Quero chamar a atenção para o último item dessa lista: o **grau de desenvolvimento da equipe**. Ele não necessariamente significa escolaridade ou experiência, mas grau de maturidade na competência exigida para realizar a função. Quanto maior o grau de autonomia da equipe, mais o líder atua com os **2is**. Quanto menor o grau de maturidade, mais ele pratica os **2cs.**

Para cumprir essas responsabilidades, o líder educador poderá ser agente ativo no desenvolvimento de seu time, trabalhando em conjunto com a área de TH ou com a de T&D. Para isso, será importante conscientizar-se do seu papel, em que se destaca a "incansável repetição".

3.4 A incansável repetição do líder educador

Um bom modelo de desenvolvimento constante de pessoas, que tem **custo zero** (absolutamente zero!) e possui muita eficácia, são os exemplos diários que o líder educador fornece à equipe durante o turno de trabalho.

Bons comportamentos diários do líder educador expostos para a equipe agem naturalmente como vitaminas benéficas no organismo da equipe, criando novas conexões, treinando o cérebro para conseguir melhores resultados. Apresento oito exemplos de comportamentos a serem praticados diariamente pelo gestor e que contribuem para o desenvolvimento dos liderados.

1. Ao chegar ao ambiente de trabalho, o líder deve agradecer mentalmente o fato de ter uma equipe para ajudá-lo.
2. Antes de ligar o computador deve-se cumprimentar a equipe, se possível, um a um.
3. O líder deve perguntar-se: O que posso fazer para tornar o trabalho da equipe mais produtivo e as pessoas mais realizadas?
4. O líder identifica e respeita (genuinamente) as diferentes formas de ser das pessoas.
5. Fornecer diariamente bons exemplos sobre qualidade, desempenho e atitudes positivas para a equipe.
6. Na dúvida entre fazer a tarefa para o colaborador ou ensiná-lo a pescar, a segunda opção é preferível.
7. O líder prioriza o desenvolvimento das pessoas com treinamentos formais, *coaching* ou *mentoring*.
8. O líder deve dizer diariamente para as pessoas não apenas "o que" precisa ser feito, mas também "como" fazê-lo.

Ao repetir diariamente essas ações, com o passar do tempo as pessoas estarão diferentes, mais seguras e, por que não dizer, mais capacitadas para as tarefas. Não que isso substitua o treinamento formal, mas pode e deve ser um processo paralelo de desenvolvimento.

Quando atitudes são despertadas, as pessoas são estimuladas a mudar. Mudar é muito bom, principalmente quando há parceria do líder para que isso ocorra de maneira evolutiva e segura.

Tão forte quanto a motivação, a segurança é um dos maiores desejos das pessoas no ambiente de trabalho, embora isso pareça paradoxal nos dias de hoje, pois as empresas aspiram a todo momento romper com a excessiva zona de conforto. Por isso, o líder educador incessantemente acompanha o seu pessoal e pratica a **incansável repetição**.

Uma simples orientação diária sobre como realizar determinada tarefa é uma repetição benéfica que proporciona retenção da informação. Quando repetimos pequenas rotinas importantes, os hemisférios do nosso cérebro se beneficiam, causando uma conexão cerebral muito forte entre a parte racional (lado esquerdo) e a intuitiva (lado direito). Vale a pena fazer esse exercício, o resultado é muito positivo. Basta identificar quais os exemplos que podem ser passados diariamente para incentivar as pessoas a desenvolverem suas competências.

Tenho consciência de que não existe fórmula mágica, mas recomendo que o líder educador experimente a repetição diária de alguns comportamentos que não apenas despertará a atenção de sua equipe, mas, principalmente, vai ajudá-la a se autoliderar.

No processo de desenvolvimento de pessoas, a repetição é algo mágico que nos prepara para voos maiores. Pense numa pessoa que aprendeu um idioma. Quantas vezes foi necessário ela repetir frases? Milhares de vezes? É a incansável repetição produzindo seus efeitos.

3.5 Tendências do Capital Humano

Não estamos sozinhos quando o assunto é desenvolvimento de líderes. A *Global human capital trends – The new organization: different by design*, uma importante pesquisa mundial realizada pela Deloitte University, demonstrou as tendências das empresas para o Capital Humano. Veja a Figura 3.3.

É muito interessante notar que os cinco itens mais importantes consideram o desenvolvimento de pessoas. Qualquer esforço para o redesenho organizacional, o aperfeiçoamento da liderança, a mudança de cultura, o engajamento e o aprendizado dos colaboradores exigirá esforços planejados e bem executados de T&D.

A publicação aponta também uma tendência de mudança no paradigma do treinamento, que passa a ser visto como um processo contínuo e não mais um episódio isolado. O colaborador é o responsável por seu aperfeiçoamento e recebe assistência da empresa, mesmo que o treinamento ocorra no ambiente externo.

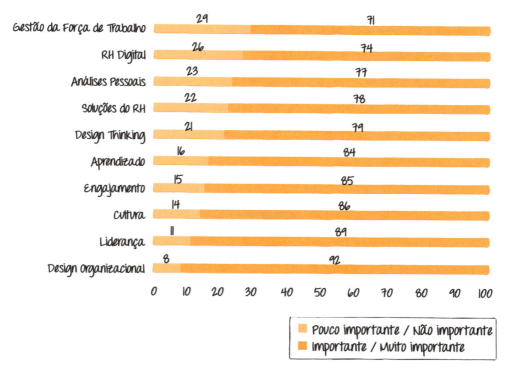

Figura 3.3 Grau de importância de tendências globais do Capital Humano para as empresas

Fonte: adaptada DE DELOITTE UNIVERSITY PRESS, 2016.

O quesito liderança apareceu como um dos mais importantes e não é de se estranhar, pois são essas pessoas que realizam a gestão das demais, funcionando como indutoras do desenvolvimento organizacional. Se o líder educador não estiver suficientemente capacitado ou amadurecido haverá grande chance de "contaminar" uma equipe com práticas desagradáveis. Será que alguma empresa sustenta esse problema na atualidade?

Nenhuma organização nos dias atuais sobrevive se não desenvolver seus colaboradores de forma contínua e sem a participação ativa da liderança, que pode e deve ser capacitada com metodologia moderna dentro ou fora da empresa. A seguir, trataremos da educação continuada de líderes por meio do PDG/PDL.

3.6 Educação continuada de líderes (PDG ou PDL)

Todos sabem que o líder é um dos responsáveis diretos pelo sucesso (ou não) de sua equipe mediante as estratégias que utiliza para gerir pessoas e demais recursos da organização. O seu êxito poderá ser maior caso as pessoas reconheçam nesse gestor uma liderança autêntica em vez de imposta.

Costumo dizer que se um líder precisar bater no peito e gritar para todos sobre a sua posição hierárquica é porque não está ainda contando com o reconhecimento de sua equipe como líder e provavelmente estão lhe faltando competências importantes. Já foi o tempo que as pessoas aceitavam todas as ordens emanadas da chefia.

Em minhas pesquisas, somente 10% a 15% das pessoas alcançam a liderança de alta performance, o que parece ser um índice muito pequeno diante das necessidades organizacionais. Quais seriam as causas para um índice tão modesto? A seguir, as principais conclusões a que cheguei.

Muitos desses gestores se comportam mais como fiscais e chefes do que como líderes.
Na pressa de preencher lacunas, as empresas promovem pessoas que não estão preparadas para a função de gerir as demais.
Ainda falando de pressa, muitas organizações não investem em programas de desenvolvimento gerencial.
Muitas vezes a pessoa promovida não apresenta o perfil mais indicado para liderar.

Além desses fatos, no Brasil é comum que o investimento em treinamento seja muito mais focado em competências técnicas dos gestores, o que pode ocasionar a atrofia de liderança, já mencionada neste capítulo.

Adicionalmente, muitas empresas, para "livrarem-se do problema", consomem toda a verba de treinamento inscrevendo seus gestores em congressos ou somente em cursos de longa duração, o que pode comprometer a aceleração de resultados. O segredo é mesclar ações de desenvolvimento de curta, média e longa duração. O que importa é a educação continuada.

Daí a importância de esses profissionais participarem do **Programa de Desenvolvimento Gerencial (PDG)**, também chamado de **Programa de Desenvolvimento de Líderes** ou, simplesmente, **PDL**. Esse programa é geralmente aplicado por consultorias externas em conjunto com a área de TH da empresa.

O foco no PDL é desenvolver competências para liderar com resultados e assertividade, sem ficar sofrendo com o ato diário de gerir pessoas e recursos organizacionais.

3.7 Seis grupos de competências para líderes

Muitas pessoas confundem Treinamento de Liderança com PDG/PDL. São dimensões diferentes. A primeira tratará das competências diretamente ligadas ao ato de o gestor comandar, conduzir, influenciar e inspirar os funcionários no modelo já citado 2cs + 2is. Já a segunda tratará não apenas dessas competências como também de outras necessárias para o sucesso do cargo, como habilidades de negociação, planejamento e controle, gestão em geral e competências interpessoais.

A Figura 3.4 demonstra que o PDG/PDL pode ser projetado para desenvolver seis grupos de competências nos líderes ao longo de um período de tempo.

Como foi demonstrado que o escopo do PDL pode ser mais estratégico do que parece, será importante que a trilha de desenvolvimento projetada leve em consideração um ótimo sequenciamento dos módulos de treinamento presenciais e on-line, de forma que o programa seja atrativo, transformador e encorajador. Como visto anteriormente, os módulos não são aleatórios, mas resultantes dos **seis grupos de competências do líder**.

Figura 3.4 O PDG/PDL é formado por pelo menos seis grupos de competências para serem divididas em módulos de treinamento aplicados durante um ano

Fonte: elaborada pelo autor.

A seguir, será apresentado um caso de sucesso no qual aplicamos um Programa de Desenvolvimento Gerencial para os líderes de uma empresa de tecnologia, realizando um módulo de treinamento presencial por mês. Note que iniciamos o programa por competências que forneceram sustentação para as competências seguintes, ajudando os gestores em suas necessidades de curto, médio e longo prazos. Perceba que os módulos de treinamento foram originados a partir dos seis grupos de competências apresentados, como mostra a Figura 3.5.

Esse caso de sucesso começou com um diagnóstico estruturado das necessidades de treinamento, resultando no levantamento de competências a serem ministradas e, consequentemente, num plano contendo a trilha de desenvolvimento. Tudo foi planejado para garantir o correto sequenciamento dos módulos mensais.

Os módulos iniciais foram preparados para desenvolver as competências mais urgentes, que eram ligadas à liderança e à Gestão de Pessoas, pois essa era prioridade da organização.

Figura 3.5 PDG realizado numa grande empresa de tecnologia, com treinamentos mensais, perfazendo 12 meses de educação continuada

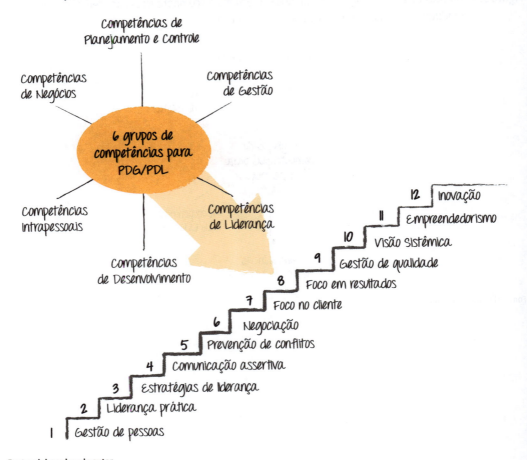

Fonte: elaborada pelo autor.

Nos meses seguintes foram introduzidos treinamentos que elevassem as competências gerenciais interpessoais e, em seguida, módulos mais analíticos (foco nos resultados e na qualidade). O programa foi finalizado com módulos *open mind*, ligados à inovação e ao empreendedorismo.

Nos capítulos mais adiante vou apresentar para você a metodologia completa que utilizo para planejamento, implementação e mensuração de programas de treinamento. Essa metodologia pode ser aplicada para todo e qualquer cargo da organização.

3.8 Como priorizar a participação no PDL

Qualquer programa de longo prazo que tenha como objetivo desenvolver gestores em organizações privadas ou públicas deve levar em consideração a escolha adequada (e justa) das pessoas que participarão das ações educacionais.

Quando há pouca verba disponível, que grupo deve ser capacitado primeiramente: supervisores, coordenadores ou gerentes? Há uma regra para isso? Quanto maior o salário, maior a prioridade de participação?

Não há e não deve haver obrigatoriedade de hierarquia, tempo de casa ou faixa salarial para ser convidado para um PDL. *Team leaders*, supervisores, coordenadores, gerentes, diretores ou especialistas potenciais podem e devem fazer parte de programas de educação continuada. O que recomendo é que se criem critérios viáveis ao escolher alguém para o treinamento, pois levar em consideração apenas o cargo que o colaborador ocupa é um grande erro.

Os **critérios de elegibilidade** devem ser transparentes desde o início da contratação de líderes, pois quando as regras são claras, as pessoas não se sentem preteridas. Recomendo, a seguir, alguns critérios para definir quem terá prioridade nas capacitações.

Pessoas *high potential*, isto é, aquelas que apresentam grande potencial para ocupar cargos estratégicos.
Pessoas *high performance*, que, embora já tragam resultados sustentáveis, precisam desenvolver novo potencial.
Prováveis sucessores que podem ocupar cargos-chave na organização e que, por isso, precisam de desenvolvimento.
Líderes seniores e experientes que precisam revitalizar suas competências.
Jovens líderes que precisam desenvolver novas competências e maturidade.
Profissionais que ainda não possuem subordinados, contudo são potenciais líderes.
Líderes que apresentaram baixo desempenho mensurado recentemente.

Esse último caso é bem emblemático, pois normalmente as empresas priorizam a participação em treinamentos de quem está "bem na foto". Dependendo da competência a ser treinada e da urgência de resultados, melhor seria inverter essa ordem ou mesclar a equipe. Lembrando que as pessoas aprendem umas com as outras num ambiente enriquecedor de treinamento.

A área de T&D poderá utilizar um ou vários critérios simultaneamente. O que importa é que as regras sejam comunicadas para a equipe de líderes. Quanto ao formato do PDL, a aplicação de módulos quinzenais de 8 a 32 horas cada funciona muito bem.

Não podemos deixar de reconhecer que, nesse tipo de programa, utilizar consultorias externas produz um grande efeito motivacional na equipe de gestores, pois a expectativa deles cresce com relação a cada capacitação. Quando isso ocorre, os gestores reconhecem que a empresa fez um investimento apropriado.

Em minha experiência, a aplicação de PDL estruturado e profissional gera seis benefícios para as empresas e para os participantes (Quadro 3.1).

Quadro 3.1 A aplicação de PDG/PDL estruturado e profissional gera seis benefícios para as empresas e seis para os participantes

Para a organização	Para os participantes
1. Aumento da robustez da liderança.	1. Crescimento profissional.
2. Retenção de talentos por mais tempo.	2. Crescimento pessoal.
3. Redução de custos de *turnover*.	3. Sentimento de pertencimento a algo maior.
4. Melhoria contínua dos processos.	4. Motivação e engajamento.
5. Atingimento e superação de resultados.	5. Aquisição e prática de novas competências.
6. Criação de sucessores para cargos-chave.	6. Torna-se um mentor da organização.

Fonte: elaborado pelo autor.

3.9 Perguntas para o PDL

As principais diretrizes para o processo de geração e aprimoramento da liderança devem ser flexibilidade, colaboração e inovação. Essas características convergem para inspirar os colaboradores em vez de simplesmente criar uma relação hierárquica com eles; portanto, devem estar presentes nos líderes.

O ótimo artigo de Kelly Kajeswski intitulado *Adaptive learning for adaptive leaders: the future of leadership development* define cinco perguntas estratégicas que devem estar no coração de qualquer programa de desenvolvimento de líderes.

1. **É adaptável?** O programa é flexível a ponto de envolver as necessidades da organização e dos seus líderes com o fornecimento confiável de aprendizagem? Existem ligações entre as propostas do programa, os objetivos institucionais, os ganhos de performance e as aplicações na rotina? Essas propostas podem ser reavaliadas durante o processo?
2. **É personalizado para o aluno?** O aprendizado é determinado ou gerado pelos alunos tendo em vista suas necessidades, aliando-as aos objetivos organizacionais? O aprendizado bem-sucedido depende da valorização do aluno.
3. **É direcionado para o trabalho?** Baseia-se nas atividades do cargo? É necessário derrubar as barreiras que tornam o treinamento um momento isolado e conciliá-lo com a aplicação das habilidades no ambiente de trabalho.
4. **É voltado para os resultados?** As melhorias promovidas pela aprendizagem podem ser facilmente identificáveis nos indivíduos e pela organização? O aprendizado é um

investimento que precisa gerar resultados para ambas as partes.

5. **É confiável?** O treinamento vem de uma fonte com credibilidade? O programa permite fazer correções, se necessário, mas sem alterar a base e a centralização nas pessoas?

Como visto, confiabilidade é um dos fatores de sucesso para os programas de desenvolvimento, por isso será importante que a organização tome iniciativas para evitar problemas, como se fossem vacinas. Uma vez que os líderes são capacitados, seja em programas mais robustos como o PDL ou em ações pontuais de desenvolvimento, é o momento de colocar em prática as competências aprendidas alcançando a excelência em liderar.

Uma das formas de praticar a liderança (genuinamente e não ficcionalmente) é exercitar diariamente estratégias de liderança.

3.10 Estratégias de liderança e o líder educador

Muitas pessoas possuem dificuldade para reconhecer que o líder é um estrategista na condução do seu time, pois, no Brasil, ainda persiste a crença de que "liderança é uma característica que nasce com a pessoa". Triste engano.

É por isso que apresentei para o mercado uma nova forma de encarar as responsabilidades do líder, sem romantismo e também sem exageros instrumentais. No livro *Triunfo da liderança* dediquei um capítulo para abordar as estratégias de como liderar, assim pude demonstrar que o líder pode utilizar estratégias diárias para gerenciar seus colaboradores rumo ao sucesso. As **seis estratégias de liderança** podem ser vistas na Figura 3.6.

Das seis estratégias que o líder pode praticar, **Desenvolvimento** é a mais complexa, pois exigirá um esforço maior e um compromisso diário de formar sucessores. Contudo, desenvolver pessoas é uma das táticas mais consistentes para garantir que os resultados da equipe sejam sustentáveis e, portanto, duradouros. Praticando diariamente essa estratégia, o gestor, automaticamente, assume o seu papel de líder educador, conseguindo resultados não apenas no curto prazo, como também no médio e longo prazos.

Os gestores mais experientes já descobriram que o segredo é desenvolver verdadeiramente as pessoas de forma que a empresa tenha um manancial de talentos e, assim, possa competir em condições superiores. É esperado também que o líder forme sucessores, como um mecanismo para o próprio crescimento na carreira.

O líder que investe na alta performance pode e deve utilizar sistematicamente ferramentas para viabilizar a estratégia de liderança chamada desenvolvimento. Essas ferramentas são:

Detectar cotidianamente necessidades de treinamento dos colaboradores.
Identificar as próprias deficiências de capacitação e investir em sua carreira.
Descobrir e apresentar recursos para aprendizado das pessoas.

Figura 3.6 As seis estratégias de liderança para serem praticadas cotidianamente pelos líderes

Fonte: MADRUGA, 2015.

- # Mesclar e trazer instrutores do mercado para treinamento diferenciado.
- # Liderar e valorizar a promoção do conhecimento dentro da equipe.
- # Estar aberto a novas formas de conhecimento.
- # Realizar parcerias com a área de TH para juntos desenharem programas de T&D.

O gestor que utiliza a *estratégia de desenvolvimento* está atuando em benefício da empresa, do colaborador e de si mesmo, já que está assegurando que seu trabalho seja mais qualitativo ao mesmo tempo que cria sucessores.

A estratégia de liderança **Participação** é aquela na qual o líder promoverá o engajamento das pessoas com a finalidade de aumentar a colaboração da equipe e o sentimento de pertencimento. A ativação dessa estratégia faz também que membros da equipe troquem experiências e contribuam para o sucesso da organização.

Exemplificar é um ensinamento que o líder pode e deve praticar com a sua equipe. Quando há uma nova tarefa pouco dominada pelos colaboradores, o líder realmente interessado no sucesso do seu pessoal criará formas de fazê-la (num primeiro instante) em conjunto para que a equipe adquira confiança em si mesma. Chamo essa estratégia para liderar de **Exemplificação**.

A estratégia de liderança **Diferenciação** consiste em tratar as pessoas não como se fossem iguais, mas respeitando a particularidade delas, respeitando sempre seus valores. O líder, quando treinado da maneira correta, respeita esses valores e procura conectá-los com os valores da empresa.

Realizar a estratégia **Direção** tem custo zero e é muito importante, principalmente em momentos em que exista a necessidade de o líder ser mais direto com as pessoas e assertivo nos negócios. Costumo dizer que quando as pessoas estão indecisas ou amedrontadas com algum acontecimento na empresa, nada melhor do que receber uma "boa ordem", que se traduz em direcionamento para quem precisa de direção.

Aprendemos na sociedade moderna a "maneirar" nosso instinto de **Competição**, impedindo que ele invada as relações de trabalho. O líder vai além dessa visão e, com sabedoria, procura gerar estímulos em sua equipe desafiando as pessoas com premiação e comparação de resultados entre filiais, por exemplo.

Terminada a apresentação das seis estratégias de liderança que podem e devem ser capacitadas e reforçadas durante o PDL, será importante abordar o tema Gestão das Mudanças, que deve fazer parte do processo de desenvolvimento dos líderes.

3.11 Gestão da Mudança e os Projetos Educacionais

O tema Gestão da Mudança é tão importante para a área de T&D que irei dedicar o restante deste capítulo a ele. Afinal de contas, o que são organizações senão organismos vivos mergulhados em um sistema aberto que está em constante mudança? Nesse sentido, a educação de líderes é uma excelente estratégia para assegurar que as mudanças sejam operadas com respeito, técnica e engajamento.

Esse tema será introduzido aqui com uma discussão a respeito do papel e do poder do gerente responsável pelos projetos educacionais. Quando projetos educacionais mais robustos são realizados, uma grande questão que perpassa toda a competência de implantar algo é o quanto esse projeto alterará a cultura local e se ele causará mudanças nas pessoas, afetando sua forma de trabalhar e o funcionamento da organização.

Como tornar viável um projeto educacional de grande porte? Uma das alternativas que recomendo é eleger internamente alguém ou contratar um consultor externo com experiência em educação e também em metodologia de implantação de projetos. Se possível, alguém que conheça os fundamentos do Project Management Institute (**PMI**). É por isso que a figura do **Gerente de Projetos** é tão importante, pois é o ponto focal das estratégias ligadas ao desejo da empresa de promover mudanças. O que o Gerente de Projeto na área educacional precisa ter em mente é que a maior dificuldade não é a mudança em si, mas sim a forma pela qual será implementada.

Apesar de o novo projeto alterar a cultura da empresa, se ele for bem definido, calculado e projetado, será incorporado da maneira mais natural e efetiva, desde que o consultor desenvolva e implemente em paralelo, mesmo que parcialmente, a metodologia de *Change Management* ao projeto. O resultado final será consideravelmente superior.

O autor Sarkar, em *Simple steps to manage your project changes*, fez uma contribuição importante ao definir sucintamente os principais passos para gerenciar melhor as mudanças provenientes da implantação de projetos mais consistentes.

Defina o orçamento.
Obtenha razões para mudar.
Analise os impactos.
Identifique interdependências.
Analise os riscos.
Determine o impacto da mudança.
Documente o processo.

Para que a implementação seja exitosa, a análise prévia da solução deve considerar diversos fatores que, em um primeiro momento, podem passar despercebidos.

Sarkar elenca alguns pontos que são essenciais para se obter um resultado satisfatório na Gestão da Mudança. Em um primeiro momento, deve-se observar o foco das mudanças e o alcance que elas terão, bem como suas razões e necessidade. Além disso, é importante perceber quais setores serão atingidos pelas mudanças, por terem relação com o que está sendo alterado. É de suma importância reconhecer os impactos na gestão da organização. Em seguida, deve ser feita uma análise das condições de mercado e dos próprios produtos e serviços.

Uma solução mal implementada pode trazer prejuízos como atrasos, custo elevado, resultado ruim, incompreensão por parte da equipe e até um questionamento sobre as habilidades do Gerente de Projeto. Por isso, as empresas devem se certificar, primeiramente, da qualidade do gestor responsável, não receando buscar consultores externos que tenham experiência e capacitação na área.

3.12 É melhor fazer a gestão do que não mudar

Todos os dias temos vontade de implantar ideias novas e de enfrentar desafios. Definitivamente isso faz parte da natureza humana. Contudo, quando implantamos projetos estruturantes, temos que nos preocupar não apenas com as ações como também com as repercussões sobre a mudança. Como as pessoas irão modificar seus hábitos depois de tanto tempo trabalhando do mesmo jeito? Como elas reagirão ao novo projeto? O que fazer para evitar o boicote delas às novas ideias advindas dos treinamentos?

As respostas a essas questões definirão o sucesso ou não da implantação de novas ideias, por melhores que elas sejam. Por isso, é importante aplicar a metodologia de *Project Management* para o sucesso nas iniciativas mais estruturadas na empresa. Steve Hart, em sua publicação *Project management foundations: managing change*, nos ajuda a identificar como gerenciar mudanças nesse contexto para alcançar êxito na implantação de projetos.

Por mais que a implementação de uma solução só ocorra após um planejamento prévio que busque identificar os impactos, dependências e recursos, não há como garantir que o processo seja completamente calculado. Assim, o correto "planejamento base" de uma solução deve conter um equilíbrio entre o controle e a disciplina, de forma que haja flexibilidade para corrigir os possíveis desencaminhamentos em relação ao objetivo inicial. Começar o plano com tais condições em mente é o primeiro passo para lidar com os deslizes, mas não o único. Assim, Steve Hart sugere algumas regras práticas para a Gestão da Mudança.

Aprenda a definir a solução: a solução precisa de um plano base que se edifique sobre o escopo (do produto ou projeto), custo (atual *versus* planejado) e agenda (datas e duração para atividades e entregas). É importante que esse plano seja sempre assertivo e preciso, inserido num ambiente transparente quanto às expectativas.

Identifique as fontes de mudanças: as mudanças em relação ao que era inicialmente pretendido podem ter diversas fontes: alteração de requisitos pelos clientes, novas tecnologias trazendo riscos desconhecidos, aplicação não condizendo com o que foi planejado, estimativas erradas etc. Nesses casos, é importante haver uma identificação antecipada e proativa.

Ouça os avisos prévios: alguns sinais podem surgir durante a implementação, evidenciando desvios no planejamento original. Tarefas não iniciadas ou não finalizadas a tempo, atividades atrasadas, variações acima do esperado no custo, esforço empregado maior do que o necessário, novas tarefas identificadas ao longo da solução e identificação de erros.

Controle as mudanças: diante das situações negativas, o gerente deve buscar alinhar as respostas necessárias aos desvios com a continuidade do projeto por meio de passos essenciais: 1) identificar os desvios; 2) se for necessário, elaborar uma solução própria para o desvio; 3) após análise dos *reports* sobre o impacto desse desvio, o efeito deve ser avaliado por uma equipe responsável pela correção; 4) em seguida, deve haver um intenso acompanhamento.

Assuma o impacto: o Gerente de Projetos deve ter em mente que é o responsável pelo acompanhamento da realização do processo em todos os seus aspectos e amplitude. Ele deve saber explicar as evoluções que ocorrem ao longo do procedimento e suas consequências.

3.13 Erros fatais em um processo de mudança

John P. Kotter, importante pesquisador sobre liderança e processo de mudança, apresenta, em sua obra *Liderando mudanças: transformando empresas com a força das emoções*, os oito erros que podem comprometer seriamente a implementação de mudanças organizacionais (Quadro 3.2).

Quadro 3.2 Oito erros fatais em um processo de mudança

Permitir complacência excessiva	O maior erro cometido pelos gestores da mudança é não estabelecer um sentido de urgência entre os membros da organização. A dificuldade em fazer que os indivíduos abandonem suas zonas de conforto costuma ser subestimada.
Falhar na criação de uma coalizão administrativa forte	Os altos executivos devem se comprometer com a mudança e montar um grupo de pessoas que tenha poder suficiente para liderar o processo trabalhando em equipe. Nos casos em que essa coalizão não é suficientemente forte, os progressos tendem a ser apenas aparentes e momentâneos.
Subestimar o poder da visão corporativa	Na ausência de uma visão apropriada, o processo de transformação pode facilmente se dissolver em confusões, incompatibilidades e desperdício de tempo com projetos que seguem uma direção errada ou nenhuma direção. A visão tem um papel fundamental no direcionamento e alinhamento dos esforços de mudança.
Comunicar a visão de forma ineficiente	Mesmo que as pessoas estejam insatisfeitas com a situação atual, não farão sacrifícios, a não ser que acreditem que a mudança é realmente possível e seus potenciais benefícios, atraentes. Se não houver credibilidade e abundância na comunicação, os funcionários não se envolverão no processo.
Permitir que obstáculos bloqueiem a nova visão	As iniciativas de mudança costumam falhar quando as pessoas sentem que não têm poder para superar os grandes obstáculos em seu caminho, mesmo que estejam comprometidas com a nova visão.
Falhar na criação de vitórias de curto prazo	Muitas pessoas não continuam se esforçando, a não ser que haja suficiente evidência, em seis ou oito meses, de que estão sendo produzidos os resultados esperados. Na ausência de visões de curto prazo, muitos funcionários desistem ou desenvolvem forte resistência.
Declarar vitória prematuramente	Após alguns anos de trabalho duro, as pessoas ficam tentadas a declarar vitória do programa de mudança ao constatar o primeiro grande resultado de melhora. Enquanto as mudanças não forem consolidadas na cultura da organização (o que pode levar de três a dez anos), os novos processos são frágeis e sujeitos a regressão.
Negligenciar a incorporação sólida das mudanças à cultura corporativa	As mudanças se consolidam apenas quando passam a ser vistas pelos indivíduos como atividades rotineiras e incorporadas à cultura da organização. É importante mostrar às pessoas envolvidas como suas crenças e atitudes ajudaram a melhorar o novo desempenho. Também é preciso que haja tempo suficiente para assegurar que os gerentes personificaram a mudança.

Fonte: adaptado de KOTTER, 2017. 1996 apud PINTO; SOUZA, 2009.

3.14 Dez passos para implementar soluções

Sempre costumo dizer que mais do que implementar projetos educacionais, os executivos devem **implementar soluções**. Qual a diferença? Parece pequena, mas é gritante. Quando se fala em projeto, foca-se o meio para conseguir algo, e quando se fala em solução, a atenção é dada na resolução de algo. Portanto, todo projeto de T&D bem-sucedido precisa ser uma solução, embora nem toda solução seja um projeto.

O impacto de se escolher o nome certo para a ideia que se pretende expressar é um dos fatores de sucesso na Gestão da Mudança. Lembremos que as pessoas criam imagens mentais com cada palavra que pronunciamos, por isso, será importante as escolhermos adequadamente.

Assim, o educador deve estar focado em soluções e precisa estar ciente do espectro que sua profissão possui, abarcando desde o momento do planejamento da solução até sua efetiva implementação.

Steve Hart, da Project Management Foundations, elaborou os passos para implementação de soluções e os publicou no artigo *10 steps to create a strong baseline plan*:

1. **Coletar informações:** absorver todas as informações, estudar casos parecidos, adaptar as soluções, observar e ouvir atentamente.
2. **Entender os *stakeholders* e formar a equipe:** analisar os *stakeholders* e os impactos esperados para o projeto, para só então começar a montar a equipe de implementação.
3. **Criar um informativo do *case*:** facilitar a compreensão, implementação e finalização ao explicitar os itens essenciais, como objetivos, benefícios e requisitos.
4. **Estruturar analiticamente o projeto:** dividir o projeto em microestruturas que permitam estimar uma programação e o planejamento para cada atividade, facilitando o monitoramento e controle.
5. **Criar uma *timeline*:** identificar as ações e atividades que edificam o projeto por meio de um fluxo organizado que leve em conta as datas pretendidas e a duração de cada atividade.
6. **Orçar o plano:** estimar os recursos e verbas necessários para cada atividade, bem como o pagamento de todos os colaboradores envolvidos.
7. **Finalizar a programação:** revisar os itens da programação, observando a coerência destes, como prazos, compreensão e complexidade.
8. **Revisar o orçamento:** conciliar os gastos com o orçamento levantado, sempre observando a eficiência esperada de acordo com o que foi estimado.
9. **Finalizar o plano:** apresentar o plano de forma consistente e detalhada, tendo em mente que a aprovação está nessa fase, mas só ocorrerá se todas as outras forem bem-feitas.
10. **Implementar:** garantir o ritmo correto de implementação e gerir sua execução, guiando a equipe de forma a respeitar prazos e objetivos.

Apesar de a eficiência da solução a ser implantada depender de inúmeros fatores, o método aqui apresentado garante uma compreensão e uma estruturação sólidas do que deve ser feito. A garantia de um bom resultado é o objetivo final, porém, para alcançá-lo, o gestor deve primeiro ter seu planejamento aprovado, o que só ocorre se o profissional emanar credibilidade.

Irei apresentar a seguir o caso de sucesso praticado pela Ipiranga, empresa na qual tenho orgulho de ter implantado, com minha equipe e clientes, projetos educacionais e de consultoria com resultados.

CASO DE SUCESSO

Ipiranga

A Ipiranga está entre as maiores empresas do segmento de distribuição de combustíveis no Brasil. Seus mais de 7.800 postos são voltados a atender às necessidades diárias dos consumidores, ofertando desde combustíveis e lubrificantes até produtos de conveniência. São mais de 2.300 lojas am/pm e mais de 1.600 unidades Jet Oil, serviços automotivos especializados, franquias instaladas em postos Ipiranga.

Com tamanha capilaridade, a empresa possui uma área de Educação Corporativa estruturada que tem como um dos grandes desafios desenvolver milhares de colaboradores e parceiros por meio de programas de T&D alinhados às estratégias de negócios da empresa.

Para atingir os desafios, a companhia adotou a forma de ensino 70:20:10, sendo grande segredo da Ipiranga é o fato de proporcionar que a aprendizagem ocorra prioritariamente dentro do ambiente prático do trabalho.

Para a empresa desfrutar dos benefícios dessa forma de capacitação – que são a facilidade de acesso dos colaboradores e a possibilidade de desenvolvimento a partir de experiências reais de trabalho –, a Ipiranga procura planejar essas ações com várias medidas. Uma delas é aproveitar o momento de substituição de colaborador (por férias ou licença) para que as pessoas alocadas pratiquem e vivenciem a função sempre com o acompanhamento do líder imediato. Outro exemplo ocorre quando o funcionário, visando ao desenvolvimento de carreira, é escalado para um treinamento *on the job*, que possui roteiro prévio e também a avaliação após o período da capacitação.

Com o objetivo de evitar o risco da informalidade que o modelo 70:20:10 pode ocasionar, a empresa toma alguns cuidados que se mostram eficazes, como determinar que o gestor direto acompanhe a evolução do funcionário e estruturar um roteiro em conjunto com os líderes para que o treinando, principalmente em casos de novas contratações ou mudança de função, obtenha uma correta sequência de aprendizagem.

A Escola de Formação da Ipiranga possui programas de capacitação para todas as categorias profissionais da empresa, de estagiários aos principais líderes. A atenção maior da área educacional é com a formação de líderes e capacitação para o negócio.

A área de educação possui como um dos desafios para os próximos anos ampliar a participação dos programas de treinamento on-line, que hoje correspondem a 5%, enquanto a modalidade presencial na empresa atinge 95%.

A Ipiranga também é reconhecida no mercado pela excelência na capacitação dos seus parceiros. Atualmente, mais de 34 mil funcionários dos postos de gasolina e respectivos empresários distribuídos por todo o Brasil são capacitados pela Universidade Corporativa Ipiranga, que utiliza diversos recursos para "chegar até a ponta", como treinamentos presenciais com instrutores externos gabaritados, *games*, criação de conteúdo específico e até dois micro-ônibus percorrendo os postos que funcionam como sala de aula, contendo toda a infraestrutura necessária para treinamento. Um desses programas é o conhecido *Treinamento VIP*.

A atenção com os parceiros capacitados não para por aí. A Ipiranga possui também uma Central de Relacionamento estruturada e especializada que, além de atender clientes, presta todo o suporte aos funcionários e aos empresários dos postos de combustíveis e das lojas de conveniência em todo o território nacional.

Conheça melhor a empresa pelo site: <https://www.ipiranga.com.br>.

QUESTÕES PARA REFLEXÃO E PRÁTICA

1
Para que as ações de T&D sejam bem-sucedidas, será necessário que a tríade aluno, líder educador e área de TH desempenhem seus papéis e cooperem entre si. Apresente quais são esses papéis e os tipos de cooperação que devem ter.

2
É certo que os líderes se diferenciam das tradicionais chefias. Defina quais são os *2cs + 2is* do líder criados pelo autor que devem ser praticados cotidianamente pelos gestores.

3
A incansável repetição que o autor prega no capítulo é uma forma de capacitar as pessoas. Explique como funciona, fornecendo exemplos.

4

Quais as diferenças entre o PDL e as ações isoladas de treinamento para líderes?

5

Como deve ser estruturado um Programa de Desenvolvimento de Líderes? Quais os principais grupos de competências que devem ser aplicados no PDG/PDL?

6

O autor criou o conceito de que os líderes podem e devem praticar seis estratégias de liderança. Dê exemplos de aplicação dessas estratégias.

7

Qual a relação da Gestão da Mudança com os Programas de Desenvolvimento de Líderes? Cite exemplos.

8

Todo processo de mudança em uma organização pode trazer riscos potenciais. Quais os cuidados que a organização deve tomar em termos educacionais a fim de garantir que as mudanças estejam ocorrendo de forma controlada e produzindo os efeitos necessários?

9

No caso de sucesso apresentado sobre a empresa Ipiranga, quais são os principais desafios quanto ao desenvolvimento de pessoas?

10

Cite exemplos de programas de T&D de colaboradores e parceiros realizados pela empresa Ipiranga que viraram referência no mercado.

CAPÍTULO 4
DIAGNÓSTICO DE NECESSIDADES DE TREINAMENTO & DESENVOLVIMENTO (DNT)

> "Tudo o que fazemos tem um método consciente ou não. Andar de bicicleta, escovar os dentes, subir uma escada. Na área de T&D não é diferente. Quem pratica métodos aprende mais rapidamente, economiza dinheiro e proporciona um futuro melhor. Com o passar do tempo, as competências se tornam naturais."

Desenvolver pessoas não é uma mera ação de fazer que elas assimilem determinada informação e, assim, modifiquem a sua forma de trabalhar. Capacitar pessoas é um compromisso mais estratégico do que muitos pensam, pois quando o processo de educação é levado a sério, os resultados são ampliados e produtos e serviços de qualidade superior são desenvolvidos.

Quem ganha com um processo bem estruturado de Treinamento e Desenvolvimento? As quatro partes envolvidas: colaboradores, organização, clientes e sociedade, que contará com pessoas mais qualificadas; portanto, é um pré-requisito para a prosperidade de uma nação.

Tudo o que fazemos traz um método associado. Andar de bicicleta, embora seja aparentemente fácil para quem pratica regularmente, exige um método habilidoso para equilibrar-se em duas rodas. Dirigir, praticar esportes, empreender, escovar os dentes, enfim, tudo o que praticamos exige *know-how*. São atividades que aprendemos algum dia de nossa vida, seja por intermédio de nossos pais, amigos, professores ou por autoinstrução. Com o passar do tempo, essas habilidades se incorporaram ao nosso dia a dia e acabam sendo feitas naturalmente.

Na área de T&D não é diferente. Quem trabalha com métodos aprende mais rapidamente, economiza dinheiro e proporciona um futuro melhor. Com o passar do tempo, as competências se tornam naturais. É assim que se alcança a alta performance.

Um dos aspectos que faz toda a diferença antes de aplicar qualquer tipo de ação de desenvolvimento, seja presencial ou on-line, é realizar um diagnóstico com objetivo de adequar conteúdo, método de ensino, carga horária, estrutura e muito mais. Quando esse levantamento é feito com sabedoria, a chance de sucesso no Treinamento e Desenvolvimento de pessoas beira 100%.

Este capítulo é dedicado à apresentação da metodologia

4.1 Treinamento emergencial *versus* processo natural de T&D

Quando se trata de treinamento emergencial para apagar algum "incêndio organizacional", como corrigir uma falha grave de atendimento ao cliente, deve-se efetuar o levantamento de necessidades?

A resposta é sim, pois, apesar de ser uma ação emergencial de T&D, nesse caso, será preciso que o instrutor entre em sala de aula alguns poucos instantes para mitigar o problema. No entanto, ele somente será bem-sucedido se souber qual o problema a ser resolvido e quais suas causas para, então, dirigir a capacitação. O mesmo ocorre se o módulo for on-line. Sempre haverá planejamento, por mais breve que seja.

O treinamento emergencial visa solucionar uma situação específica apresentada pelo departamento, por isso destina-se a resolver rapidamente um problema detectado nas competências dos colaboradores perante alguma necessidade de curto prazo da organização. Isso não isenta o educador de trabalhar no processo completo de T&D, mesmo que este seja célere.

Independentemente da quantidade de módulos, das competências ministradas e da profundidade, todo e qualquer processo educacional, seja presencial ou on-line, deve levar em conta seis etapas.

1. Diagnóstico de Necessidades de Treinamento e Desenvolvimento (DNT).
2. Plano de Treinamento e Desenvolvimento.
3. Design Instrucional e criação de conteúdo.
4. Realização e condução do treinamento.
5. Sustentação do aprendizado.
6. Avaliação, controle e indicadores de T&D.

A Figura 4.1 traz o diagrama da sequência do Processo Natural de Treinamento e Desenvolvimento que ocorre em seis etapas.

Figura 4.1 Processo Natural de T&D em seis etapas

Fonte: elaborada pelo autor.

O círculo destaca a primeira etapa na figura, pois ela é o foco deste capítulo. As demais etapas serão vistas nos capítulos posteriores.

Alguns autores gostam de simplificar esse processo transformando-o em quatro etapas, juntando-se, por exemplo, a criação de conteúdo com o planejamento das ações educacionais. Não recomendo essa prática, pois são situações diferentes e com metodologias distintas.

Para definir qual a capacitação a ser realizada, seja essa presencial ou on-line, é preciso dispor de algum tempo planejando. O correto é realizar um levantamento estruturado de necessidades, para que as informações diagnosticadas sejam em maior quantidade e tenham mais qualidade.

As vantagens de um diagnóstico são inúmeras, por ajudar claramente a organização a analisar informações internas e externas e realizar ações de T&D extremamente sintonizadas com suas necessidades. Além disso, será possível entrevistar líderes e equipes, avaliar seus recursos humanos e diagnosticar competências que precisam ser desenvolvidas.

Neste capítulo irei apresentar a metodologia completa para a Etapa 1 do Processo Natural de T&D: o Diagnóstico de Necessidades de Treinamento e Desenvolvimento (DNT). Fornecerei ao longo do capítulo vários modelos e questionários integrantes da metodologia que desenvolvi para o DNT.

4.2 Diagnóstico de Necessidades de Treinamento e Desenvolvimento (DNT)

Uma das melhores formas de a ação educacional gerar resultados positivos e duradouros é planejá-la de forma eficiente e diagnosticar corretamente as necessidades (reais) das pessoas e das organizações que precisam ser capacitadas. De fato, nem sempre a necessidade declarada pelo público-alvo das ações educacionais é equivalente à necessidade da organização. Por isso, todo cuidado é pouco. É muito comum assistir empresas levantarem suas necessidades educacionais com formulários empíricos e rasos.

Ao atender uma grande empresa da área de serviços, por exemplo, eu e minha equipe modificamos toda a metodologia usada para o diagnóstico, pois a anterior era baseada em solicitar aos líderes que informassem a listagem de módulos de treinamento que suas equipes precisariam para todo o ano. Alertamos que essa não é a melhor forma de identificar seguramente quais competências precisam ser desenvolvidas, porque, em muitos casos, as pessoas respondem que não precisam ser treinadas, simplesmente pelo fato de não quererem se expor aos colegas. É preciso, portanto, acoplar outras formas de levantamento para tornar o diagnóstico mais estruturado e a educação corporativa mais assertiva.

Veja o exemplo de um projeto de Programa de Desenvolvimento de Líderes (PDL) que implantamos numa empresa com centenas de líderes. Utilizamos diversas ferramentas para o levantamento de necessidades, sendo uma delas o inventário de competências. Em seguida ao inventário, aplicamos a autoavaliação para que os líderes identificassem, usando uma pontuação de 1 a 10, em qual estágio se encontravam nessas competências e que grau de importância atribuíam a elas (Tabela 4.1).

Tabela 4.1 Estágio atual nas competências *versus* grau de importância conferido pelos líderes – indica oportunidade de desenvolvimento

	Média estágio atual	Média da importância	*Gap*	Treinamentos recebidos
Relacionamento	8,8	9,3	0,5	8%
Comunicação	8,7	9,4	0,7	7%
Desenvolvimento de pessoas	8,3	9,3	1,0	9%
Resultados	8,1	9,2	1,1	6%
Foco no cliente	8,9	9,6	0,7	8%
Liderança	8,9	9,5	0,6	15%
Planejamento / controle	8,0	9,2	1,2	7%
Métodos	8,0	8,7	0,7	2%
Autonomia	8,5	8,9	0,4	4%
Decisão	8,7	9,1	0,4	3%
Administração do tempo	7,5	8,9	1,4	5%
Treinamento de pessoas	7,7	8,8	1,1	4%
Motivação	8,6	9,1	0,5	7%
Inovação	8,1	8,8	0,7	3%
Negociação	8,4	8,9	0,5	7%
Autodesenvolvimento	8,4	9,1	0,7	4%

Fonte: elaborada pelo autor.

As competências **Administração do tempo** e **Capacitar pessoas** apareceram como prioritárias em relação ao *gap* medido. E, ao analisarmos o foco dado para essas capacitações, descobrimos que, até aquele momento na empresa, ele era realmente pequeno. Outro ponto interessante é que dificilmente a coluna de necessidades declaradas pelos entrevistados será igual à importância atribuída por eles mesmos à competência, pois nem sempre as pessoas reconhecem rapidamente que precisam de capacitação.

Descobrimos, também, uma relação estreita entre estresse no ambiente de trabalho (que somou 95% a partir do grau médio) e as tarefas realizadas pela equipe;

sendo que, em 81% dos casos, não havia métodos estruturados e seguros, gerando constante retrabalho (Figura 4.2).

Figura 4.2 Fragmentos de diagnóstico realizado sugerindo a relação entre o estresse no ambiente de trabalho e a falta de métodos estruturados para desempenhar tarefas

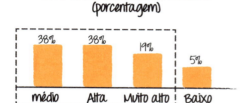

Fonte: elaborada pelo autor.

Tenho visto outros exemplos, em organizações com grande foco em resultados, mas sem estratégia para chegar lá, em que os funcionários costumam declarar a falta de métodos estruturados para realizar seu trabalho. Essa situação gera desgaste emocional e angústia por causa do tempo que as pessoas perdem para finalizar qualquer tarefa. A possibilidade de alto estresse na equipe, então, será alta. Esse é um exemplo de um pequeno fragmento advindo do diagnóstico que conduzimos trazendo informações valiosas para o desenvolvimento das pessoas.

Ainda diagnosticando o mesmo grupo, percebeu-se também que 60% dos futuros treinandos perdiam o controle com facilidade quando encontravam *falta de interesse* e *falta de respeito* no ambiente de trabalho, apontando oportunidades de desenvolvimento de inteligência emocional e liderança, por exemplo (Figura 4.3).

Após o diagnóstico, um relatório completo foi apresentado para a empresa. Esse relatório foi um dos fatores críticos de sucesso para que a capacitação dos funcionários atingisse a marca de 100% de satisfação, gerando resultados para todos. Realizar o DNT, de forma compacta ou completa, dependendo do caso, traz inúmeras vantagens para as três partes envolvidas: aluno, organização e educador.

Figura 4.3 Fragmentos de DNT realizado para identificar *gaps*

Fonte: elaborada pelo autor.

4.3 Vantagens de se diagnosticarem situações de aprendizagem

Em minha experiência, mais da metade das pessoas não reconhece que possui **gaps de competência**. Logo, não se deve ouvir apenas o grupo que será treinado. Outras fontes podem e devem ser utilizadas no diagnóstico.

É por isso que prefiro utilizar a sigla DNT em vez de LNT, pois o "D" significa diagnóstico, ao passo que "L" quer dizer levantamento. Diagnosticar demonstra um compromisso maior do que simplesmente *sondar*, pois o processo de diagnóstico se assemelha ao feito por um bom médico quando o visitamos. Vários exames são realizados para identificar qual o melhor tratamento. No caso das empresas, um dos "tratamentos" é a capacitação.

São pelo menos sete as vantagens de realizar o DNT com método estruturado.

1. Proporcionar alinhamento entre as necessidades da organização e as dos alunos.
2. Despertar nos colaboradores o sentimento de justiça e de investimento em sua carreira.
3. Demonstrar para os líderes a importância do seu desenvolvimento e dos seus liderados.
4. Instituir um marco na organização que deverá constantemente revisar seu DNT.
5. Demonstrar para o mercado que a empresa está sintonizada com as melhores práticas.
6. Ajudar na criação da cultura de desenvolvimento de pessoas na organização.
7. Aumentar a qualidade e a efetividade das ações de T&D realizadas.

4.4 Metodologia diagnóstica para o DNT

O DNT é uma importante ferramenta para apoiar a elevação de nível das competências das pessoas, trazendo fatos e dados cruciais para que as ações educacionais estejam alinhadas com o negócio.

É bom lembrar que o diagnóstico não deve engessar a organização; ao contrário, o estudo deve ser feito de uma a duas vezes ao ano e revisado sistematicamente, levando em consideração as mudanças ocorridas internamente ou no próprio mercado.

O Diagnóstico de Necessidades de Treinamento e Desenvolvimento completo é realizado em dois movimentos céleres: Análise da organização e Levantamento de dados dos recursos humanos, conforme a Figura 4.4.

É bom frisar que cada educador deverá escolher o foco dado e quais informações aqui sugeridas integrantes do diagnóstico devem ou não ser levantadas, dependendo da profundidade pretendida, do tempo disponível e da disponibilidade das pessoas na organização.

A seguir, apresentarei com mais detalhes *como* e com *quais* instrumentos você poderá fazer um ótimo DNT, iniciando pela primeira parte: a análise da organização.

Figura 4.4 Diagrama da metodologia completa para elaboração do DNT

Fonte: elaborada pelo autor.

4.5 DNT – 1ª parte: análise da organização

Essa tarefa possui como objetivo levantar **dados do ambiente externo** que interage com a empresa, de forma que o processo de treinamento se integre às estratégias organizacionais e atue como um dos instrumentos para alcançar os objetivos traçados. Essa análise pode ser conduzida com o mapeamento de insumos imprescindíveis que irão influenciar toda e qualquer ação de treinamento presencial ou on-line durante o ano.

Os insumos que serão estudados pela área são: planejamento estratégico da organização, descrição das competências essenciais e distintivas, análise de legislação e normas que afetam a empresa, identificação de requisitos dos clientes, leitura de pesquisas externas e detecção de necessidade de certificação interna ou externa. Naturalmente, a área de T&D não será responsável por produzir as informações sobre os insumos, mas por estudar as existentes na empresa.

No quesito **Análise da Organização**, existem quatro fontes de levantamentos de dados para o DNT.

1. Análise do Planejamento Estratégico existente.
2. Identificação das competências estratégicas.
3. Análise de leis, normas e certificações.
4. Resultados do negócio e dados dos clientes.

Para cada fonte elaborei roteiros de questões que facilitam o levantamento.

4.5.1 Análise do Planejamento Estratégico existente

O que é. Análise do Planejamento Estratégico (PE) na empresa é colher insumos valiosos para ajustar as estratégias de desenvolvimento de pessoas às estratégias emanadas do PE. Cada vez mais, as ações de T&D devem ser conectadas aos propósitos e às estratégias da organização, deixando de ser iniciativas deconectadas.

Objetivo. Extrair do PE informações que indicarão a necessidade de capacitação de pessoas e ajustar as estratégias definidas pela diretoria com os objetivos de T&D. Conhecer o PE é uma forma de a área de TH ou o responsável pelas ações educacionais não ficarem alheios às tendências e ao futuro da organização. Muito pelo contrário, estudar o PE é conectar-se com as principais prioridades da organização, evitando fechar-se em seu próprio mundo. Veja o Quadro 4.1 a seguir; ele traz todos os itens e as questões que podem ser utilizados para a análise do PE existente, visando fazer um ótimo DNT.

É importante frisar que esse levantamento é breve e deve ser feito por meio de entrevista com um ou mais diretores ou simplesmente com a análise do documento de Planejamento Estratégico existente.

Quadro 4.1 Itens e respectivo roteiro de questões para o DNT levantados a partir da análise do PE existente

Itens para levantamento de informações	# Matriz SWOT existente. # Objetivos, missão, visão e valores organizacionais. # Portfólio de produtos e serviços atual e desejado. # Estratégias corporativas definidas. # Posicionamento da empresa. # Estratégias departamentais. # Informações sobre a concorrência. # Tendências tecnológicas.
Roteiro de questões para levantamento de informações	# Quais são os pontos fortes e fracos da organização e o que eles nos mostram sobre o treinamento das pessoas? # Quais mudanças nas competências das pessoas as oportunidades e ameaças externas à organização exigirão? # Houve mudanças nos objetivos, na missão e na visão da companhia que podem afetar as pessoas? # De que forma o T&D pode colaborar para que a empresa cumpra os valores organizacionais? # O que as mudanças de portfólio de produtos e serviços podem influenciar nas competências das áreas? # Que modificações nos treinamentos serão importantes para o cumprimento das estratégias e do posicionamento da empresa? # O que precisa ser desenvolvido nos colaboradores para a organização ser mais inovadora? # Que tendências tecnológicas em curso poderão afetar as competências dos colaboradores?

Fonte: elaborado pelo autor.

4.5.2 Identificação das competências essenciais e distintivas

O que é. A análise do Planejamento Estratégico existente é o momento de identificar quais competências essenciais e distintivas a organização precisa desenvolver nos seus colaboradores para que os objetivos maiores sejam alcançados no curto, médio e longo prazos.

Objetivo. Identificar as **competências essenciais e distintivas** da organização para que façam parte do levantamento de necessidades de treinamento. As competências essenciais são aquelas que fazem a empresa cumprir sua missão. Já as distintivas são reconhecidas pelos clientes, tornando a organização diferenciada em relação aos concorrentes, trazendo vantagens competitivas. Ambas devem ser extraídas do PE, que obrigatoriamente deverá contê-las; caso a empresa ainda não possua tais competências, será necessário entrevistar um ou mais gestores. O **Capítulo 1** traz mais informações sobre as competências essenciais e distintivas da organização.

Os itens para levantamento e roteiro são apresentados no Quadro 4.2.

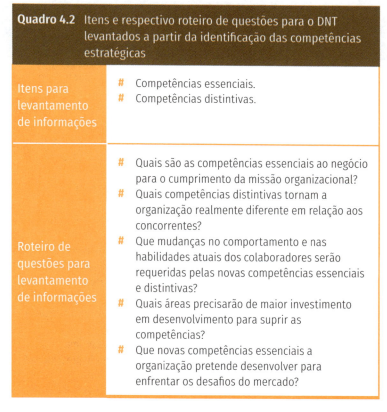

Quadro 4.2 Itens e respectivo roteiro de questões para o DNT levantados a partir da identificação das competências estratégicas

Itens para levantamento de informações	# Competências essenciais. # Competências distintivas.
Roteiro de questões para levantamento de informações	# Quais são as competências essenciais ao negócio para o cumprimento da missão organizacional? # Quais competências distintivas tornam a organização realmente diferente em relação aos concorrentes? # Que mudanças no comportamento e nas habilidades atuais dos colaboradores serão requeridas pelas novas competências essenciais e distintivas? # Quais áreas precisarão de maior investimento em desenvolvimento para suprir as competências? # Que novas competências essenciais a organização pretende desenvolver para enfrentar os desafios do mercado?

Fonte: elaborado pelo autor.

4.5.3 Análise de leis, normas e certificações

O que é. Existem normas, leis, certificações ou regulamentos que podem interferir na qualificação das pessoas na organização? Diversos setores, como o de saúde, por exemplo, constantemente apresentam mudanças de regulação, o que deve ser identificado pelo educador como oportunidade de desenvolvimento de pessoas.

Objetivo. Identificar quais normas, leis e regulamentos afetam a organização, gerando necessidades de desenvolvimento. Também será importante identificar os impactos na capacitação das pessoas referentes às normas de qualidade e de acreditação que a empresa decidiu implantar. Não se trata de estudar leis ou manuais intermináveis durante o diagnóstico, mas de identificar com a área responsável (o setor de qualidade ou o setor jurídico, por exemplo), se novas leis, normas ou certificações afetarão as competências dos colaboradores na empresa.

No Quadro 4.3 são apresentados os itens para levantamento e o respectivo roteiro para apoiar o educador no diagnóstico.

Quadro 4.3 Itens e respectivo roteiro de questões para o DNT levantados a partir da análise de leis, normas e certificações que afetam a empresa

Itens para levantamento de informações	# Leis que afetam a qualificação dos recursos humanos. # Normas que a empresa precisa adotar. # Certificações que a empresa pretende adotar.
Roteiro de questões para levantamento de informações	# Que mudanças ocorrem ou ocorrerão nas leis que afetam as competências dos colaboradores na empresa? # A empresa pretende adotar alguma nova norma, certificação ou acreditação? Qual? # Que impacto elas trarão para a especialização das pessoas? # Quais cargos precisam ser desenvolvidos para atender às exigências dessas certificações e normas? # Há alguma recomendação nesses documentos quanto à necessidade de T&D? # O que tais certificações vão requerer com relação a habilidades técnicas e conceituais? # Que área será acionada para suportar uma certificação e qual treinamento será imprescindível para ela?

Fonte: elaborado pelo autor.

4.5.4 Resultados do negócio e dados dos clientes

O que é. Uma organização moderna realiza o planejamento de pessoas com a visão de foco no cliente, aprendendo com ele suas preferências, comportamentos e experiências no relacionamento com o negócio. Identificar os requisitos dos consumidores significa aprender com o mercado e agregar valor aos produtos e serviços. Também será importante levantar os principais objetivos e metas de vendas, de marketing e de atendimento, e se eles estão sendo alcançados.

Objetivo. Levantar os resultados de vendas, marketing e atendimento e também as informações existentes na empresa sobre os clientes. Isso deve ser feito a partir de entrevistas com as áreas de negócios e consulta a pesquisas, programas de CRM e canais de relacionamento, visando identificar novos conhecimentos, habilidades e atitudes que serão requeridos da força de trabalho que atua na linha de frente (*front office*) ou na retaguarda (*back office*).

Quadro 4.4 Itens e respectivo roteiro de questões para o DNT levantados a partir dos resultados do negócio e dos dados dos clientes

Itens para levantamento de informações	# Comportamento, características e valores dos clientes. # Pesquisa de satisfação de clientes. # Principais objetivos e metas de vendas, de marketing e de atendimento. # Estratégias de relacionamento.
Roteiro de questões para levantamento de informações	# Quais comportamentos, características e valores dos clientes podem ser ressaltados durante as ações de treinamento para os colaboradores? # Quais são as principais objeções do consumidor durante o relacionamento com os canais da empresa? # Há exigências dos clientes quanto à qualidade do que é produzido? Quais e como afetarão as pessoas? # Quais são os principais objetivos e metas de marketing, de vendas e atendimento a clientes? Estão sendo atingidos pela equipe? Se a resposta for negativa, por que não estão sendo atingidos? # O que é preciso modificar nos conhecimentos, habilidades e atitudes das pessoas para apoiar o alcance desses objetivos? # O que a empresa gostaria de modificar no comportamento dos colaboradores para a criação da cultura de foco no cliente? # Em que competências as demais áreas precisam se desenvolver para que a empresa aumente a satisfação do consumidor, a quantidade e a qualidade de negócios?

Fonte: elaborado pelo autor.

Como visto, o DNT é composto por três partes: análise da organização, levantamento de dados dos recursos humanos e elaboração do relatório final. Até agora, foi apresentada a metodologia para a primeira parte. A seguir, será mostrada a segunda parte do diagnóstico: análise dos recursos humanos.

4.6 DNT – 2ª parte: análise dos recursos humanos

Para a realização ágil da análise dos recursos humanos, as consultas devem ser realizadas em bases já existentes na organização, como informações do departamento pessoal, indicadores, relatórios, descrição de cargos e modelo de competências. O levantamento também pode ser realizado a partir de novos trabalhos de diagnóstico da situação atual, como observação *in loco*, *assessment* dos colaboradores e entrevistas com o público-alvo dos treinamentos.

Preparei um passo a passo junto com os roteiros de questões para facilitar o levantamento dos recursos humanos. Lembrando sempre que o educador, em conjunto com a área responsável da empresa, deverá decidir a quantidade e a profundidade das informações a serem levantadas de acordo com vários fatores, como prazo do projeto e custos envolvidos.

A seguir, o passo a passo para o levantamento de dados dos recursos humanos para o DNT.

1. Análise dos dados existentes dos colaboradores.
2. Análise da produtividade, processos e indicadores.
3. Análise dos cargos e *assessment*.
4. Entrevistas com o público-alvo.

A seguir, irei detalhar cada item e o respectivo roteiro de questões para o levantamento de dados sobre as pessoas na organização.

4.6.1 Análise dos dados existentes dos colaboradores

O que é. Trata-se de uma análise das informações que a empresa dispõe sobre os fatos e dados emanados na gestão diária de seus recursos humanos. Lembrando que, caso a empresa não disponha de tais dados em forma de relatórios, o educador poderá optar por entrevistar o responsável pela área ou os líderes.

Objetivo. Essa análise visa levantar insumos já existentes na organização sobre o histórico individual e coletivo dos colaboradores a fim de que sejam utilizados como fonte de informação para a definição de quais competências farão parte do plano de treinamento (Quadro 4.5).

Quadro 4.5 Itens e respectivo roteiro de questões para o DNT levantados a partir da análise de dados já existentes dos colaboradores

Itens para levantamento de informações	# Pesquisa de clima organizacional preexistente. # Cultura organizacional. # Indicadores de RH. # *Feedback* dos treinamentos anteriores. # Entrevistas de desligamento. # Relatório de folhas de ponto.

Roteiro de questões para levantamento de informações

- # O que os treinamentos anteriores ensinaram em relação a módulos, carga horária, instrutores, infraestrutura e satisfação?
- # Quais são os prinicpais valores presentes na cultura organizacional atual e quais mudanças a empresa gostaria de fazer?
- # Quais mudanças são necessárias na equipe para que a organização modifique a sua cultura?
- # Quais são os maiores problemas de comportamento das pessosas dentro da organização?
- # Quais são os pontos da pesquisa de clima que devem influenciar as futuras ações educacionais?
- # O que os demais indicadores de RH sugerem em relação à necessidade de capacitação das pessoas?
- # Há ocorrências médicas que são ocasionadas por despreparo de colaboradores da empresa?
- # O que os colaboradores falam a respeito da empresa quando saem dela, nas entrevistas de desligamento, por exemplo?
- # O que ocasiona *turnover* e absenteísmo na organização?

Fonte: elaborado pelo autor.

4.6.2 Análise da produtividade, processos e indicadores

O que é. Trata-se de uma ótima forma de utilizar a observação da realidade para identificar o que está acontecendo nos departamentos. Quais resultados estão sendo obtidos e quais precisam de ações de T&D para melhorar? Como está a produtividade das áreas?

Objetivo. Levantar dados concretos sobre o que ocorre nos processos e procedimentos organizacionais e, consequentemente, descobrir se há algo afetando o alcance das metas programadas pelos macroprocessos, além de avaliar a produtividade das equipes. Assim, as ações educacionais podem ser direcionadas para melhorar a efetividade quando conectadas ao negócio (Quadro 4.6).

Quadro 4.6 Itens e respectivo roteiro de questões para o DNT levantados a partir da análise da produtividade, dos processos e dos indicadores das áreas

Itens para levantamento de informações

- # Ambiente de trabalho.
- # Indicadores e metas das áreas.
- # Mudanças tecnológicas e processos.
- # Processos e procedimentos operacionais.
- # Observação *in loco* das tarefas.
- # Verificação de desperdícios e produtividade.
- # Observação de comportamentos e disciplina.

<table>
<tr><td>Roteiro de questões para levantamento de informações</td><td>
Quais mudanças ocorreram no ambiente de trabalho que podem afetar o desenvolvimento de novas habilidades?
Que fatores afetam a comunicação e o relacionamento das pessoas no ambiente de trabalho?
As pessoas trabalham com métodos estruturados e seguros?
Quais são os indicadores mais importantes que precisam ser atingidos e de que maneira a capacitação pode colaborar?
As metas individuais e departamentais estão sendo atingidas? Se a resposta for negativa, o que está levando a isso?
Quais tecnologias a empresa adquiriu ou pretende adquirir e que impactos elas teriam na forma de trabalho?
Quais modificações aconteceram nos processos e procedimentos que irão demandar desenvolvimento de pessoas?
Ao observar as tarefas desempenhadas *in loco* foram identificados sinais de perda de produtividade? Quais?
De que mudanças de comportamento e aquisição de habilidades os colaboradores necessitam para melhorar a produtividade e reduzir desperdícios?
Que ações de desenvolvimento podem ser feitas para apoiar a manutenção da disciplina?
</td></tr>
</table>

Fonte: elaborado pelo autor.

4.6.3 Competências por cargo

O que é. Análise fundamental para identificar os instrumentos que podem ajudar na descoberta de quais competências precisam ser desenvolvidas. Não se trata de realizar a avaliação de desempenho das pessoas ou *assessment*, que são processos independentes não contidos em T&D, mas debruçar-se sobre os resultados preexistentes na empresa para que o educador possa identificar quais competências precisam ser desenvolvidas e para quais cargos, proporcionando, também, a sugestão de Trilha de Desenvolvimento.

Objetivo. Identificar, a partir de instrumentos existentes de Gestão de Pessoas, pistas que levem ao entendimento de competências para serem desenvolvidas junto aos colaboradores. Esse levantamento será importante principalmente se o programa de T&D for mais abrangente, com vários módulos (Quadro 4.7).

Quadro 4.7 Itens e respectivo roteiro de questões para o DNT levantados a partir da análise das competências por cargo

Itens para levantamento de informações	# Avaliação de desempenho preexistente. # Mudanças no organograma. # Plano de cargos e salários (PCS) existente. # *Assessment* e levantamento do perfil do colaborador.

Itens para levantamento de informações	# Identificação de potencialidades. # Teste do nível de conhecimento. # Escolaridade, experiência e tempo de empresa.
Roteiro de questões para levantamento de informações	# Quais são as competências mais deficitárias por cargo demonstradas na avaliação de desempenho? # Houve mudanças no organograma que impactaram a capacitação dos colaboradores? # Quais são as competências descritas no PCS que precisam de treinamentos? # Os cargos que requerem determinada escolaridade precisam de ações educacionais de acordo com o PCS? # O mapeamento de perfil das pessoas indicou o desenvolvimento de quais competências comportamentais? # Quando a empresa realizou o *assessment* das pessoas, que competências identificadas precisaram de desenvolvimento? # Quais funcionários estão sendo preparados para cargos-chave (sucessão)? Que competências são necessárias para assumir esses cargos? # Ao avaliar o nível de informação de grupos por meio de teste de conhecimento, em quais conhecimentos eles precisam ser capacitados? # Que capacitações são necessárias para valorizar funcionários que estão há mais tempo na empresa ou, se for o caso, ajudá-los a evitar a zona de conforto?

Fonte: elaborado pelo autor.

É sempre bom lembrar que essa parte do diagnóstico não deve ser confundida com o processo de *assessment* individual dos colaboradores, que irá requerer outras ferramentas. Caso a organização precise de *assessment*, outro projeto deverá ser aberto para rodar em paralelo ao de T&D.

4.6.4 Pesquisa com o público-alvo

O que é. O DNT pode englobar a análise de dados existentes nos documentos, relatórios e observações *in loco* nas empresas, como também o levantamento de necessidades junto aos líderes e à equipe que será treinada.

Objetivo. Levantar por meio de instrumentos simples as necessidades do público que receberá as capacitações, bem como os requerimentos dos respectivos líderes, visando confrontar tais informações com aquelas levantadas anteriormente e, assim, concluir com mais segurança quais devem ser as prioridades das ações de T&D. O levantamento poderá ser feito presencialmente ou on-line (Quadro 4.8).

Quadro 4.8 Itens e respectivo roteiro de questões para o DNT levantados a partir de pesquisa com o público-alvo do projeto

Itens para levantamento de informações	# Pesquisa de campo presencial ou on-line. # Realização de grupos focais com futuros alunos. # Solicitações de treinamentos feitas diretamente pelos líderes.
Roteiro de questões para levantamento de informações	# Quais são as prioridades de desenvolvimento para as funções entrevistadas? # Quais conhecimentos, habilidades e atitudes dos colaboradores precisam ser melhorados ou mesmo revistos? # Que falhas os colaboradores cometem durante a execução do seu serviço? # O que o entrevistado gostaria de mudar para atingir os objetivos e se adaptar aos valores da organização? # Que resultados precisam ser melhorados com urgência nas equipes, segundo os líderes? # Que competências a avaliação de desempenho indicou como precisando de melhoria? # O que não funcionou nos treinamentos anteriores e o que pode ser mudado para os próximos? # O que será exigido do departamento num futuro próximo e em quais capacidades as pessoas precisam ser desenvolvidas?

Fonte: elaborado pelo autor.

As entrevistas com o público-alvo e seus líderes são importante instrumento do DNT e poderão ser feitas de várias formas, inclusive combinando qualquer uma destas:

Entrevista individual.
Entrevista em grupo de até quatro pessoas.
Grupo focal com até sete pessoas.
Formulário on-line.

Em certos casos, podemos checar indiretamente o estágio atual de um cargo no desempenho de suas atividades entrevistando outras áreas. Usando o método de perguntas indiretas, é possível, por exemplo, questionar a equipe comercial sobre quais são os principais problemas que ocorrem quando o cliente recebe a visita de técnicos de campo sem, no entanto, expor pessoas nominalmente.

A quantidade de questões do roteiro citado poderá aumentar caso sejam necessárias novas perguntas para ampliar a precisão do diagnóstico. A quantidade de respondentes também influencia se houver a necessidade de comprovação estatística dos resultados.

A metodologia de diagnóstico apresentada em detalhes até aqui não precisa ser aplicada na íntegra. Por isso, o educador deverá decidir, em conjunto com as áreas demandantes, quais dados são imprescindíveis de serem pesquisados conforme o tamanho do projeto de T&D.

Outro ponto que mais uma vez destaco é não confundir o DNT com o processo de *assessment* e de avaliação de desempenho dos colaboradores, ainda que esses sejam projetos tão estruturantes quanto T&D,

embora apresentem objetivos e metodologia diferentes.

O Diagnóstico de Necessidades de Treinamento e Desenvolvimento pode e deve considerar esses outros processos, contudo, caso a empresa não disponha de *assessment* nem de avaliação de desempenho, será uma ótima oportunidade para abrir novos projetos estruturantes de Gestão de Pessoas.

Podemos concluir que o Diagnóstico de Necessidades de Treinamento e Desenvolvimento é um processo cadenciado e estruturado que requer dedicação para que, num curto espaço de tempo, o Plano de Treinamento esteja pronto e bem fundamentado. O próximo capítulo abordará o Plano de Treinamento.

A seguir irei apresentar o caso de sucesso da empresa BBTecno, na qual muito me orgulho de ter conduzido um importante projeto de T&D, pois trata o tema com muito profissionalismo.

CASO DE SUCESSO

BBTecno

A BBTecno (BB Tecnologia e Serviços) nasceu da junção de uma história de tecnologia computacional brasileira e empreendedorismo com a necessidade de atualizar, automatizar e qualificar as ferramentas de atendimento nos bancos. Com as legislações acerca da informática surgidas na década de 1990, o Banco do Brasil investiu na compra de ações da Cobra (Computadores e Sistemas Brasileiros), uma das empresas pioneiras na produção e no desenvolvimento de computadores no país.

Por ser uma empresa de tecnologia, a necessidade de renovação de conhecimentos é alta. Assim, cerca de 600 pessoas são treinadas por ano, entre processos mensais voltados para ganhos motivacionais, melhoria de procedimentos e reciclagem.

Em um primeiro momento, os executivos enfrentaram uma barreira de engajamento nos treinamentos por parte dos funcionários. Isso se deveu à recente mudança nos paradigmas da corporação: antes apenas solução, hoje o treinamento volta-se à evolução constante.

A BBTecno guia-se pelas mudanças internas para enfrentar o que lhe é externo com treinamentos presenciais divididos em programas como Desenvolvimento de Líderes (técnicas, liderança, administração de tempo, comunicação assertiva, tratamento com diferentes gerações), de

Monitores de Qualidade (gestão, inteligência profissional, *feedback* e relatórios), Instrutores (oratória, material) e de Analistas de Treinamento. A melhoria promovida na forma de atuar desses profissionais deve ser contínua e satisfazer as diferentes resoluções do dia a dia.

Contando com um diagnóstico prévio, nas áreas a serem desenvolvidas, para a escolha dos profissionais a serem inseridos nos programas, assim como com uma devolutiva de aprendizado após o treinamento, a BBTecno compreende não só a importância mas também a extensão da implementação e todos os cuidados que o aprimoramento deve observar.

Por meio de grupos focais, pesquisas de satisfação do treinamento, *quiz* e avaliações com os operadores, a empresa garante a retenção do conhecimento. O desempenho é medido com planos de ações contendo prazos que indicam se a habilidade adquirida está realmente sendo colocada em prática.

Mas a mudança de maior importância na empresa foi inclinar-se, positivamente, à implementação de soluções desenvolvidas por parceiros estratégicos e com experiência no ramo. Os treinamentos, que antes se guiavam pela necessidade de reciclagem, agora se voltam a um objetivo futuro que a empresa busca. Atingir um ideal de profissionalismo por meio dos desenvolvimentos em liderança, qualidade e treinamento é o que guia a cultura empresarial da BBTecno.

Para saber mais sobre a BBTecno, acesse: <http://www.bbtecno.com.br/>.

QUESTÕES PARA REFLEXÃO E PRÁTICA

1

Por quais motivos o Processo Natural de T&D é chamado assim neste livro? Quais são as fases do Processo Natural de T&D?

2

Quais são as vantagens de se realizar o diagnóstico antes de se iniciar a aplicação de treinamentos presenciais e on-line?

3

Existe uma grande diferença entre realizar o DNT e fazer um levantamento superficial de informações. Quais são as vantagens de se realizar o DNT?

4

O Diagnóstico de Necessidades de Treinamento e Desenvolvimento é dividido em duas partes: análise da organização e análise de seus recursos humanos. Quais as diferenças entre esses dois levantamentos que formam o DNT?

5

Durante a primeira parte do levantamento de dados para o DNT, podem ser identificados diversos itens que irão favorecer o melhor planejamento e aplicação de ações educacionais. Cite exemplos de itens levantados quanto ao ambiente externo à empresa.

6

Levantar resultados do negócio e dados dos clientes é uma das fontes do diagnóstico. Qual a importância desses dados para o instrutor que ministrará, por exemplo, um curso de vendas?

7

Assim como o treinamento presencial, a educação a distância também precisa de DNT antes de ser construída e publicada para o seu público-alvo. Quais informações o DNT pode levantar para ajudar a customizar o conteúdo de treinamentos on-line?

8

Na segunda parte do DNT intitulada levantamento dos recursos humanos, que tipo de informação pode ser pesquisada pelo educador visando ao sucesso na aplicação dos treinamentos propostos?

9

Ao realizar o DNT, o educador deve agir sozinho ou deve realizar parcerias com fornecedores externos e com a área de Talentos Humanos? Disserte sobre essa questão.

10

No caso de sucesso apresentado sobre a BBTecno, quais são os principais desafios quanto ao desenvolvimento de pessoas que essa empresa enfrenta?

Neste capítulo apresentei o modelo completo de Diagnóstico de Necessidades de Treinamento e Desenvolvimento, mostrando o *que* deve ser realizado e *como* pode ser feito. Assim, você estará preparado para seguir em frente e planejar e implementar as ações educacionais com muito mais embasamento, foco e resultado.

No próximo capítulo apresentarei a metodologia completa para planejar ações de Treinamento e Desenvolvimento presenciais e on-line de alta performance.

CAPÍTULO 5
PLANEJAMENTO E PLANO DE TREINAMENTO E DESENVOLVIMENTO

> *O princípio do planejamento em T&D é cuidar para que todos os detalhes sejam previstos. Se o projeto de educação for composto por vários módulos e ações de sustentação, será necessário acoplar a Trilha de Conhecimento ao Plano de Desenvolvimento.*

No capítulo anterior foi abordada a metodologia completa de diagnóstico, fornecendo ferramentas para levantamento de necessidades de desenvolvimento tanto para situações presenciais como on-line. Este capítulo trata do passo seguinte: como elaborar o **planejamento de T&D** – que significa cuidar de todos os preparativos para que as ações educacionais sejam um sucesso –, começando pelo Plano de Treinamento.

No processo completo de T&D alguns livros apresentam a etapa 3 (Criação de conteúdo) dentro da etapa 2 (Planejamento). Na teoria isso até é possível, já na prática, não, pois são metodologias distintas com ferramentas e recursos diferentes.

O modelo de seis etapas do Processo Natural de T&D é mais seguro e dinâmico, independentemente do porte do projeto. Na Figura 5.1 é possível ver que o foco deste capítulo é apresentar a você a metodologia, as dicas e ferramentas para a elaboração do Planejamento e do Plano de T&D.

Figura 5.1 O Processo Natural e completo de T&D (a etapa 2, em destaque, é o foco deste capítulo)

Fonte: elaborada pelo autor.

5.1 Planejando a implementação de ações educacionais

Algumas organizações utilizam com frequência o verbo implantar, outras usam implementar. Qual seria o mais adequado? Embora sejam palavras parecidas, têm significados diferentes. Implantar significa estabelecer, introduzir, fixar. Já implementar tem como significado "pôr em prática" ou "executar". Dessa forma, em T&D é preferível usar *implementar*.

O site <http://www.portugues.com.br> define que o verbo **implantar** é formado a partir de derivação prefixal, isto é, o prefixo "im" foi acrescentado ao verbo "plantar" e, em decorrência dessa alteração, a palavra passou a receber um novo sentido. Esse prefixo é de origem latina e significa *movimento para dentro*. **Implementar** significa pôr em prática, executar ou assegurar a realização de alguma coisa. O acréscimo do sufixo verbal "ar" altera o sentido da palavra implemento. Logo, implantar quer dizer iniciar alguma coisa, e implementar significa pôr essa coisa em prática. Portanto, em T&D é preferível usar *implementar*.

Por exemplo, para que uma lei seja implementada, primeiramente é preciso que ela seja implantada, isto é, promulgada, sancionada, para só então ser executada (implementada).

Na atualidade, quem não planeja com antecedência o que será implementado mais adiante perderá muito tempo durante e após o projeto. Planejar não pode ser confundido com "dificultar", realidade muitas vezes praticada inconscientemente pelas organizações. De fato, diariamente presencio situações em que a preservação das normas predominantes prejudica o surgimento de inovações que podem ter o processo de T&D como um veículo.

É por isso que o projeto de T&D deve ser tão bem planejado quanto qualquer outro que seja estratégico. Mesmo que a ação de desenvolvimento de pessoas seja de curta duração, seu planejamento apresenta diversas **vantagens**.

Economia de tempo e dinheiro.
Eliminação de desperdícios.
Melhor adequação de T&D aos objetivos da organização.
Preparação prévia da infraestrutura necessária.
Maiores chances de aprovação de recomendações.
Tempo para escolher melhor os fornecedores.
Possibilidade de prever melhor os gargalos.

Vou citar um exemplo muito simples: certa vez, durante o diagnóstico para um projeto de T&D no setor de varejo, identificamos que a necessidade de treinamento apresentada pelos líderes não estava de acordo com a realidade encontrada pelo consultor na etapa de levantamento. A consultoria fez, então, uma nova recomendação (com fatos e dados) e a formalizou em um Plano de Treinamento. O resultado foi a aprovação do plano, com louvor, pelos diretores da empresa.

A visão da consultoria permitiu que a ação educacional ajudasse muito a resolver um grande problema da empresa. O resultado foi além do previsto e todos ficaram contentes com o projeto. Portanto, planejar T&D não é apenas criar um cronograma, mas definir com rigor todos os itens que farão parte da capacitação.

Isso demonstra que faz parte do planejamento de T&D pensar e agir estrategicamente de forma **isenta** em pelo menos seis itens antes de iniciar a capacitação, conforme a Figura 5.2.

Figura 5.2 A etapa de Planejamento de T&D deve contar com o pensar e o agir estrategicamente de forma isenta com relação a seis itens antes da aplicação das ações educacionais

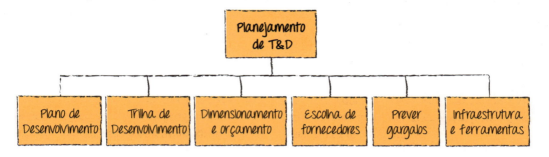

Fonte: elaborada pelo autor.

Na sequência irei apresentar o primeiro item: como elaborar o **Plano de Desenvolvimento (PD)**, inclusive fornecendo modelos.

5.2 Plano de Desenvolvimento ou Programa de Treinamento

Depois dos levantamentos apresentados no capítulo anterior, chegou a hora da elaboração de um instrumento que é mais estratégico do que se imagina e faz parte da etapa de planejamento: o Relatório de Necessidades de Treinamento (RNT), que pode ser resumido em cerca de duas páginas ou ter uma versão mais completa, chegando a cinco ou mais páginas.

Nós, educadores, chamamos o RNT também de Plano de Desenvolvimento ou Programa de Treinamento, designações mais adotadas no mercado. O que importa não é a "grife" do nome, e sim o compromisso assumido nesse processo.

Para a confecção do PD serão necessárias a tabulação, a análise e a conclusão acerca dos dados levantados durante a fase de diagnóstico, transformando-os em conhecimento. Agora é o momento de ser assertivo e elaborar um relatório (bem sintético) sobre a verdadeira necessidade de desenvolvimento da organização para conseguir a aprovação dos superiores.

Ao final, o relatório deve trazer um conjunto de competências organizacionais que precisam ser desenvolvidas, além de competências por departamento que também podem ser listadas por cargo, o que demandará mais folhas para o plano.

Temos que tomar cuidado com a confusão de "etiquetas" que o mercado possui, muitas vezes pregando peças no pessoal de T&D. Certa vez um cliente contratante nos solicitou que após o diagnóstico elaborássemos dois estudos: o Plano de Desenvolvimento e o Programa de Treinamento. Expliquei-lhe que se tratava de duas ferramentas com a mesma finalidade, pois ambas devem trazer a descrição do *que* será feito, *onde*, *quando* e *como*.

Para facilitar o entendimento de alguns termos, será apresentada agora a distinção entre as expressões que são comumente usadas na área de desenvolvimento de pessoas (Quadro 5.1).

Quadro 5.1	Semelhanças e diferenças entre os termos muito comentados pela área de educação corporativa
Planejamento de T&D	São providências que se sucedem ao diagnóstico e visam preparar a organização para as próximas etapas do processo de T&D. Planejamento é um termo abrangente formado por itens que antecedem a aplicação de T&D, como Plano de Desenvolvimento, Trilha de Aprendizagem, dimensionamento, orçamento, escolha de fornecedores e providências de infraestrutura.
Plano de Desenvolvimento Plano de Treinamento Programa de Treinamento Relatório de Necessidades de Treinamento (RNT)	Embora esses termos pareçam diferentes e sejam usados indistintamente na literatura e nas empresas, eles têm um único objetivo: apresentar, em um breve relatório, as conclusões do diagnóstico e as recomendações quanto às competências que serão capacitadas, quais serão os módulos, qual a carga horária, o sequenciamento, os prazos etc. Portanto, são termos equivalentes.
Trilha de Desenvolvimento	A Trilha de Aprendizagem (também chamada de Trilha de Conhecimento ou Trilha de Desenvolvimento) pode integrar o PD desde que a conclusão aponte para a necessidade de vários módulos de capacitação presenciais ou a distância e seu encadeamento, precisando o plano, assim, ser mais detalhado. A Trilha complementa o PD.
Plano de aula	O Plano de Aula é um item que faz parte da preparação para o desenvolvimento do conteúdo do módulo. Ele traz em detalhes tudo o que será realizado dentro do espaço de tempo previsto para a carga horária, inclusive quais atividades serão praticadas pelos alunos. O Plano de Aula faz parte da etapa da criação de conteúdo.

Fonte: elaborado pelo autor.

Como visto, Plano de Desenvolvimento, Plano de Treinamento, Programa de Treinamento e Relatório de Necessidades de Treinamento são nomes diferentes para a mesma ação: apresentar para as áreas envolvidas o que foi aprendido no diagnóstico e quais as recomendações sobre as competências a serem capacitadas, carga horária, nome dos módulos, conteúdo programático etc.

Para facilitar, neste texto será usado o termo **Plano de Desenvolvimento** apenas. A seguir, será apresentado o PD simplificado, útil para projetos menores, e o PD completo, para projetos de maior extensão.

5.2.1 Plano de Desenvolvimento simplificado

Tudo irá depender do objetivo do diagnóstico. Se o projeto for de pequeno porte e prever a capacitação de apenas uma turma, por exemplo, o PD deverá ser simplificado em no máximo duas folhas, trazendo as principais conclusões das análises, os módulos recomendados, qual a modalidade escolhida, o conteúdo programático e a carga horária. O formulário a seguir apresenta algumas sugestões, lembrando que o PD poderá conter as modalidades presenciais, on-line e *blended* (Figura 5.3).

Figura 5.3 Modelo simplificado de PD

PLANO DE DESENVOLVIMENTO SIMPLIFICADO				
Empresa				
Nome do projeto				
Data				
CONCLUSÃO DAS ANÁLISES				
Nome do módulo	Modalidade educacional	Conteúdo programático	Carga horária	Data de realização
Responsável pela aprovação	Data / / _____ Nome			_____ Cargo

* Também chamado de Programa de Treinamento ou Relatório de Necessidades de Treinamento.

Fonte: elaborada pelo autor.

5.2.2 Plano de Desenvolvimento completo

Se o projeto educacional for de maior porte, exigindo Trilha de Desenvolvimento com o encadeamento de vários módulos de treinamento presenciais ou on-line, certamente o esforço para o diagnóstico será maior, o que poderá resultar no **Plano de Desenvolvimento completo**. Mesmo assim, esse documento deverá ser simples e objetivo, contudo terá que apresentar fatos, dados e diversas recomendações quanto às ações educacionais a serem realizadas.

A Figura 5.4 traz um modelo de informações mínimas que devem estar no plano, porém o *design* pode ser alterado.

O PD completo deve conter informações adicionais em relação ao simplificado, como setor, cargos a serem capacitados, competências e sequenciamento recomendado dos módulos.

Figura 5.4 Modelo completo de PD*

PLANO DE DESENVOLVIMENTO COMPLETO										
Empresa											
Nome do projeto											
Data											
CONCLUSÃO DO DIAGNÓSTICO											
TRILHA DE DESENVOLVIMENTO											
Setor	Cargo	Quantidade de pessoas	Competência	Nome do módulo	Modalidade educacional	Carga horária	Ordem	Data de início
MÓDULO E RESPECTIVO CONTEÚDO PROGRAMÁTICO											
Nome do módulo	**Conteúdo programático**
Responsável pela aprovação	Data / / _____ Nome _____ Cargo

* Também chamado de Programa de Treinamento ou Relatório de Necessidades de Treinamento.

Fonte: elaborada pelo autor.

Algumas sugestões adicionais sobre o PD incluem guardar as informações analíticas de forma detalhada, mesmo que não seja necessário apresentá-las, tendo em vista que o relatório submetido ao cliente deve ser bastante conciso. O relatório sintético é importante para a aprovação do cliente, portanto eficácia é a palavra de ordem.

Também é necessário priorizar as ações de desenvolvimento propostas de acordo com as análises feitas, e não com base em "achismos".

Em conversas com líderes e profissionais de T&D costumo dizer que a questão central não é apenas entregar um simples documento no Word ou em PowerPoint, mas o ato de realizar esse processo é o que vai equipar os educadores com mais informações, permitindo que eles colaborem mais para o sucesso dos alunos, seja em cursos presenciais ou on-line. Um PD assertivo é como um "mapa da mina". O objetivo é projetar as ações educacionais que ocorrerão na empresa para que a implementação seja um sucesso.

Se o projeto de educação for composto por vários módulos, será necessário acoplar a Trilha de Desenvolvimento ao PD. A Trilha deve ser montada com informações como carga horária e ações de sustentação; os detalhes a respeito de como ela deve ser estruturada serão apresentados a seguir.

5.3 Criando a Trilha de Desenvolvimento

Um dos objetivos da Trilha de Desenvolvimento é gerar uma sequência correta de fases e projetar os módulos a serem ministrados de tal forma que tudo faça mais sentido para o público-alvo, mantendo coerência com o PD.

A trilha é uma sequência de cursos e atividades da qual o aluno deverá participar para alcançar os objetivos de T&D. Logo após a elaboração do plano, a pessoa responsável deverá criar uma sequência lógica para os módulos de treinamento presenciais ou on-line que serão ministrados. A ordenação das atividades precisará fazer sentido para os alunos, estimulando a aprendizagem. O sequenciamento dos módulos é mais importante do que se pode imaginar, pois o conhecimento deve ser dosado de forma incremental.

É muito comum ainda existirem empresas (de todos os portes) que decidem realizar o desenvolvimento dos seus colaboradores motivadas por "sustos" que levam constantemente no mercado. Essa situação faz que as ações educacionais para os colaboradores sejam, muitas vezes, emergenciais e rasas.

Qual a consequência disso? O problema é que estamos inseridos num mercado hipercompetitivo, desafiador e que exige dos gestores cada vez mais o senso estratégico para conseguir solucionar problemas imediatos e, ao mesmo tempo, planejar e viabilizar o futuro próximo. Daí a importância de encarar o desenvolvimento dos colaboradores não apenas como um "problema a ser resolvido", mas, principalmente, como a construção de bases para o desenvolvimento do capital intelectual nas empresas.

Lembremos que, na atualidade, mais importante do que os bens tangíveis de uma empresa são os bens intangíveis, que podem ser externos, como Relacionamento com Clientes, ou internos, como o Capital Intelectual formado pela aquisição, assimilação e utilização de conhecimento pelos colaboradores para o sucesso organizacional. A Experiência do Cliente e o Capital Intelectual se tornaram os principais objetos de desejo das organizações mais lucrativas do mundo.

Em um planejamento com tempo mínimo de um ano é necessário organizar a aprendizagem das pessoas por meio da criação das **Trilhas de Desenvolvimento**, também chamadas **Trilhas de Aprendizagem** ou **Trilhas de Conhecimento**. Elas devem ser criadas dentro de um formato específico para que o desenvolvimento dos colaboradores seja estratégico e possa gerar valor tanto para a empresa quanto para a carreira de seus funcionários. Por isso, as necessidades da empresa precisam ser conciliadas com as aspirações dos colaboradores.

Assim, quando sou convidado para um projeto de Educação Corporativa extenso, preciso criar a Trilha de Desenvolvimento com os passos a seguir.

1. Leitura prévia do Diagnóstico de Necessidades de Treinamento e Desenvolvimento (DNT).
2. Identificação clara do público-alvo da capacitação, suas características e necessidades.
3. Determinação de quais competências precisam ser desenvolvidas por cargo.
4. Definição das modalidades educacionais que serão necessárias, o objetivo, a carga horária e a *timeline*.
5. Diferenciar a trilha não apenas por cargo, mas também por área de atuação da pessoa.
6. Elaboração de um orçamento para ser aprovado pelos decisores.
7. Criação de uma apresentação atrativa da Trilha de Desenvolvimento para ilustrar a sua sequência.
8. Inclusão na trilha das ações de sustentação da aprendizagem.

A fim de exemplificar, preparei uma Trilha de Desenvolvimento esquemática (Figura 5.5).

Embora o setor de relacionamento com clientes pareça homogêneo à primeira vista em relação às demandas de capacitação, o fato é que mesmo para o cargo de atendente pode haver uma enorme variação de competências a serem capacitadas.

Assim, dados como nome, duração e modalidade dos módulos presenciais e on-line e das ações de sustentação de aprendizagem poderão variar de acordo com a missão de cada cargo e, consequentemente, das competências elencadas.

A seguir, veja a mesma Trilha de Desenvolvimento apresentada na Figura 5.5, porém subdividida não apenas por cargo conforme cada coluna mas também pela área de atuação (Tabela 5.1).

Figura 5.5 Trilha de Desenvolvimento esquemática

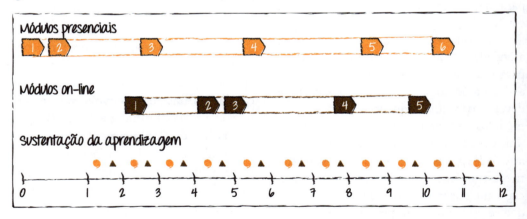

Fonte: elaborada pelo autor.

Tabela 5.1 Trilha de Desenvolvimento específica para o cargo de atendente, subdividida por quatro setores diferentes na área de gestão do relacionamento com clientes

	Competência	Atendente receptivo (SAC - atendimento a problemas)	Atendente receptivo (SAC - informações simples)	Atendente receptivo (vendas para consumidores)	Atendente ativo (venda para empresas)
1	Produtos e serviços	Características e benefícios dos produtos e serviços	Características e benefícios dos produtos e serviços	Características e benefícios dos produtos e serviços	Características e benefícios dos produtos e serviços
		40h	20h	40h	20h
2	Atendimento	Excelência no atendimento com foco em resolução	Excelência no atendimento com foco em agilidade	Negociação com foco na conversão de *leads*	Negociação com foco em contornar objeções
		24h	16h	16h	24h
3	Comunicação	Comunicação com foco em solucionar conflitos	Comunicação com foco em assertividade	Comunicação com foco em persuasão	Comunicação com foco em persuasão
		12h	12h	16h	16h
4	Atendimento	Técnica avançada de atendimento I	Técnica avançada de atendimento I	Técnica avançada de vendas I	Técnica avançada de vendas I
		12h	8h	8h	12h
5	Atitudinal	Desenvolvendo a empatia	Desenvolvendo a empatia	Desenvolvendo a perseverança	Lidando com a frustração
		6h	6h	6h	6h
6	Atendimento	Técnica avançada de atendimento II	Técnica avançada de atendimento II	Técnica avançada de vendas II	Técnica avançada de vendas II
		12h	8h	8h	12h

Fonte: elaborada pelo autor.

Dessa forma, a Trilha de Desenvolvimento para um atendente que recebe as reclamações de clientes será bem diferente da trilha a ser desenvolvida para os atendentes que fornecem informações simples; e mais diferente ainda para aqueles que trabalham com vendas.

Até entre a realização de vendas receptivas (*inbound*) e ativas (*outbound*) há uma significativa diferença de Trilhas de Desenvolvimento. Somente dessa forma o público-alvo poderá alcançar o máximo de resultados sobre o investimento recebido, lembrando bem que o encarreiramento e a satisfação tanto do colaborador quanto do cliente fluem melhor dessa forma.

Na trilha também são pensados estrategicamente quais serão as modalidades de desenvolvimento e os nomes dos módulos.

Definição dos módulos: os módulos são representados por nomes que indicam imediatamente o que será tratado no treinamento. Um bom nome de módulo pode tornar o objetivo mais claro, como "Comunicação Assertiva" e "Estratégias para Liderança". Veja nesses exemplos que a "promessa" feita pelo título é possível de ser cumprida, já o nome "Comunicação Máxima", por exemplo, poderia causar dificuldade para o instrutor ao traçar os objetivos de desenvolvimento.

Definição da modalidade de desenvolvimento: as ações educacionais são inúmeras, podendo ser realizadas por equipe própria ou externamente, por consultoria e instituições de ensino. Adequar a modalidade de desenvolvimento certa para o público certo é uma tarefa estratégica, que deve ser feita evitando o desperdício de tempo e dinheiro. Parece algo simples, mas já presenciei empresas escolherem a modalidade de palestra de uma hora e meia de duração para o módulo de *Negociação sob pressão*, quando, em verdade, os funcionários precisavam de treinamento presencial de 16 horas. É por isso que o relatório Plano de Treinamento deve trazer evidências suficientes para colaborar com a discussão da "dose certa do remédio certo".

A correta definição da modalidade de desenvolvimento é algo tão estratégico que dediquei o **Capítulo 10** inteiramente aos temas das 40 modalidades de ensino e desenvolvimento de pessoas, tanto presencialmente quanto a distância

5.4 Dimensionamento de recursos e orçamento

Antes de calcular o orçamento, será necessário dimensionar quais pessoas serão capacitadas, em que modalidades e por qual período. Para dimensionar os recursos necessários, deve-se considerar a quantidade de alunos, instrutores e quais insumos serão imprescindíveis.

Por exemplo, o número recomendado de alunos por instrutor em sala de aula deverá levar em consideração o nível de aprendizagem que se deseja. Quanto menor for a quantidade de alunos, melhor será a capacitação em competências que requerem a transformação de pessoas. Já no caso de palestras, que são uma modalidade com carga horária reduzida e cujo grande objetivo é informar em vez de formar, o número de participantes poderá ser grande, sem prejuízo do objetivo.

A Figura 5.6 traz um exemplo da quantidade de participantes de acordo com o grau de transformação solicitado pela organização. Treinamentos e *workshops* têm mais influência na transformação das competências do que palestras, em função da carga horária, do método de ensino e da quantidade reduzida de pessoas.

Figura 5.6 Como a quantidade de participantes influencia a transformação das competências

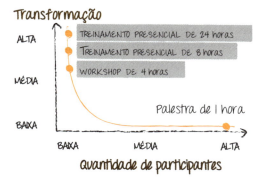

Fonte: elaborada pelo autor.

Um dos dilemas atuais é a opção que algumas empresas fazem de manter um grande contingente de alunos por turma como forma de reduzir custos. Essa é uma situação que todo educador já vivenciou. O mercado sugere cada vez mais o aumento do número de alunos por turma de treinamento, mas o educador, sabe que essa é uma decisão que pode afetar o resultado.

A conta é muito simples: imagine um treinamento presencial de oito horas de duração que tem a finalidade de desenvolver a comunicação interpessoal em 30 alunos. Suponha que, para atingir esse objetivo nesse curto espaço de tempo, o instrutor, ao longo do dia de aula, deverá realizar ao menos quatro atividades em grupo (duas pela manhã e duas à tarde). Cada um dos seis grupos compostos de até cinco pessoas irá discutir um problema por vez e apresentar o resultado para toda a turma. Na média, os seis grupos necessitam de 20 a 30 minutos para cada discussão, dez minutos para preparar a solução e mais dez minutos para apresentá-la.

Se multiplicarmos o tempo gasto por grupo para discutir, preparar e apresentar a solução pelo número de atividades do dia, teremos 600 minutos gastos, ou seja, dez horas investidas somente nas atividades para um treinamento que deveria ser de oito horas de duração.

Conclusão: o recomendável é que existam de 20 a 25 participantes por turma para que seja possível dar atenção adequada aos grupos e haja tempo suficiente para a transformação das pessoas.

Tabela 5.2 Grau de transformação dos alunos: balizador para a escolha da modalidade educacional

Modalidade	Carga horária média	Interação dos participantes	Quantidade de participantes	Tipo de transformação
Palestra aberta	1,5h	Baixa	Sem limite	Gerar *insights* nas pessoas
Palestra exclusiva	1,5h	Média	50	Gerar *insights* nas pessoas
Workshop presencial	3,5h	Alta	20	Desenvolvimento de competências
Treinamento presencial	Maior que 8h	Muito alta	25	Desenvolvimento de competências

Fonte: elaborada pelo autor.

Na Tabela 5.2 é possível perceber que o grau de transformação será o grande balizador para a escolha de modalidade educacional. Ou seja, o grau de transformação dos alunos será maior ou menor de acordo com a carga horária e a modalidade educacional escolhida.

O dimensionamento, portanto, das ações constantes no Plano de Treinamento é o principal ingrediente para o **orçamento**, que necessitará dos quantificadores a seguir.

Carga horária.
Quantidade de alunos.
Quantidade de professores/instrutores.
Quantidade de tutores.
Quantidade de turmas.
Tempo para criação de conteúdo.
Tempo para ministrar as aulas.
Tempo para ações pós-treinamento.

Diante do dimensionamento das quantidades e dos tempos alocados elaborado de forma profissional, será importante realizar corretamente o orçamento, tomando o cuidado de incluir a totalidade dos valores que englobam todas as ações educacionais propostas, inclusive infraestrutura.

Ainda na etapa de planejamento das ações educacionais, será importante realizar as atividades a seguir, após o orçamento, visando ao sucesso do projeto e à satisfação do cliente.

5.4.1 Calendarização dos treinamentos

A correta calendarização (elaboração do calendário) deve envolver a disponibilidade não apenas das pessoas como dos recursos e do local a ser utilizado para o treinamento. Deve-se tomar cuidado redobrado para não marcar as capacitações em datas que prejudiquem a empresa, como fechamento de vendas do mês, balanço e mudanças organizacionais.

Nessa etapa, são conversados alguns dilemas com a organização, por exemplo, definir se o treinamento deve ser realizado dentro do horário de trabalho dos colaboradores ou em fins de semana. As horas de treinamento devem ser consecutivas ou alternadas em dias da semana? O calendário deve também trazer as ações de treinamento on-line e as ações de sustentação da aprendizagem.

5.4.2 Definição dos instrutores e tutores

Essa tarefa é mais importante do que imaginamos, pois requer um cuidado especial ainda na etapa de planejamento. A escolha das pessoas que irão colaborar para o sucesso dos treinandos deverá levar em consideração não apenas suas competências como instrutor/tutor, mas também se o seu conhecimento e perfil estão adequados ao público.

Não deve haver dissonância, isto é, se o grupo de futuros treinandos necessita de instrutores mais técnicos, convém não alocar instrutores puramente relacionais. No caso de educação a distância (EaD), a definição do tutor deverá levar em conta não apenas a competência na disciplina, mas também seu perfil de interação com os alunos, conhecimento e, principalmente, sua disponibilidade de tempo.

5.4.3 Preparação dos instrutores e tutores

Os instrutores não podem iniciar as atividades sem ter informações sobre a turma e os alunos; qual postura a empresa espera que ele tenha; dicas de apresentação pessoal; como devem ser a abertura e o fechamento do treinamento e quais são os formulários de registro. O instrutor precisará também das informações sobre a própria empresa: características do mercado e da região em que ela atua; produtos e serviços com os quais trabalha e cultura da organização.

O instrutor também deve ser corretamente instruído a não fazer marketing pessoal. Além disso, será importante capacitar o instrutor a utilizar, com maestria, o conteúdo preparado para a aula. Quando se tratar de EaD, os tutores também precisam conhecer a realidade dos alunos.

5.4.4 *Checklist* da infraestrutura de treinamento

Se o treinamento planejado for presencial, será importante preparar a infraestrutura para receber com conforto os alunos e o instrutor. A infraestrutura é formada pelo conjunto de mesas, cadeiras, *flipchart*, projetor, computador, acessórios, formulários, microfone, atividades instrucionais, ar-condicionado na temperatura adequada e tudo que for necessário para o funcionamento harmônico da sala de aula, proporcionando bem-estar aos participantes. Esses são os primeiros passos para montar a infraestrutura adequada. O passo seguinte é cuidar da disposição certa dos participantes na sala – a arrumação dos assentos no local de treinamento é mais estratégica do que parece.

Se a ação de desenvolvimento for na modalidade EaD, a infraestrutura necessária deve prever o correto funcionamento do LMS (*Learning Management System* – em português, sistema de gerenciamento de aprendizagem), a carga de dados nesse sistema, o desenvolvimento de conteúdo no padrão on-line e a preparação dos participantes com relação ao aprendizado a distância. O LMS é uma ferramenta educacional tão importante que tratarei dele com mais profundidade no **Capítulo 8**.

Nessa modalidade poderá ocorrer ou não a mediação de um tutor, isso será definido de acordo com o objetivo de aprendizagem estabelecido pela empresa. Pela importância desse tema, irei apresentar mais à frente um *checklist completo* com os itens a serem conferidos.

5.4.5 Piloto de treinamento

Se o PD tiver muitos módulos, sugiro planejar uma turma piloto a fim de verificar todos os itens utilizados na ação de desenvolvimento. Isso inclui avaliar a quantidade de conteúdo, se a carga horária foi apropriada, a pertinência das atividades e a performance do instrutor, entre outros itens.

Após a realização do piloto de treinamento, deve-se fazer uma reunião com a presença das partes para discutir os itens observados e, principalmente, os aprimoramentos que precisam ser feitos. Contudo, se a ação educacional pilotada tiver sido um sucesso, deve-se evitar mudar o que foi combinado para não causar desequilíbrio na ação de desenvolvimento.

Outro ponto a ser considerado na turma piloto é o comportamento dos observadores externos, isto é, aquelas pessoas convidadas para observar a performance do instrutor. O problema é que muitas vezes ficam ansiosos para interagir com o aluno e o instrutor durante a aula. Se o observador cair na tentação de "dar a aula" no lugar do instrutor, invalidará o piloto e poderá trazer grandes embaraços.

Outro aspecto importante para o observador é realizar o *feedback* discreta e diretamente para o instrutor, caso observe algum desalinhamento durante a aula. Deve-se evitar a "terceirização" do *feedback* para não haver ruídos na comunicação.

O observador não deve cometer o erro grave de esperar o final da aula para realizar o *feedback*, e sim utilizar os intervalos de café e almoço para conversar amistosamente com o professor. Lembremos que corrigir o rumo sempre será mais fácil durante o trajeto e não no final da jornada. O papel do observador já é, como o próprio nome diz, observar atentamente todos os detalhes e relatá-los no momento adequado, sempre visando ao sucesso.

5.4.6 Certificação do aluno

Após a ação de desenvolvimento, será o momento de confeccionar o certificado para o aluno que realizou a capacitação presencial ou em EaD. Existem alguns tipos de certificação que os profissionais de T&D precisam conhecer. O primeiro é relativo à participação do aluno na aula. Para obter o certificado, o ideal é que o aluno complete, no mínimo, 75% da carga horária presencial e, no caso de EaD, ele deve cumprir 100% das atividades, uma vez que não há carga horária exata.

O segundo tipo de certificado diz respeito ao aprendizado, isto é, a consultoria ou instituição pode ajudar a avaliar se o aluno reteve o conhecimento ministrado. Podem ser feitos testes de conhecimento ou *quizzes* para apurar o grau de acerto. Jamais devemos chamar os certificados de participação de **diplomas**, pois esses são exclusivos para ensino fundamental, médio, técnico profissionalizante, graduação e pós-graduação.

As empresas também devem ter cuidado ao elaborar o certificado, pois não devem usar expressões como: "Conferimos o diploma ao aluno..." ou "Atestamos que o aluno fulano de tal foi certificado em...". O correto é "Certificamos que fulano de tal participou do treinamento...".

5.4.7 Ações pós-treinamento

Essa fase, também denominada **sustentação do aprendizado**, traduz o grande o compromisso que a organização deve ter com os treinandos: desenvolver competências. O trabalho feito logo após a realização do treinamento é fundamental para que os alunos consigam reter o conhecimento que foi transmitido e possam colocá-lo em prática. O objetivo das ações pós-treinamento é ajudá-los a aplicar as técnicas aprendidas logo no dia seguinte à capacitação.

Alguns exemplos de ações pós-treinamento que aplico são discussão em fóruns, testes de conhecimento, nova visita do instrutor, cliente oculto, mini *workshops* para retenção do aprendizado, estudos de caso, atividades estruturadas, *gamification*, questionários on-line e visita ao departamento em que o aluno trabalha. A escolha da ação pós-treinamento deverá levar em consideração o tempo previsto no planejamento e o orçamento do cliente.

5.4.8 Análise e registro dos resultados

Existem dois tipos de registros de atividades que podem integrar o relatório final do treinamento. O primeiro é adquirido durante a própria aula e tem como base a lista de presença e a avaliação da reação do aluno.

O segundo acontece após a ação educacional, e é feito com base nos registros de medições de resultados e anotações de tendências para as próximas capacitações; ou seja, é um breve relatório do treinamento realizado. Exemplos de informações que podem fazer parte do relatório: notas da prova de conhecimento, satisfação dos líderes com os resultados do treinamento, recomendações de novas capacitações e impressões gerais do instrutor quanto ao interesse demonstrado pela turma.

Será importante também que o profissional estabeleça quais indicadores serão medidos (ver **Capítulo 11 – Indicadores de T&D e a cultura de desenvolvimento**) e efetivamente divulgue os resultados. Também sugiro incluir o tópico *lessons learned* para o caso de algo não ter saído bem, mas que pode ser melhorado nas próximas capacitações.

A seguir serão apresentadas 20 Recomendações para Reflexão e Ação na etapa de Planejamento de T&D, aprendidas nesses anos de trabalho. Afinal de contas, a experiência só é válida se for transmitida.

5.5 Vinte recomendações para Planejamento de T&D

Uma parte das organizações ainda não está preparada para encarar o desafio de desenvolver continuamente seus recursos humanos, trazendo problemas para si mesmas em médio e longo prazo.

Nesses anos atuando em T&D e projetos de Consultoria, pude diagnosticar alguns equívocos organizacionais que impedem algumas empresas de encarar T&D como algo estratégico e essencial aos negócios.

Diversas vezes sou convidado por empresas e instituições para identificar o que deu errado em projetos anteriores, muitos dos quais feitos sem ajuda profissional. Não é nada fácil apresentar um relatório com um diagnóstico que aponta os erros cometidos e suas causas, mas faço isso de maneira isenta para que os executivos possam refletir melhor sobre as "lições aprendidas" e não repitam os mesmos erros. Aliás, existe uma grande tendência de os erros se repetirem no futuro próximo caso o círculo vicioso não seja quebrado.

Por isso, baseado em dezenas de diagnósticos realizados, implantações bem-sucedidas e também aprendendo com os próprios erros, resolvi publicar recomendações para auxiliar a reflexão e ajudar na etapa de Planejamento de T&D. Dessa forma, as ações educacionais serão implementadas com maior segurança, qualidade e produzirão mais resultados.

O Quadro 5.2 lista as 20 recomendações e, em seguida, apresento em detalhes cada uma delas.

Quadro 5.2 As 20 recomendações para reflexão e ação na etapa de Planejamento de T&D com vistas ao sucesso na implementação das ações educacionais

20 Recomendações para Planejamento de T&D

1. Fique firme diante das pressões	11. Atue na mudança da cultura de desenvolvimento
2. Tangibilize as entregas logo no início do projeto	12. Valorize a experiência prática e a formação metodológica
3. Controle o projeto com unhas e dentes	13. Não confunda teoria com metodologia
4. Identifique o perfil das pessoas	14. Escolha as pessoas certas para o treinamento
5. Comunique-se além da conta	15. Realize um levantamento imparcial de necessidades
6. Apaixone-se pelo projeto	16. Tenha cuidado com a crença exagerada em soluções internas
7. Negocie e finalize o projeto	17. Não insista no preço baixo dos treinamentos
8. Realize a Gestão da Mudança	18. Não tenha medo de tirar o funcionário da operação
9. Encare T&D como investimento em vez de custo	19. Não acredite que todos amam participar de treinamentos
10. Invista em tecnologia somente se houver investimento em pessoas também	20. Não despreze a importância da infraestrutura da sala de aula

Fonte: elaborado pelo autor.

1. **Fique firme diante das pressões.** Muitos educadores, na tentação de cederem a pressões de prazo, iniciam projetos informalmente, sem documentação mínima somente para atender o desejo do cliente. É muito comum encontrar gestores que, motivados por iniciar algo o quanto antes, desconsideram o detalhamento do projeto. Também é frequente que eles sejam demitidos depois que o problema se torna uma "bola de neve". O fato é que essa aparente economia de tempo inicial custará muito caro no futuro. Para cada hora de planejamento realizada num projeto educacional de grande porte, o educador poderá economizar 50 horas mais à frente. Esse certamente é um bom investimento.

2. **Tangibilize as entregas logo no início do projeto.** Num mundo com cada vez mais informação é comum que as expectativas cresçam em relação àquilo que alguém se comprometeu a entregar. Um dos pontos mais importantes no início do projeto é esclarecer firmemente, com todos os *stakeholders* interessados, como será a entrega final. Devem ser fornecidos exemplos de entregas similares ocorridas em outros projetos, esclarecidas todas as dúvidas e documentados todos os detalhes do que será entregue e, principalmente, "do que não será entregue". Em caso de dúvida, pode ser usada a conhecida ferramenta 3W+1H (não precisa ser 5W+2H) para detalhar ainda mais a entrega comprometida. Os 3W+1H vêm do inglês *What, Who* e *When + How*; ou seja, o plano precisa conter *o que* fazer, *quem* fará, *quando* será feito e *como*. Vale lembrar que tão importante quanto definir o início de um projeto é detalhar como será seu final. Projetos educacionais não são tão simples de serem mensurados pelos clientes.

3. **Controle o projeto com unhas e dentes.** Os profissionais bem-sucedidos na implementação de projetos educacionais assumem uma posição ferrenha em relação ao controle dos principais elementos de um projeto, como cronograma, mapa de riscos, escopo, comunicação e orçamento, mesmo que para isso sejam rotulados de "obstinados". O segredo é saber contrabalançar o **amor pelo detalhe** com a construção de ótimos relacionamentos que irão facilitar o andamento do projeto. Pouco controle e pouca mensuração são problemas endêmicos na área educacional no Brasil, por isso se destacará quem evitar esses equívocos e acompanhar os detalhes do projeto diligentemente.

4. **Identifique o perfil das pessoas.** Um dos grandes erros dos gestores de projetos de capacitação é negligenciar os diferentes perfis que serão necessários na equipe. Num projeto educacional é bom evitar ter apenas pessoas pragmáticas e dinâmicas na equipe, pois isso poderá comprometer a discussão conceitual das ações de desenvolvimento. A existência de perfis diferentes entre os componentes da equipe do projeto é algo natural e benéfico. É importante que o instrutor tenha bom relacionamento com os integrantes de cargos mais altos, aprendendo a identificar o perfil de cada executivo influenciador do projeto e, assim, fazer *rapport* nas apresentações e comunicações. *Rapport* é um termo muito utilizado em *coaching* e em treinamento para desenvolver aproximação entre pessoas.

5. **Comunique-se além da conta.** Um erro comum em projetos que exigem mudanças importantes é a equipe se comunicar com menor intensidade e frequência do que deveria com os demais influenciadores da instituição. Na prática aprendi que, em termos

de gestão de projetos, é melhor aumentar a frequência da comunicação sobre andamento, benefícios e riscos do projeto, mesmo correndo o risco de parecer ser *"over"* em termos de quantidade de comunicação. Lembremos da famosa expressão do saudoso Chacrinha: "Quem não se comunica se trumbica".

6. Apaixone-se pelo projeto. Costumo trabalhar de maneira bem intensa nos projetos que implanto em empresas e instituições de ensino. Realmente gosto do que faço e, com o passar o tempo, o cliente percebe esse comprometimento, o que torna o projeto mais fluido e interativo. Ao contrário do que dizem os antigos livros de gestão, estar apaixonado por projetos educacionais, dentro de limites saudáveis, agrega valor e tende a tornar a sua entrega muito especial. Ensinar é uma atividade que pressupõe que os educadores estejam motivados não apenas com as condições de ensino, mas também com a aprendizagem do aluno e de si mesmos.

7. Negocie e finalize o projeto. Trabalhar com paixão é mais divertido, faz bem à saúde e irradia boas práticas. Entretanto, há um risco que deve ser evitado: aceitar (sem negociar) todas as demandas extras provenientes do cliente, como atrasos por parte do contratante, serviços adicionais não contratados e solicitação de recursos humanos adicionais. Costumo dizer que **projeto bom é aquele que termina**, permitindo que seus benefícios apareçam e que outros projetos sejam criados. É necessário evitar a tentação de conduzir um projeto interminável por inclusões constantes de demandas posteriores. Até é possível abrir novos projetos, evitando comprometer o principal.

8. Realize a Gestão da Mudança. Você conhece algum gestor que foca em planejamento e controle e pouco considera a repercussão do projeto na vida dos funcionários e clientes? Esse é um equívoco que pode acontecer e levar a empresa ou a instituição a amargar prejuízos não apenas financeiros, mas de imagem e evasão de talentos. Para evitar esses problemas, devem ser incluídos em 100% dos projetos educacionais mais robustos (por exemplo, o Programa de Desenvolvimento de Líderes – PDL) a metodologia de *Change Management*, visando realizar, paralelamente, maior supervisão sobre os impactos e as mudanças organizacionais que deverão ser efetuadas. Assim, é possível tirar maior proveito do programa de capacitação e promover o incentivo para as pessoas mudarem, saindo da zona de conforto.

9. Encare T&D como investimento em vez de custo. Em desenvolvimento de pessoas, a grande diferença entre custo e investimento é que este contribui para algo duradouro que ficará como capital intangível para a empresa. Por isso, T&D deve ser orçado como investimento tanto do ponto de vista empresarial quanto para as pessoas físicas que almejam se especializar. Um ponto recomendável é cuidar para que as ações de T&D sejam conectadas com os objetivos da organização, o que tende a aumentar a percepção dos gestores estratégicos quanto ao valor agregado.

10. Invista em tecnologia somente se houver investimento em pessoas também. A criação de novas tecnologias é algo que hipnotiza o ser humano e, na atualidade, vem ocupando a agenda da maior parte dos executivos em suas discussões. Contudo, não podemos esquecer que todo e qualquer investimento tecnológico deve estar acompanhado de capacitação das pessoas e da modificação da cultura organizacional. Educação corporativa e metodologias educacionais caminham juntas.

11. Atue na mudança de cultura de desenvolvimento. Treinamento não é sinônimo apenas de aprimoramento técnico. Essa cultura ainda é dominante em algumas organizações que esquecem que o ser humano precisa desenvolver-se também em capacidades cognitivas, comportamentais e conceituais, do contrário poderá aprender uma nova técnica, mas não despertará para a necessidade de colocá-la em prática. Outro ponto que merece atenção é que uma cultura de desenvolvimento demonstra claramente para os funcionários e para o mercado foco na qualidade e no desempenho.

12. Valorize a experiência prática e a formação metodológica. Alguns gestores que se desenvolveram basicamente por meio da experiência e estudaram pouco às vezes deixam de valorizar a formação da equipe, o que é um grande erro, pois inibe a inovação pelo fato de os funcionários perderem a oportunidade de fazer novas descobertas. Líderes que se vangloriam de terem progredido na carreira com pouco estudo estão fornecendo mensagens diretas para o seu público de que não vale a pena se especializar. Entretanto, na atualidade é importante aliar dois conjuntos: a prática à inovação e a experiência à formação.

13. Não confunda teoria com metodologia. Em reuniões é comum ouvirmos do cliente a preocupação válida de que não deseja que o treinamento seja "teórico". Fazendo-se uma análise mais aprofundada de sua preocupação, na verdade o grande receio da organização é que o funcionário fique "viajando" em sala de aula. Essa preocupação é genuína, por isso, no mundo corporativo, o educador deve estar atento para ministrar métodos e técnicas, isto é, ensinar "como fazer", e não apenas teorias abstratas.

14. Escolha as pessoas certas para o treinamento. Não é difícil encontrarmos pelas organizações funcionários com o gosto amargo de já terem sido preteridos em certas situações de aprendizagem. Isso ocorre porque, para o ser humano, o sentimento de fracasso é muito mais prolongado do que o sentimento de vitória. Fracassar é como perder; por isso, ao planejar treinamentos, os gestores devem selecionar cuidadosamente os participantes por meio de comunicação clara e transparente, além de explicar para as pessoas qual foi o critério de seleção. A todo custo devem ser evitados o apadrinhamento e a parcialidade no momento da escolha de quem será capacitado.

15. Realize um levantamento imparcial de necessidades. Em uma empresa, já presenciei a circulação de uma lista entre os funcionários para que eles escolhessem quais treinamentos gostariam de realizar no ano, como se fosse o *menu* de um restaurante. Quando as pessoas participam desse tipo de escolha tendem a marcar a opção mais conveniente, não necessariamente a mais importante e mais urgente para si e para a organização. Por isso, é imprescindível realizar o correto Diagnóstico de Necessidades de Treinamento e Desenvolvimento, tema detalhado no capítulo anterior. Dessa forma, a proposição das ações de desenvolvimento é mais eficaz e tem mais credibilidade.

16. Tenha cuidado com a crença exagerada em soluções internas. Muitas vezes os instrutores internos são desafiados a treinar as pessoas em competências mais avançadas para as quais não foram preparados e também não possuem experiência. Qual o resultado disso? Perda de tempo, de dinheiro e alunos (e até mesmo o próprio multiplicador) insatisfeitos. Existem casos em que os multiplicadores ministram treinamento de liderança sem nunca terem liderado uma equipe! Não podemos queimar o trabalho dos instrutores internos com demandas que não podem ser cumpridas, pois eles exercem papel importante em T&D. O mesmo pode ocorrer no desenvolvimento de conteúdo, por isso, todo cuidado é pouco. Lembrando que, para competências mais complexas, é sempre bom contratar consultorias externas que realizam treinamentos *in company*.

17. Não insista no preço baixo dos treinamentos. Existem situações em que a diferenciação de um produto é pequena, como no caso de *commodities*, fazendo que a preocupação com o preço e o relacionamento comercial seja maior do que com a qualidade. Contudo, comprovadamente, o gestor que prioriza a contratação de treinamentos especializados somente com base no preço baixo tende a demonstrar para seus colaboradores – e para o próprio mercado – que as pessoas não são tão importantes. Desenvolver pessoas com métodos seguros e com empresas gabaritadas é percebido pelo funcionário como uma espécie de **premiação** e investimento em seu futuro. Isso vale também para capacitações on-line.

18. Não tenha medo de tirar o funcionário da operação. Quantas pessoas já deixaram de ser capacitadas porque o chefe imediato não quis abrir mão de suas horas trabalhadas? Por incrível que pareça, essa situação não é rara e pode trazer certa miopia para a empresa, pois, se o colaborador não for capacitado, perderá produtividade, e, consequentemente, terá menos oportunidades para estar em sala de aula. Devemos lembrar que em média, no Brasil, as empresas dedicam aos funcionários 16 horas de treinamento por ano, o que é muito pouco. É importante quebrar o círculo vicioso da falta de tempo.

19. Não acredite que todos amam participar de treinamentos. A experiência mostra que o ser humano constrói uma grande zona de conforto em volta de si. Com o passar dos anos, as pessoas podem desenvolver, erroneamente, o sentimento de autossuficiência, o que pode distanciá-las de participar de ações de desenvolvimento. O educador atento para essa situação deve constantemente estimular as pessoas para mudanças que requeiram novos aprendizados, assim ele as ajudará a modificar crenças e a buscar novos conhecimentos. Nem todos os alunos amam ser capacitados, e é por isso mesmo que o educador deverá ser ainda mais convincente.

20. Não despreze a importância da infraestrutura da sala de aula. Já presenciei instrutores orgulhosos do fato de 100% dos treinamentos feitos para a equipe terem acontecido dentro de depósitos e em lugares insalubres na empresa. Será mesmo que isso é motivo de orgulho? Embora no passado eu já tenha treinado pessoas em ambientes assim, não concordo com esse hábito. Quando as pessoas estão em recinto propício para a aprendizagem, incluindo infraestrutura adequada, cadeiras confortáveis, iluminação balanceada, espaço físico e ambiente saudáveis, o resultado da capacitação é melhor e a satisfação do colaborador é maior. A correta disponibilização de infraestrutura e ferramentas é tão importante para ações presenciais ou on-line que preparei um *checklist* que será apresentado a seguir.

5.6 *Checklist* de infraestrutura e ferramentas

Como este capítulo é dedicado ao Planejamento de T&D presencial ou a distância visando ao aumento de resultados e à redução de riscos, achei oportuno criar um *checklist*, mas sem a pretensão de ser definitivo.

Uma empresa de logística bem-sucedida possui procedimentos rigorosos para o transporte de cargas; uma companhia aérea possui dezenas de procedimentos para segurança dos passageiros; uma empresa de seguros cuida para que as regras de sinistro sejam claras e bem documentadas; uma organização da área de saúde cria normas e procedimentos delicados de maneira bem detalhada. Assim deve ser o setor responsável ou a consultoria que planeja e implementa o desenvolvimento de pessoas.

Toda empresa estrutura-se sobre uma série de políticas, processos e procedimentos a fim de realizar suas tarefas diárias. Por isso, para ações de treinamento, *workshop*, palestra, curso on-line e demais modalidades educacionais, é imprescindível o correto planejamento da infraestrutura e das ferramentas necessárias. Cada detalhe é preciso. De nada adianta um instrutor ser nota 10 se a estrutura for nota 0. De nada adianta um conteúdo de excelência se ele não estiver disponível rapidamente para as pessoas.

Construí o *checklist* de itens que são importantes para permitir que o educador se planeje para ministrar as ações de desenvolvimento necessárias. O *checklist* está dividido em três momentos: antes, durante e depois da ação educacional (Figura 5.7).

Figura 5.7 *Checklist* completo para planejamento de ações de desenvolvimento

ANTES DA AÇÃO EDUCACIONAL
- Aprovação do dimensionamento
- Aprovação do conteúdo e das atividades
- Alocação do educador adequado
- Escolha do layout certo da sala
- Distribuição adequada de mesas e cadeiras
- Disponibilidade de banheiros
- Transporte e acesso das pessoas ao local
- Acessibilidade
- Cultura e valores da empresa
- Conhecimento do perfil dos participantes
- Vestimenta adequada do educador
- Apostilas e materiais didáticos
- Acesso à plataforma de educação
- Bloco e caneta
- Computador e caixas de som amplificadas
- Datashow
- Laserpointer
- Quadro branco ou flipchart com canetas
- Materiais das dinâmicas de grupo e gamification

DURANTE A AÇÃO EDUCACIONAL
- Currículo do educador
- Agradecimentos para a abertura
- Lista de presença
- Etiquetas para identificação das pessoas
- Avisos e procedimentos de segurança
- Acordo de intervalos, interrupções e celular
- Alimentos, bebidas e copos
- Limpeza constante
- Acesso à plataforma de EaD

DEPOIS DA AÇÃO EDUCACIONAL
- Certificado
- Formulário de avaliação de reação
- Atividades pós-aula
- Teste de conhecimento
- Acesso à plataforma de EaD

Fonte: elaborada pelo autor.

Neste capítulo foi possível apresentar todos os preparativos necessários para o Planejamento de T&D voltado à alta performance. Para finalizar, será apresentado um caso de sucesso de uma empresa norte-americana muito admirada em todo o mundo: Disney Institute.

CASO DE SUCESSO

Disney Institute – Estados Unidos

A Disney, há muitos anos, tornou-se referência mundial não apenas em entretenimento, produtos e serviços, mas também na educação corporativa. Toda a magia e a competência existentes em seus parques e *resorts*, e que encantam pessoas em todo o mundo, foram transportadas para a área educacional.

A Disney fez uma ótima análise de suas competências para empenhar-se na área de soluções empresariais, criando o Disney Institute nos Estados Unidos. Com muito prestígio e reconhecimento, a empresa americana de entretenimento leva aos seus clientes os conceitos que ajudaram a edificar seu sucesso.

No processo de educação corporativa realizado pelo Disney Institute, cada passo corresponde a um nível de aprofundamento e imersão na cultura do cliente contratante da capacitação. Esse contato é importante para o alinhamento completo entre as duas partes, pois é ele que irá gerar uma cultura organizacional mais eficiente. A Disney estrutura seus passos da maneira a seguir.

Passos para implementação da solução:

Entender as necessidades por meio de interação com os funcionários da empresa cliente e da coleta de dados.

Demonstrar quais práticas trazem sucesso para equipes mistas de funcionários da empresa cliente por meio de *brainstorming* e *coaching*.

Inspirar e motivar, comunicando as habilidades e os conhecimentos necessários para que as equipes se empenhem no projeto de solução.

Fornecer ferramentas e treinamentos para garantir um ambiente propício e motivado que sustente a solução em longo prazo.

O modelo apresentado pela Disney é bem orquestrado e promove um ambiente que é, acima de tudo, participativo. É importante que o alinhamento se dê não só entre a empresa contratante e a contratada, mas também entre os próprios funcionários da companhia que busca a solução. As chances de a implementação fracassar serão grandes caso não haja um completo esclarecimento dos intuitos da abordagem, bem como de seus métodos.

Por outro lado, a boa solução promoverá mudanças em quesitos como liderança, cultura organizacional, experiência para o consumidor e até fidelidade à marca.

Conheça melhor a empresa no site: <https://disneyinstitute.com/approach/>.

QUESTÕES PARA REFLEXÃO E PRÁTICA

1

O Processo Natural de T&D apresenta seis etapas céleres. A segunda é o foco do capítulo atual, Planejamento de T&D. Quais são os componentes dessa etapa do processo? Dê exemplos.

2

Quais são as principais vantagens de se realizar o Planejamento de T&D antes de implantar as ações educacionais?

3

Existe diferença entre Plano de Desenvolvimento e Programa de Treinamento? Quais são seus objetivos?

4

Treinamentos e *workshops* geram mais mudanças nas competências do que palestras, em função de carga horária, método de ensino e quantidade proporcional de pessoas. Comente essa afirmação.

5

A Trilha de Desenvolvimento (também chamada Trilha de Conhecimento) é um importante instrumento da fase de Planejamento das ações educacionais. Como deve ser criada uma trilha? Elabore uma trilha para um Programa de Desenvolvimento de Líderes com módulos mensais de 16 horas de duração. O cliente é uma empresa na área de telefonia e os alunos são *trainees* que começaram a trabalhar na área de vendas.

6

Antes da realização do orçamento de T&D é importante dimensionar recursos, pessoas e tempo. O autor exemplifica na Figura 5.6 a modalidade educacional e a carga horária. Como esse processo é realizado?

7

Qual a importância do *checklist* para a verificação de infraestrutura e das ferramentas? Cite exemplos de itens para antes, durante e depois da situação de aprendizagem.

8

O gestor ou educador responsável pelo planejamento e implementação de ações de T&D deve ceder a pressões constantes para aumento do escopo do projeto sem o correto planejamento e contratação adicional? Disserte sobre o tema.

9

Treinamento e Desenvolvimento devem ser encarados como custo ou investimento? Apresente justificativas para a sua resposta.

10

Analisando o caso de sucesso do Disney Institute nos Estados Unidos, indique de que forma a cultura de excelência dos empreendimentos do grupo Disney influenciou o Instituto.

Já que neste capítulo tratamos da metodologia e das ferramentas para Planejamento e Plano de Desenvolvimento, chegou a hora da criação do conteúdo necessário para os treinamentos presenciais e on-line.

No capítulo a seguir apresentarei como elaborar conteúdos presenciais e on-line aplicando Design Instrucional e Fábrica de Conteúdo.

CAPÍTULO 6
MÉTODO DIFAC: DESIGN INSTRUCIONAL + FÁBRICA DE CONTEÚDO

> "O ponto central do Design Instrucional e da Fábrica de Conteúdo é mostrar que não adianta ter um profissional performático ou professores brilhantes em sala de aula se o conteúdo for pobre, irrelevante e não estratégico. De nada adianta criar um curso de EaD com grande sofisticação tecnológica se o conteúdo não for concebido de forma assertiva e aderente aos objetivos instrucionais."

No capítulo anterior apresentei a etapa de Planejamento das capacitações com grande ênfase na elaboração do Plano de Desenvolvimento como alicerce das capacitações presenciais e on-line. Este capítulo será dedicado à **Etapa 3** do Processo completo de T&D: **Design Instrucional combinado com a Fábrica de Conteúdo** para que as ações de desenvolvimento obtenham alta performance.

Para iniciar o tema, é importante lembrar que de nada adianta um profissional performático em sala de aula se não houver um conteúdo relevante. Cada vez mais as empresas desejam resultados sustentáveis e, para que os treinamentos atendam a essa demanda, é preciso que os conteúdos criados para formação on-line também despertem interesse no público-alvo. Como já foi dito, ainda que sejam escolhidos instrutores presenciais e tutores on-line brilhantes, eles não compensarão um conteúdo medíocre.

Vivemos numa sociedade que valoriza a forma em detrimento do conteúdo. Entretanto, para a alta performance em Educação Corporativa, o conteúdo das capacitações precisa ter qualidade.

A elaboração de conteúdo é mais difícil e decisiva do que se imagina, principalmente nos dias atuais em que "todos têm acesso a tudo". Por isso, a ação educacional precisa encantar os clientes não apenas na etapa de planejamento, mas também na criação de conteúdo e na escolha da forma certa de capacitar.

Na Figura 6.1 há um círculo sobre a parte do processo de T&D que é o tema deste capítulo; já as etapas 1 e 2 foram apresentadas nos capítulos anteriores.

Figura 6.1 Foco deste capítulo: mostrar como são elaborados conteúdos presenciais e off-line utilizando Design Instrucional e Fábrica de Conteúdo

Fonte: elaborada pelo autor.

6.1 Desenvolver conteúdo é imperativo para quem educa

Conheço muitos consultores que não ligam para a criação de conteúdo, pois acreditam que o encantamento que produzem na comunicação com o aluno durante a aula é suficiente para um bom treinamento. Entretanto, isso é puro engano, pois muitas vezes os treinandos saem encantados das aulas, mas não conseguiram absorver o conteúdo.

Por que será que existem poucos profissionais de T&D com amplo domínio de criação de conteúdo e ministração de aulas com sucesso? Talvez um dos motivos seja a própria cultura do brasileiro, que valoriza mais as comunicações inter-relacionais do que o estudo analítico; e também por haver ainda a crença de que o treinamento deve ser um espetáculo antes de tudo.

O evento motivador é importante, contudo a Educação Corporativa deverá permitir que aluno desenvolva verdadeiramente competências e não apenas se divirta. A diversão auxilia a aprendizagem, mas não deve ser o objetivo da Educação Corporativa, que é a construção de competências que gerem resultados tanto para a empresa quanto para a carreira do aluno/profissional.

Outro motivo responsável pela carência de bons materiais didáticos é que

muitos consultores que entraram no mercado recentemente são ex-executivos que contavam outrora com uma grande equipe de desenvolvedores de conteúdo. Porém, quando ingressam no mercado de consultoria e treinamento, percebem que precisam cuidar 100% do processo, já que, dependendo do projeto, não há como delegar. Com dedicação e interesse, aqueles que resolvem se especializar em Design Instrucional (DI) se destacam tremendamente.

É recomendável que quem trabalha com desenvolvimento de pessoas domine as técnicas do DI. É uma forma muito eficiente de criar conteúdos pertinentes e criativos.

6.2 Definição do Design Instrucional

Muitos pensam que o Design Instrucional é uma moda, mas, na realidade, é uma forma que os estudiosos e praticantes de várias áreas do conhecimento conseguiram para representar uma maneira mais produtiva de educar as pessoas, num mundo tão sobrecarregado de informação.

O conceito nem sempre é bem-visto pelos acadêmicos, pois muitas vezes está associado ao uso desenfreado da tecnologia da informação, principalmente de *softwares* específicos. Contudo, devemos dar grande atenção ao DI como metodologia.

Minha definição para Design Instrucional é:

> Uma metodologia multidisciplinar, originada a partir de dez áreas do conhecimento humano, a ser aplicada pelos educadores diariamente em projetos educacionais de qualquer porte, visando garantir a qualidade e a eficácia do ensino. O processo do Design Instrucional começa na análise das necessidades contidas no Plano de Desenvolvimento e termina com a elaboração na Fábrica de Conteúdo de materiais de aprendizagem, atividades de instrução e *games* eficazes para situações presenciais ou on-line.

De fato, ao pesquisar as origens do DI é possível verificar que não foi algo pensado por apenas uma pessoa, mas por muitas e muitas que procuraram agrupar conhecimentos de áreas diferentes e complementares.

Na Figura 6.2 defendo quais foram as dez áreas de conhecimento que originaram o DI.

Figura 6.2 As dez áreas que originaram o DI

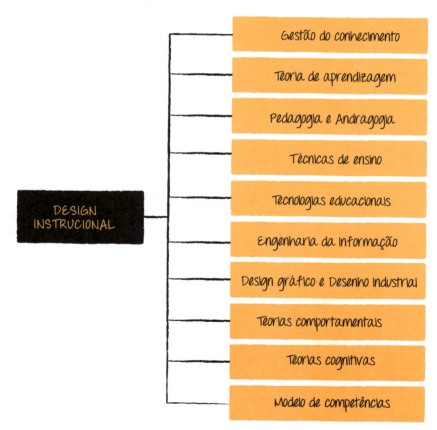

Fonte: elaborada pelo autor.

Capítulo 6 | Método DIFAC: Design Instrucional + Fábrica de Conteúdo   121

6.3 Sete competências para desenvolver o Design Instrucional

Para praticar o DI em sua essência no desenvolvimento de conteúdo, não basta criar um *layout* excelente e inserir um texto muito bem produzido, pois existem outros elementos que farão que a ação educacional alcance seu objetivo principal, que é o desenvolvimento de competências. Não importa se estamos falando de educação presencial ou a distância, pois a metodologia deve ser aplicada em ambos os casos.

A criação de um bom texto para o DI somente ocorrerá se o mesmo contiver a textualidade apurada para ser "sonoro" para o seu público, quase como uma música certa para a pessoa certa. A criação de experiência por meio do conteúdo também é elemento central do DI e tratará de forma envolvente o aluno em sala de aula e on-line.

A decisão pelo sequenciamento adequado do conteúdo também é preponderante para a escolha dos blocos de aprendizagem ou unidades de ensino, do contrário o aluno poderá se "sentir perdido", sendo prejudicado em sua aprendizagem. O foco no público-alvo é uma premissa fundamental para os profissionais e acadêmicos que lidam com a educação, pois cada aluno pode perceber um mesmo estímulo de maneira diferente.

Utilizar a habilidade de **storytelling**, combinada com um design gráfico criativo, porém simples, é garantia de que tanto a forma como o conteúdo serão bem desenvolvidos. Não se pode descuidar do manejo das ferramentas de LMS (*Learning Management Systems* – em português, Sistema de Gestão de Aprendizagem) e dos sistemas de autoria que tratarão, respectivamente, de gerenciar o conhecimento e a aprendizagem e promover a sistematização do conteúdo.

A seguir, apresento as **sete competências** que os educadores podem desenvolver para aplicar técnicas do Design Instrucional e da Fábrica de Conteúdo que, quando combinadas, geram conteúdos altamente diferenciados, proporcionando aumento da qualidade e da eficácia do ensino (Figura 6.3).

Figura 6.3 As sete competências para desenvolver e aplicar o Design Instrucional

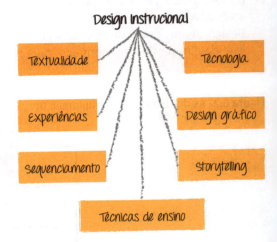

Fonte: elaborada pelo autor.

6.4 As diversas definições de Design Instrucional

Com a finalidade de esclarecer para os leitores o verdadeiro significado de DI, apresento a publicação elaborada pela University of Michigan, intitulada *Training and instructional design applied research laboratory*, que foi uma das pioneiras na difusão dos conceitos de DI em categorias como processo, disciplina, ciência, realidade, sistema de instrução e tecnologia instrucional. A seguir, são apresentados os detalhes dessas categorias. Vamos às definições.

Design Instrucional como processo. Como processo, DI trata do desenvolvimento sistemático de especificações de instrução usando a aprendizagem e a teoria de ensino para assegurar a qualidade da ação educacional, ou seja, é todo o processo de análise das necessidades de aprendizagem e metas que inclui o desenvolvimento de materiais e atividades de instrução.

Design Instrucional como disciplina. Como disciplina, DI é um ramo do conhecimento integrado com pesquisa e teoria sobre estratégias de ensino e com o processo para desenvolver e implementar essas estratégias.

Design Instrucional como ciência. É a ciência de criar especificações detalhadas para o desenvolvimento, a implementação, a avaliação e a manutenção de situações que facilitam a aprendizagem de grandes e pequenas unidades de assunto em todos os níveis de complexidade.

Design Instrucional como realidade. O DI pode começar em qualquer ponto do processo educacional. Muitas vezes, o vislumbre de uma ideia é desenvolvido até chegar ao núcleo de uma situação de instrução. No momento em que o processo está pronto, o designer verifica se todas as partes da "ciência" foram levadas em conta. Em seguida, todo o processo é descrito como se ocorresse de forma sistemática.

Design Instrucional como sistema de instrução. Um sistema de ensino é um arranjo de recursos e procedimentos para promover a aprendizagem. Design Instrucional é o processo sistemático de desenvolvimento de sistemas de ensino e sua implementação.

Design Instrucional como tecnologia instrucional. A tecnologia instrucional é a aplicação sistêmica e sistemática de estratégias e técnicas derivadas de teorias comportamentais, cognitivas e construti-

vistas para a solução dos problemas de instrução.

6.5 Design Instrucional + Fábrica de Conteúdo

Qual a relação do Design Instrucional com a Fábrica de Conteúdo? O DI é a espinha dorsal da Fábrica de Conteúdo. Ambos visam materializar tudo aquilo que foi decidido quanto ao conteúdo educacional, como *slides*, *frames*, cenas, vídeos, áudios, apostilas, atividades, *games* etc.

O Design Instrucional, como o nome já evidencia, trabalha em prol da educação visando garantir a qualidade e a eficácia do ensino. A Fábrica de Conteúdo não difere desse objetivo, pois trabalha para atender as demandas da empresa ou da instituição de ensino quanto à elaboração ágil de conteúdos educacionais e sua gestão.

No passado, os dois foram considerados bem diferentes e até distantes entre si. Atualmente, o entendimento é que são apenas complementares por existir grande superposição de conceitos. Por isso, agora devemos tornar o seu alcance sinérgico, integrando o Design Instrucional com a Fábrica de Conteúdo, conforme apresentado na Figura 6.4.

Figura 6.4 Integração necessária entre Design Instrucional e Fábrica de Conteúdo

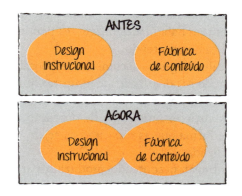

Fonte: elaborada pelo autor.

Nas próximas páginas, apresentarei a Gestão de Fábricas de Conteúdo integradas ao DI utilizando dez passos para a produção de conteúdos de ensino eficazes.

6.6 Funções da Fábrica de Conteúdo

A Fábrica de Conteúdo não é modismo, mas uma tendência mundial que vem ganhando importância à medida que os materiais de treinamento ficam rapidamente obsoletos pelo surgimento constante de novos conhecimentos. Outro fator que favorece a adoção de Fábrica de Conteúdo são as mudanças organizacionais contínuas e imprevisíveis que exigem que o desenvolvimento de pessoas ocorra num curto espaço de tempo com conteúdo produzido de forma célere.

A Fábrica de Conteúdo pode estar dentro da empresa cliente, na instituição de ensino ou na consultoria com essa especialidade, pois o que importa é a missão educacional assumida com o projeto e não a localização da fábrica.

As funções da Fábrica de Conteúdo são inúmeras. Destaco aqui as principais.

Receber e analisar as demandas por conteúdos educacionais.
Gerenciar completamente o projeto de elaboração de conteúdo.
Integrar membros da equipe que apresentam habilidades diferentes para produção do conteúdo.
Realizar a gestão documental responsabilizando-se por armazenar, recuperar, atualizar e versionar os conteúdos instrucionais.
Estabelecer uma linha de produção ágil de forma que as capacitações sejam viabilizadas.
Entregar o conteúdo produzido para o cliente interno ou externo e avaliar o resultado.

Minha definição para Fábrica de Conteúdo é:

> Local físico ou um ambiente virtual no qual uma equipe de especialistas em forma, conteúdo e Design Instrucional trabalha colaborativamente para atender, de maneira ágil, as demandas da empresa quanto à produção e à gestão de conteúdos educacionais céleres e eficazes por meio da aplicação de dez passos bem orquestrados.

6.7 Método DIFAC: Design Instrucional + Fábrica de Conteúdo em dez passos

Criar conteúdo é um grande desafio para os educadores. Quanto mais a humanidade produz conhecimento, mais as equipes de conteúdo precisam se cuidar para identificar o que será relevante para o aluno. De posse das informações diagnosticadas, conforme visto no **Capítulo 4**, e do planejamento educacional, visto no **Capítulo 5**, chegou a hora de criar conteúdos inteligentes e ao mesmo tempo que "toquem" as pessoas para o aprendizado. Aliás, este é um dos muitos segredos que aprendi nesses anos de prática: o conteúdo educacional deve despertar tanto as conexões do hemisfério esquerdo do cérebro (mais racional e analítico) quanto as do direito (emocional e lúdico).

A partir de muita pesquisa e experimentação em sala de aula presencialmente, em EaD e *blended* desenvolvi um método de criação de conteúdo que funde o Design Instrucional com a Fábrica de Conteúdo. Denominei-o *Método DIFAC: Design Instrucional + Fábrica de Conteúdo,* o qual apresento em dez passos. Veja a Figura 6.5.

Figura 6.5 Os dez passos da produção de conteúdo com o Método DIFAC: Design Instrucional + Fábrica de Conteúdo

Fonte: elaborada pelo autor.

A seguir, descrevo cada um dos dez passos do Método DIFAC que pratico.

1º Passo DIFAC – Priorize as competências

As demandas da organização são colocadas para o Método DIFAC em forma de "entrada" do processo. Parece óbvio, mas, antes de criar qualquer conteúdo, é essencial determinar quais competências serão ministradas, a carga horária apropriada e os demais detalhes contidos no Plano de Desenvolvimento apresentado no capítulo anterior.

Com o Plano de Desenvolvimento pronto, determine qual é a competência mais prioritária para o primeiro módulo e não a mais "desejada", pois muitas vezes as pessoas escolhem o que é mais motivador e não o que é o mais relevante.

Outra dica importante do Método DIFAC é evitar o ímpeto de querer "abraçar o mundo", tomando o cuidado de trabalhar uma competência por cada módulo de treinamento, facilitando o processo de aprendizagem do aluno. Se for capacitar em duas competências, que sejam complementares. Por exemplo, no treinamento em *Comunicação Organizacional*, no primeiro dia pode-se ministrar *Comunicação Interna*, e no segundo, *Comunicação Externa*.

2º Passo DIFAC – Crie módulos

Quem já realizou uma viagem longa teve que fazer paradas durante o trajeto. Não importa se a viagem foi de carro, ônibus ou mesmo avião. Trem e metrô também precisam fazer paradas momentâneas para prosseguir rumo ao objetivo. Por isso, os alunos precisarão conquistar novas competências ao longo do tempo e não de uma só vez.

O conhecimento para o ser humano ocorre de forma incremental. Esse é um dos preceitos do Método DIFAC. Logo, será importante o educador observar a criação de módulos de capacitação para não "despejar" de uma vez o conhecimento na mente das pessoas imaginando que elas absorverão tudo no mesmo instante.

Por exemplo, se você almeja capacitar pessoas em técnica de vendas, poderá fazê-lo em três módulos diferentes de oito horas de duração cada. O primeiro módulo pode ser mais geral, e os outros de aprofundamento. No caso de treinamentos para recursos humanos, o primeiro módulo pode abordar os subsistemas gerais de RH e os demais poderão se especializar em cada subsistema. Poderão ser dois, três, quatro ou mais módulos, pois o que importa é a caminhada.

Figura 6.6 Pelo Método DIFAC o colaborador deve caminhar rumo à excelência, à proatividade e à assertividade com a modularização do ensino

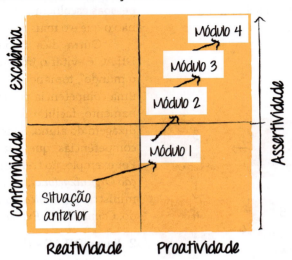

Fonte: elaborada pelo autor.

O fato é que, se o desenvolvimento dos colaboradores for estrategicamente planejado, será natural que eles adquiram novas competências e visão de mundo, permitindo o caminhar para trabalhos com mais excelência, proatividade e assertividade. Aliás, quem não gostaria de ser mais assertivo neste mundo em que vivemos? Com o Método DIFAC a progressão da capacitação se dá a partir da modularização de competências, que deverá respeitar as seguintes premissas:

1. Cada módulo deve ter conteúdo suficiente, jamais em excesso.
2. A modularização deve fazer sentido para o aluno.
3. A modularização deve buscar a proatividade e a excelência na competência.

A Figura 6.6 mostra que à medida que os módulos são aplicados na quantidade e na sequência corretas, o participante caminha para desempenhar seu trabalho com excelência e proatividade, resultando em maior assertividade nas tarefas, nos comportamentos e nas relações de trabalho.

3º Passo DIFAC – Crie bons nomes para os módulos

O nome das pessoas e dos objetos que nos cercam é tão importante que é uma das primeiras coisas que aprendemos quando crianças. No Método DIFAC, escolher o nome certo para o módulo de capacitação é facilitar a memorização e alcançar a simpatia dos participantes. Por isso, é bom, no início do projeto, decidir se haverá nomes extensos nos módulos. Por exemplo, é possível escolher um nome extenso: *Como se tornar um líder bem-sucedido em negócios* ou optar por algo mais objetivo: *Liderança empreendedora*.

Ter cuidado com o que é prometido é outra dica importante que não posso deixar de fornecer. O nome do módulo deve cumprir a promessa que faz. Evite adjetivos irreais ou promessas demais. Evite nomes extensos, do tipo: *Como se tornar um líder carismático de grandes resultados*. Prefira a alternativa *Liderança de alta performance*. Nesse exemplo não há um verbo ou garantia de alta performance. É possível que o aluno a conquiste (ou não), dependerá do seu empenho. Este é um dos preceitos do Método DIFAC: um bom nome de módulo de educação corporativa deve estimular o aluno e não o enganar.

Outro ponto importante é que o nome do módulo deve remeter à competência que será ensinada ou à sua área de atuação. Se o diagnóstico apontou para o aprimoramento em *técnica de dinâmica de grupo* para a equipe de instrutores, então o nome do módulo deve conter a expressão *dinâmica de grupo* ou algo similar em vez de se chamar *Preparando os instrutores para encantarem os alunos*. Nesse caso, a promessa já de partida parece grandiosa demais. Que tal algo mais assertivo: *Aplicando dinâmicas de grupo lúdicas*. Nesse caso, o gerúndio, tão difamado nos dias atuais, ficou bem, pois demonstra ação e não morosidade. Evite expressões verbais no nome do módulo. Por exemplo, *Aprendendo a aplicar dinâmicas de grupo* possui dois verbos desnecessariamente.

Evite também nomes genéricos demais, como *Gestão de RH*. O nome dado para o módulo é tão vasto que mais parece o título de um MBA. Será então importante dividir a competência em módulos.

4º Passo DIFAC – Divida o módulo em blocos ou unidades

Um dos maiores erros que a empresa pode cometer quando tem urgência é "empurrar goela abaixo" das pessoas conteúdos intermináveis. Quem faz isso não conhece nada sobre neurociência, muito menos cognição. Existe um limite para a aprendizagem sob determinadas condições. As pessoas precisam de tempo para refletir, avaliar e praticar o novo conhecimento adquirido. Esse é um dos princípios da expansão de competências utilizado pelo Método DIFAC.

Pense no público-alvo antes de "despejar" conteúdo excessivo. As pessoas estão prontas para receber tudo o que você pretende ministrar? Que tal dividir o treinamento em módulos e cada módulo em blocos? Desmembrar o conteúdo em **blocos de conhecimento** ou unidades de aprendizagem faz que o treinamento tenha mais sentido para o aluno e também ajuda a organizar o conteúdo programático. Para cada dia de treinamento de oito horas, divida o período em quatro blocos para o treinamento não ficar cansativo. A Tabela 6.1 traz um exemplo simples de divisão por blocos. Os blocos de conhecimento ou **unidades de aprendizagem** formam uma sequência harmônica e que faz sentido para o aluno.

Tabela 6.1 Um módulo de treinamento de oito horas pode ser dividido em quatro blocos de aprendizagem harmônicos segundo o DIFAC

Módulo: vendas consultivas	
Turno	Blocos
M	1. Produtos e serviços
	2. Comportamento do cliente
T	3. Abertura e desenvolvimento da venda
	4. Fechamento da venda

Fonte: elaborada pelo autor.

Ao usar a metodologia *storytelling*, é aconselhável que o sequenciamento seja inteligente, levando o aluno para dentro do tema. Por exemplo, no módulo apresentado na Tabela 6.1, antes de iniciar o processo de vendas, será importante o aluno dominar produtos e serviços da empresa (bloco 1) e, em seguida, estudar o comportamento dos clientes (bloco 2). Durante a parte da manhã, o instrutor deverá ajudar o aluno a correlacionar os produtos (bloco 1) com o comportamento do cliente (bloco 2), o que poderá trazer grandes conquistas para o aluno realizar vendas. Essa sequência de conteúdo pode ajudar o aluno a pensar fora da caixa e concluir que cada perfil de cliente precisa de uma indicação específica de produtos e serviços. Assim, ele estará mais amadurecido para aprender os passos da venda (blocos 3 e 4), que também estão numa sequência vantajosa.

Ainda é possível observar na Tabela 6.1 que, para um dia de oito horas de treinamento, a parte da manhã foi dividida harmonicamente em dois blocos de conhecimento, e o mesmo aconteceu na parte da tarde. Ou seja, não haverá excesso nem falta de conteúdo. Essa estratégia proporciona ao aluno facilidade de entendimento e possibilidade real de dominar o conteúdo.

Usando como exemplo outro treinamento, o de líderes, a capacitação pode iniciar, na parte da manhã, com um bloco que trate de aspectos comportamentais (papéis e responsabilidades do líder) e, ao final do dia, uma abordagem extremamente prática com exercícios de simulação (técnica de *feedback* para o líder). A Tabela 6.2 traz um exemplo.

Tabela 6.2 Exemplo de um módulo de treinamento de oito horas para líderes decomposto em quatro blocos/unidades de aprendizagem harmônicos

Módulo: Liderança de alta performance	
Turno	Blocos
M	1. Papéis e responsabilidades do líder
	2. Estratégias para liderar
T	3. Liderança baseada em situações
	4. Técnica de *feedback* para o líder

Fonte: elaborada pelo autor.

5º Passo DIFAC – Revise o conteúdo programático

A Fábrica de Conteúdo deve contar com um bom "plano de voo", que é o **conteúdo programático**. Cada unidade de aprendizagem vista no item anterior ensejará a criação do respectivo "recheio". Não se trata da **ementa do curso**, pois essa é mais resumida e expressa em forma de parágrafo. Em instituições de ensino elas são obrigatórias, mas não em educação corporativa, pois, após a definição do nome do módulo e seus blocos, parte-se direto para o conteúdo programático, que deve ser expresso em forma de tópicos.

Tabela 6.3 O conteúdo programático deve ser cada vez mais simplificado e resultado dos blocos de aprendizagem

Módulo: Vendas focadas no comportamento do consumidor

Turno	Blocos	Conteúdo programático
M	1. Produtos e serviços	Tendências de mercado Características e benefícios
M	2. Comportamento do cliente	*Customer experience* Valores pessoais dos clientes
T	3. Comunicação e abordagem	Início da venda Abordagem para negociação Argumentação customizada
T	4. Fechamento de venda	Contorno de objeções Tentativa de fechamento de vendas Fechamento e fidelização

Fonte: elaborada pelo autor.

Considerando um módulo de oito horas de treinamento, o ideal é construir de duas a três frases curtas para cada bloco, totalizando oito a dez linhas para o conteúdo programático. Evite utilizar verbos nas frases. Por exemplo, prefira *Técnica de atendimento para hotelaria* em vez de *Como os funcionários de hotéis podem aplicar técnica de atendimento*.

No exemplo apresentado na Tabela 6.3 é possível visualizar como os blocos foram divididos entre manhã e tarde (M/T), sendo que, para cada bloco, foram elaboradas duas a três linhas curtas apresentando o conteúdo programático, totalizando dez linhas. Ou seja, tudo muito simples.

Não é uma regra definitiva, mas no método DIFAC, para um dia de oito horas de treinamento, o conteúdo programático deve ter de oito a dez linhas no máximo, sempre com frases curtas. O importante é simplificar. Mesmo assim, não há problemas caso seja necessário apresentar mais detalhes, mas deve-se resistir à tentação de fazer algo interminável e prometer o que não será possível cumprir.

6º Passo DIFAC – Sequência correta do conteúdo programático

O ser humano, quando submetido à comunicação sem uma sequência razoável, sente-se perdido e não consegue assimilar a informação, pois o cérebro estará muito ocupado em tentar decodificar a "ameaça" vinda do interlocutor. Essa reação instintiva resulta na negação do aluno quanto ao conteúdo e muito provavelmente quanto ao método.

A Figura 6.7 traz um exemplo de como não deve ser um treinamento sobre *feedback*. Nesse exemplo, é possível observar que o módulo começa em *Como fazer o*

Figura 6.7 Sequenciamento incorreto do conteúdo, causando zigue-zague mental

Fonte: elaborada pelo autor.

feedback, a segunda parte do treinamento fala de *Técnica de feedback*. Para piorar a instrução, a terceira parte é sobre a *Importância do feedback*. Essa sequência forma um verdadeiro zigue-zague mental.

Uma sucessão de erros ocorreu no sequenciamento da Figura 6.7. Veja que haverá dúvidas do aluno sobre a primeira e a última parte, já que elas têm o mesmo significado. Outros pontos negativos ocorrem, como a terceira parte, que tratará de apresentar os benefícios tardiamente ao aluno. Para evitar esse tipo de problema, o designer instrucional deve garantir que o sequenciamento de conteúdo programático contenha as seguintes estratégias DIFAC:

A ordenação deve fazer sentido para o público-alvo.
O sequenciamento precisa despertar o interesse do aluno.
Os primeiros assuntos não podem "travar" as pessoas.
O educador deve escolher uma estratégia de sequenciamento.

Comumente, o educador dispõe de dois métodos intuitivos de sequenciamento de conteúdo: dedutivo e indutivo. O **método dedutivo** leva o aluno do *conhecido* para o *desconhecido*, ou seja, inicia-se por uma ideia bem geral do tema, chegando ao específico no final do módulo. Já o **método indutivo** parte do específico para o geral. Ambos apresentam resultados e a sua escolha dependerá da maturidade e do grau de conhecimento do assunto pelo aluno.

Além desses métodos intuitivos, é possível ser estratégico quanto ao sequenciamento. Serão apresentadas aqui **seis formas de sequenciamento de conteúdo**; são as que mais utilizo dependendo do público-alvo, do tema e da ocasião (Figura 6.8).

Figura 6.8 As seis formas de sequenciamento de conteúdo que podem ser utilizadas conforme o público-alvo, o tema e a ocasião

Fonte: elaborada pelo autor.

De posse desse conhecimento, o professor e o designer instrucional poderão conduzir a produção de conteúdo da maneira que melhor se encaixar com a realidade. O importante é escolher uma das formas e não várias ao mesmo tempo.

Nomeei o primeiro tipo de sequenciamento apresentado na Figura 6.9 de *Sequência do Que para o Como*. Ela é muito eficaz em Educação Corporativa e costumo utilizá-la quando há duas condições: carga horária suficiente e turma heterogênea quanto ao conhecimento do assunto. Para exemplificar, ela será apresentada mais a seguir.

O primeiro estímulo (O que é isso) é focado em oferecer para o aluno o contorno do tema e seus significados, pontuando corretamente qual escopo virá pela frente. O estímulo seguinte é vender os benefícios para o aluno (O que ganho com isso), garantindo a motivação para seguir adiante. Lembremos que, durante a aprendizagem, os adultos querem saber o que "ganham" com o esforço a ser feito, do contrário "travam". O terceiro estímulo é aprofundar o tema, apresentando novas possibilidades (Quais são os tipos disso). Em seguida, é a hora de ajudar o aluno a desenvolver técnicas para resolver os problemas reais (Como se faz isso). Esse é o ponto alto da capacitação, pois, para o Método DIFAC, na Educação Corporativa o foco é a expertise e não a teoria. Ao final do bloco, o aluno estará apto para fazer simulações e experimentar a aplicação do tema (Quero experimentar isso); esse é mais um reforço prático.

A Figura 6.9 apresenta a *Sequência do Que para o Como* a ser empregada na construção do conteúdo de um módulo de treinamento ou de seus blocos.

Uma vez que o conteúdo programático foi estrategicamente elaborado e sequenciado, é recomendável que, para projetos maiores, seja feita a elaboração do Plano de Aula, que será vista a seguir.

7º Passo DIFAC – Elabore o Plano de Aula

Após a criação do conteúdo programático visto no passo anterior e dependendo do projeto, poderá ser solicitada ao educador a elaboração do Plano de Aula. Não é obrigatório realizá-lo em todas as ocasiões, mas será relevante se o interlocutor do projeto precisar "visualizar os detalhes" daquilo que o educador planejou. A importância do **Plano de Aula** é o estabelecimento da carga horária e o esclarecimento minucioso das ações e das atividades instrucionais propostas, pois o conteúdo programático não traz esse nível de detalhes.

Veja o modelo da Tabela 6.4. Ele pode ser aplicado em qualquer tema de treinamento ou curso.

Figura 6.9 Sequência do Que para o Como, segundo o Método DIFAC

Fonte: elaborada pelo autor.

Tabela 6.4 Modelo de Plano de Aula esquemático simplificado para um dia inteiro de capacitação

	Ações do instrutor	Atividades/objetivos	Tempo (min.)
MANHÃ	Apresentação do instrutor e da empresa	Agradecer aos apoiadores e participantes e desejar um ótimo dia	10
	Apresentação do objetivo do Treinamento	Usar o objetivo modelo	
	Apresentação do roteiro do Treinamento	Apresentar o conteúdo programático e a agenda	
	Exercício de aquecimento inicial	"Despertar" os alunos e conhecê-los melhor	15
	Aplicação bloco 1	Conteúdo e atividades	90
	Lanche	Realizar *rapport* com os alunos	15
	Aplicação bloco 2	Conteúdo e atividades	100
	Almoço		60
TARDE	Exercício de aquecimento	"Despertar" os alunos e prepará-los para o conteúdo	15
	Aplicação bloco 3	Conteúdo e atividades	100
	Lanche		15
	Aplicação bloco 4	Conteúdo e atividades	100
	Encerramento	Compromissos finais e preenchimento de avaliação	20
	Total de horas de treinamento (sem a hora de almoço)		8h

Fonte: elaborada pelo autor.

Seguindo o exemplo da Tabela 6.4, deve-se começar a instrução pela apresentação breve dos alunos, do mediador e da empresa, para, então, demonstrar o objetivo instrucional. Em seguida, o roteiro do dia deve ser apresentado (conteúdo programático na ordem correta). Continuando a sequência, recomendo ao instrutor fazer uma breve atividade para "quebrar o gelo" com cerca de 15 minutos de duração, como exercício de aquecimento inicial, pois é uma forma de integrar e captar o interesse do aluno. Na sequência, deve-se iniciar o primeiro bloco da competência escolhida, trazendo seu respectivo conteúdo e suas atividades.

A Tabela 6.5 traz o exemplo de um Plano de Aula simples (elaborado com base no modelo de treinamento sugerido), com a duração de cada atividade para um módulo de Gestão da Qualidade no qual será utilizada a ferramenta do ciclo *Plan, Do, Check, Act* (PDCA – em português, *Planejar, Executar, Verificar, Agir*) para líderes.

Tabela 6.5 Plano de Aula preenchido para um módulo de Gestão da Qualidade e uso do ciclo PDCA para líderes

Blocos	Temas	Duração	Atividade/recurso
Open mind	Objetivo	0:05	Apresentação do objetivo do treinamento e das "regras do jogo".
	Quebra-gelo	0:15	Apresentação do instrutor, dos alunos e realização de curtas entrevistas entre os treinandos.
	Contextualização	0:30	Apresentação de **benchmarking** de empresas que se destacam na aplicação do PDCA.
	Análise e reflexão	0:40	Atividade em grupo: análise dos pontos fortes e fracos de como os líderes gastam seu tempo.
	Reforço	0:30	Apresentação de filme sobre a importância do planejamento. Finalização com as conclusões do grupo.
Café		0:15	
PDCA / P	Ciclo PDCA	0:40	Apresentação do PDCA e como pode ser aplicado no dia a dia de trabalho.
	Atividade	0:40	Estudo de caso sobre a realidade dos treinandos e como aplicar o PDCA.
	"P" *Plan*	0:30	Apresentação de filme sobre as estratégias de planejamento e o papel do líder.
Almoço		1:00	
PDCA / D	Aquecimento	0:10	Despertar pós-almoço.
	Atividade	0:30	Desafio lúdico para melhor planejamento e ação.
	"D" *Do*	0:40	Apresentação de maneiras de fazer (*Do*): mapa mental, plano de ação e matriz de priorização.
	Atividade	0:30	Estudo de caso com a utilização de ferramentas relacionadas a "fazer".

Café		0:15	
PDCA / C e A	"C" *Check* e "A" *Act*	0:20	Apresentação de ferramentas simples de controle e revisão.
	Atividade	0:20	Atividade sobre metas individuais *versus* metas corporativas.
	Liderança	0:20	A liderança e a necessidade de agir.
	Atividade	0:40	Atividade para fortalecer as estratégias de controle e a liderança.
	Fechamento	0:10	Encerramento do treinamento.
Carga horária total		**8h**	

Fonte: elaborada pelo autor.

Em seguida à aprovação do plano de aula, será necessário construir cada atividade instrucional.

8º Passo DIFAC – Construa as atividades instrucionais

Desenvolver conteúdo não é uma tarefa simples. Cada bloco de conhecimento, conforme analisado nos passos anteriores, precisará de um conteúdo consistente, daí a importância de utilização do Design Instrucional para criá-lo.

Conforme o plano de aula visto no 7º passo, cada bloco do módulo de treinamento deve ter, no máximo, 100 minutos, comportando os tempos destinados ao conteúdo e às respectivas **atividades instrucionais** para envolver o aluno com a aprendizagem.

No Método DIFAC, em média, de 10 a 15 minutos iniciais desses 100 devem ser utilizados para motivar o aluno quanto ao tema, fazendo perguntas e utilizando imagens e filmes curtos de forma a gerar interesse pelo assunto que está sendo introduzido.

Em seguida, o instrutor deve iniciar o conteúdo. Na Tabela 6.6 é possível visualizar como criar 100 minutos de treinamento com conteúdo inteligente alocando atividades instrucionais, que também são chamadas de **recursos instrucionais**.

Tabela 6.6 Como criar os 100 minutos destinados a um bloco com atividades/recursos instrucionais

Etapa	Tempo	Objetivo	Atividades/Recursos Instrucionais	Papel do educador
1 Participar	10	Esclarecer o que é, para que serve, o que se ganha com o tema e despertar interesse.	Perguntas e respostas, analogias, apresentação de imagens para indução, *slides* e pesquisas introduzindo o tema.	Despertar e atrair a atenção.
2 Sensibilizar	20	Fazer o participante sentir e pensar sobre as suas dificuldades, potencialidades e prováveis soluções.	*Slides*, jogos lúdicos, filmes, dramatização, resolução de problemas, artigos, reportagens.	Monitorar as progressões e a participação.
3 Técnica	20	Apresentar técnica, sequência lógica de passos para que o treinando possa entender e desejar colocar em prática o conteúdo aprendido.	*Slides* mostrando o passo a passo da solução (processo), *checklist* com os insumos necessários para a solução (receita), mnemônicos etc.	Mostrar que a solução do problema está ao alcance de todos.
4 Resolver	20	Proporcionar aos treinandos a experiência de aplicar a técnica ministrada, fazendo que simulem uma situação real ou hipotética.	Estudo de caso, simulação, discussão em grupo, *brainstorm* e uso de *checklist*.	Acompanhar as pessoas, auxiliando-as a resolver a situação.
5 Discutir	20	Fazer que o grupo apresente seus resultados e troque experiência.	Mesa-redonda, apresentação em *flipchart*, plenária etc.	Moderar e democratizar as discussões.
6 Concluir	10	Conduzir os treinandos para que as conclusões sejam pertinentes e de ordem prática.	*Slides* de apoio, *flipchart*, *quiz*, perguntas e respostas etc.	Estabelecer conexões entre as conclusões do grupo e a realidade.

Total: 100 minutos

Fonte: elaborada pelo autor.

A escolha das atividades instrucionais não é tão óbvia assim. Há casos em que até um educador experiente "erra a mão" e escolhe recursos que não convencem os alunos, apesar do grande esforço empreendido pelo mestre. Muitos, inclusive, apostam na grande quantidade de *slides* para entreter os alunos; contudo, nos dias atuais, esse hábito precisa ser revisto. Há relatos de professores e instrutores "despejando" informação em vez de atuarem na capacitação.

Lembro-me da primeira vez que realizei uma palestra durante uma hora para um grande número de pessoas. Na ocasião, utilizei mais de 30 *slides*. Dividindo o tempo do evento (60 minutos) pela quantidade de *frames*, encontraremos a média de um *slide* a cada dois minutos. O resultado foi interessante, mas, na atualidade, isso aborreceria as pessoas.

Há pouco tempo, realizei uma palestra de uma hora de duração apresentando apenas cinco *slides* sobre Gestão Empresarial; o resultado foi mais que satisfatório. Já fiz palestras com um *slide*, apresentando apenas o título, e alcancei grandes resultados. Os tempos mudaram, por isso não devemos ficar escravos dos *slides*, mas aplicar atividades que acompanhem a evolução das pessoas.

Naturalmente, numa palestra de uma hora não haverá tempo suficiente para atividades estruturadas; contudo, em *workshops*, cursos e treinamentos será importante o educador aplicar atividades instrucionais de tempos em tempos.

Preparei o quadrante a seguir (Figura 6.10) para apresentar o posicionamento de atividades lúdicas ou não *versus* atividades técnicas e comportamentais.

Figura 6.10 Quadrantes de atividades instrucionais segundo o método DIFAC

Fonte: elaborada pelo autor.

Após apresentar os *Quadrantes de Atividades Instrucionais*, chegou o momento de criar *slides*, cenas ou *frames*.

9º Passo – Crie os elementos gráficos: *slides*, cenas e *frames*

Vivemos em um mundo que valoriza cada vez mais os estímulos visuais, uma linguagem que é especialidade de **designers e publicitários**. Com a massificação do EaD, a necessidade de alta competência em *design* aumentou tremendamente em todo o mundo. No Método DIFAC não é diferente. O *designer* gráfico elabora *slides*, *frames* e cenas sempre atuando em conjunto com o DI, ambos a serviço da aprendizagem. Se bem capacitado e experiente, o designer gráfico pode se tornar um excelente DI.

Vale observar que para capacitações presenciais é mais comum falarmos em *slides*, apesar de ser um nome antigo que remonta aos extintos projetores. No caso de EaD, os termos mais apropriados são *cena*, *frame* e *quadro*.

Para que os elementos gráficos sejam criados com excelência, recomendo que sejam realizadas as seguintes tarefas, que devem ocorrer na ordem indicada aqui:

1. Dimensionamento.
2. Mapa mental + *storytelling*.
3. Roteiro.
4. *Storyboard*.

Quanto ao **dimensionamento**, antes de iniciar o *design* gráfico o educador deverá definir quantos *slides* precisará para não correr o risco de produzir nem mais nem menos conteúdo do que o necessário, e também para não ficar sem "suprimentos", isto é, o plano B caso sobre tempo na aula.

Recomendo não sobrecarregar o treinamento com excesso de *slides*, "espremendo-os" dentro da carga horária, a fim de evitar que as pessoas fiquem apenas informadas, mas não capacitadas.

Deve-se distribuir corretamente o tempo dentro da carga horária, de acordo com a complexidade da competência escolhida e com a modalidade educacional. Outro aspecto que deve ser observado é a quantidade de conteúdo para cada modalidade de educação corporativa.

Em um treinamento presencial, dependendo do grau de participação do aluno que o instrutor pretende atingir, será importante reduzir o número de *slides* e aumentar o tempo com atividades participativas. A Tabela 6.7 não é uma regra quanto ao dimensionamento de *slides* a produzir, contudo, ao apresentar esse exemplo para os educadores, demonstro a necessidade de pensar estrategicamente, evitando produzir conteúdo em excesso.

Tabela 6.7 O dimensionamento de *slides* para palestras, *workshops* e treinamentos (incluindo as atividades instrucionais) poderá variar de acordo com o grau de participação dos alunos

	Participação		Alta participação	
	Quantidade de *slides*	Minutos por *slide*	Quantidade de *slides*	Minutos por *slide*
Palestra de 1h	9	7	6	10
Workshop de 4h	24	10	12	20
Treinamento de 8h	48	10	24	20
Treinamento de 16h	96	10	48	20

Fonte: elaborada pelo autor.

Quanto ao *storytelling*, trata-se de uma importante técnica para os educadores organizarem suas narrativas de forma a apresentarem um encadeamento de ideias que prenda a atenção dos alunos por meio da construção de conteúdo e também da forma como será apresentado.

É importante dizer que o sucesso de qualquer ação de desenvolvimento presencial ou on-line será determinado pelo casamento harmônico e prazeroso entre forma, conteúdo e "saber contar a história". A *forma* diz respeito ao bom uso dos recursos instrucionais pelo educador, como comportamento, oratória, relacionamento com os alunos, vocabulário e recursos visuais. Esses elementos são muito determinantes para o sucesso do treinamento por utilizarem a comunicação verbal e não verbal.

No *conteúdo* estão textos, *slides* para treinamentos presenciais, cenas em EaD, *games*, vídeos, pesquisas, estudos de caso, atividades lúdicas, apostilas e demais recursos instrucionais. Se o conteúdo for adequado e a forma bem cuidada, será a vez do encadeamento das ideias e do discurso. A utilização da técnica de **mapa mental** é uma ótima maneira de se chegar a esse resultado, principalmente se o mapa for construído com a narrativa de *storytelling*.

"Contar a história" é fazer a narrativa adequada, despertar a atenção do aluno e promover seu comprometimento com o treinamento que está sendo preparado. Para o Método DIFAC, técnicas de *storytelling* conjugadas com o mapa mental proporcionam o ritmo certo, criando ligações e facilitando a construção do roteiro logo a seguir.

Após a criação do mapa mental, é o momento de traçar um breve **roteiro** sequencial denominando cada cena ou *slide* para, em seguida, criar o *storyboard*. Particularmente prefiro fazer antes o *storyboard* em papel para depois digitalizá-lo, pois julgo ser três vezes mais rápido elaborá-lo manualmente do que em algum *software*.

Na Figura 6.11 é possível visualizar a produção de *slides* simples a partir do *storyboard* em papel. Os *slides* podem ser produzidos do zero ou baseados em *templates* já existentes na Fábrica de Conteúdo da empresa.

Figura 6.11 Produção de *slides* a partir de *storyboard* em papel

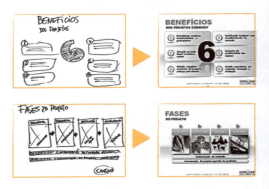

Fonte: elaborada pelo autor.

Para concretizar a elaboração de conteúdo, será apresentado agora o passo final.

10º Passo DIFAC – Redação e revisão de textos

A redação de textos para ações de Educação Corporativa não é algo isolado, e sim completamente integrado à Fábrica de Conteúdo. Você sabia que o grande gargalo na elaboração de conteúdos para treinamentos presenciais e on-line não é o *design*, mas o desenvolvimento de conteúdo em texto? A verdade é que em cada dez pessoas que trabalham na área educacional, cerca de apenas três conseguem gerar textos adequados ao público e ao tipo de interação. Por essa razão, temos que contribuir para a disseminação da ideia de que o *design* gráfico por si só não fará o seu papel educacional sem o textual coerente, objetivo e focado no aluno.

Criar uma apresentação que envolva o público durante o treinamento sempre foi uma tarefa árdua e vai continuar sendo. Atualmente, com o surgimento de outros métodos mais interativos e táteis aliados ao poder da tecnologia e com o desenvolvimento de teorias educacionais e motivacionais, essa tarefa ganha contornos ainda mais drásticos, pois faltam profissionais que dominem texto e DI.

Gostei muito do trabalho realizado pela organização Shift e-Learning, que produziu a publicação *10 writing strategies that drive up learner engagement online,* em que aponta dez estratégias que facilitam a criação de conteúdo.

1. **Escreva para seu aluno**: entenda de fato seu público-alvo, indo além dos perfis que o constituem para entender quais são os objetivos, o nível de formação e as expectativas. Procure criar empatia para direcionar a leitura e deixá-la o mais prazerosa possível.
2. **Planeje antes de escrever**: use técnicas para planejar o texto, como *storyboard*. Organize todo o material disponível, defina objetivos e métodos do treinamento e a sequência em que o conteúdo será apresentado.
3. **Escreva visando à leitura dinâmica**: não sobrecarregue o texto com informações; leitores focarão os títulos e subtítulos para se situarem e irão ignorar o resto. Use frases e parágrafos curtos.
4. **Diminua a redundância**: corte palavras fracas, seja conciso e use a voz ativa. Empregar termos simples e ter uma clara direção na escrita, deixando o texto compacto, é essencial.
5. **Humanize a escrita**: evite utilizar termos abstratos ou excesso de adjetivos. Não ser mecânico, tendo uma escrita fluida e parecida com sua fala, é uma ótima forma de se aproximar do leitor.
6. **Utilize o tom certo de escrita**: seja informal e informativo, dando um tom de esclarecimento sobre o conteúdo que é apresentado de forma descontraída. Após definir o conteúdo e entender o perfil dos seus alunos, personalize seu modo de falar com características marcantes.
7. **Seja interessante e relevante**: mantenha os alunos interessados concentrando-se em informações relevantes, como o uso que eles poderão fazer das habilidades aprendidas no treinamento. Para dar maior veracidade ao que você diz, apresente estatísticas e *cases* de pessoas conhecidas.
8. **Apele para o emocional**: utilize palavras que, de forma indireta, despertem emoções e ações do subconsciente, como "imagine" e "relevante". Dirigir-se aos alunos usando o pronome de tratamento "você" é uma ótima forma de inseri-los no contexto da apresentação. Use verbos no imperativo e, sempre que necessário, caracterize objetos abstratos com cheiros, sabores e texturas.
9. **Crie chamadas poderosas e autoexplicativas**: a chamada deve resumir o conteúdo e a forma que ele é apresentado. Portanto, seja direto, expositivo, sucinto e apele para os objetivos que você identificou nos alunos. A intenção deve ser sempre deixar os indivíduos intrigados e dispostos a voltar a atenção para a apresentação.
10. **Adicione um toque de humor**: o humor é uma arma poderosa para relaxar os ouvintes e aumentar

a disposição deles em absorver o conhecimento. Quando for o momento certo, exagere, use metáforas e conte histórias engraçadas que tenham uma moral ligada ao conteúdo.

Depois da elaboração do texto, será importante submetê-lo a uma atenta revisão, pois qualquer erro gramatical ou mesmo um simples descuido ortográfico pode conduzir a uma percepção de baixa qualidade.

6.8 Outros modelos de Design Instrucional

Neste capítulo apresentei cada passo do nosso método prático denominado DIFAC, que combina Design Instrucional com Fábrica de Conteúdo. Para finalizar o capítulo, apresentarei quatro modelos importantes de DI de outros autores.

6.8.1 Modelo ADDIE de Design Instrucional – Estados Unidos

Um dos modelos precursores do Design Instrucional (contudo, ainda muito atual), criado pelos militares norte-americanos na década de 1970, é o ADDIE, que serve como guia para a criação de conteúdos de treinamentos presenciais e on-line. A sigla significa, em português, Análise, Design, Desenvolvimento, Implementação e Avaliação (do inglês *evaluation*), que são os passos para edificar o modelo, conforme mostra a Tabela 6.8.

Tabela 6.8 Modelo ADDIE de Design Instrucional

Passo	Descrição
Análise	Define o problema, bem como as metas, os objetivos e os índices para medir o sucesso e o contexto do aluno, como sua formação, preferências e habilidades.
Design	Seleciona as estratégias instrucionais e os exercícios que serão utilizados, numa espécie de pré-planejamento do conteúdo e da forma.
Desenvolvimento	Com os recursos em mente definidos na fase anterior, são confeccionados os materiais a serem utilizados nos treinamentos, como fotos, textos e vídeos.
Implementação	Aplicação de tudo que foi produzido, passando o material diretamente para os alunos ou para o responsável pelo treinamento.
Avaliação	As análises sobre o sucesso ou não por meio dos índices de desempenho criados servem para *stakeholders* avaliarem a eficácia da implementação.

Fonte: baseado em GUTIERREZ, 2015.

Figura 6.12 Modelo SAM de DI

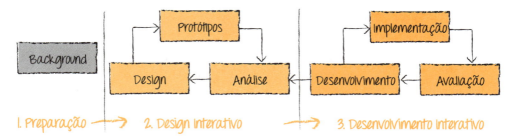

Fonte: baseado em INSTRUCTIONAL DESIGN CENTRAL (IDC).

6.8.2 Modelo SAM de Design Instrucional

O modelo SAM baseia-se na repetição constante das fases, que são pensadas de forma compacta em vez de uma natureza mais expansiva. Essa alta frequência de reprodução dos passos leva a um aperfeiçoamento nas tarefas propostas. Assim, cada etapa é um evento de aprendizado por si só. Esse modelo pode, inclusive, ser utilizado na criação de *e-Learning* (Figura 6.12).

1. **Preparação:** fase curta, em que são recolhidas todas as informações necessárias, sem analisar se já existe algum conteúdo direcionado para o treinamento.
2. **Design iterativo:** essa fase caracteriza-se pela realização de reuniões com a intenção de tomar decisões quanto à futura implantação e como ela será medida e acompanhada por todos. É importante alinhar, também, a equipe nessa fase, com suas propostas, análises e projetos internos.
3. **Desenvolvimento interativo:** etapa em que ocorre a efetiva implementação. É a hora de colocar o planejamento à prova. Um ciclo constante perpassando a implementação, a avaliação dos processos e o desenvolvimento.

6.8.3 Modelo de Princípios Instrucionais de Merrill

David Merrill, renomado consultor de educação e de Design Instrucional, construiu um modelo com ideais experienciais. Basear o aprendizado na solução de problemas e na prática de conhecimentos que devem ser aprendidos são as diretrizes desse sistema. As fases estão descritas na Figura 6.13.

Figura 6.13 Modelo de DI de Merrill

Fonte: baseado em GUTIERREZ, 2015.

Portanto, o processo baseia-se primeiro numa conexão entre o aprendizado e as bases das competências dos alunos, seguindo para uma demonstração por parte dos educadores. Após os alunos terem contato com a prática, desenvolverão uma relação tátil com ela e só então o conhecimento teórico lhes é passado.

6.8.4 Modelo de nove níveis de Gagné

Robert Gagné, psicólogo educacional e um dos pioneiros na ciência da educação, identificou as condições mentais necessárias para uma aprendizagem eficaz. Gagné criou o processo de nove etapas para uma aprendizagem ativa, sendo aplicável para todos os tipos de situações. O foco desse modelo é incutir uma mudança comportamental nos alunos. De forma sistemática, porém flexível, é um dos modelos mais utilizados por sua estruturação incisiva e vasta. O método é dividido em nove passos (Tabela 6.9), cada um com suas peculiaridades e objetivos visando à interação e ao envolvimento dos aprendizes.

Este capítulo foi inteiramente dedicado à elaboração de conteúdo utilizando-se método, e não de forma completamente empírica. Irei apresentar a seguir o caso de sucesso na área educacional da Alterdata Software, empresa que admiro e na qual tive a honra de implementar projetos de Educação Corporativa.

Tabela 6.9 Nove eventos instrucionais de Gagné

Passo	Descrição
1. Ganhe atenção	Atividade introdutória para engajar o aluno
2. Informe os objetivos	Clarificação das metas do treinamento
3. Estimule uma rememoração dos conhecimentos	Experiência que incentive a memorização do que já foi aprendido
4. Forneça estímulo	Utilizando materiais e conteúdos
5. Guie educando	Mediante casos e exemplos
6. Extraia performance	Uso e prática dos conhecimentos aprendidos
7. Propicie *feedback*	Comentários e análises sobre o desempenho
8. Assessore o desempenho	Com itens de pós-avaliação
9. Aprimore a retenção e a transferência	Recursos e ferramentas que interiorizem e permitam partilhar o conhecimento

Fonte: INSTRUCTIONAL DESIGN CENTRAL (IDC).

CASO DE SUCESSO

Alterdata Software

Com prêmios em renomadas categorias como *Melhor empresa para se trabalhar* e *Empresas que mais crescem no Brasil*, desde 1989 a Alterdata desenvolve sistemas e soluções próprias para aliar conhecimentos de equipes de consultoria com a experiência de profissionais de diversos setores. Atualmente, a empresa conta com mais de 75 bases pelo país, fornecendo o que há de mais moderno em tecnologia somada a um ótimo atendimento.

O sucesso da Alterdata em identificar lacunas em seu corpo institucional e no próprio mercado em que atua levou a empresa a empregar a prática constante de treinamento e desenvolvimento. Para criar os *softwares*, além de requisitar uma especialização e experiência que ainda são escassas no mercado devido ao abismo que existe entre a teoria e a prática na formação de profissionais, é necessário que os colaboradores tenham pleno conhecimento da legislação referente a cada setor que o sistema desenvolvido abarcar.

O cenário da legislação, bem como o da tecnologia, é dinâmico e repleto de particularidades que, se não forem atendidas, podem anular todos os esforços dos funcionários. Para amenizar esse efeito, a Alterdata mantém seus profissionais atualizados por meio de treinamentos em sua Universidade Corporativa, uma instalação com 2.500 m² que atende todos os colaboradores em território nacional. É um exemplo de sucesso.

A política de treinamento da Alterdata permite aperfeiçoar 350 colaboradores anualmente por mais de uma vez, chegando à marca de 1.800 participações em treinamentos, reciclagens e especializações, atendendo recepcionistas, inspetores de qualidade, supervisores, programadores, gestores e diversos outros cargos. Contudo, o grande diferencial da Universidade Corporativa é atender cerca de 10 mil usuários dos *softwares* que a empresa produz, chegando a um nível de satisfação de 95% entre os clientes com utilização de EaD.

Guiando-se por conceitos androlégicos e utilizando Design Instrucional, a Alterdata realiza treinamentos tanto presencialmente quanto a distância.

Com uso de *Learning Management System* (LMS), exercícios, tutoriais, apostilas, vídeos instrucionais e transmissões ao vivo, a empresa possui uma vasta gama de material educativo. A formação dos colaboradores inclui questões relacionadas aos produtos, valores, práticas e rotinas de suas funções e da empresa de forma geral, assegurando um conhecimento completo e satisfação nas relações ligadas à manutenção e à consultoria, que garantem cerca de 70% das receitas.

Essa construção, porém, não ocorreu sem desafios. Em 2011, ao se ver na posição de ter que transformar todo o conteúdo presencial em EaD, a empresa pesquisou métodos e tecnologias que ainda eram novidade para os seus profissionais, o que inicialmente criou algumas barreiras de aceitação. Ao utilizar as ferramentas mais modernas, entendendo que o aluno precisa de um acompanhamento constante que possa servir como referência e contato, o obstáculo pode ser perpassado.

Hoje, todos os colaboradores, novos ou antigos, possuem uma "trilha de aprendizagem" que necessitam completar antes de cada novo processo, devido à dinamicidade do mercado. O DNA da empresa precisa ser incorporado aos conhecimentos de legislação e tecnologia necessários para cada produto, edificando uma base teórica e prática para o funcionário, o qual sempre é acompanhado por um *assessment* que busca identificar sua percepção sobre a utilidade dos novos conhecimentos.

Conheça melhor a empresa em: <http://www.alterdata.com.br/>.

QUESTÕES PARA REFLEXÃO E PRÁTICA

1

Design Instrucional é uma metodologia multidisciplinar, originada a partir de dez áreas do conhecimento humano. Quais são as principais áreas que deram origem ao Design Instrucional?

2

Quais competências os educadores podem desenvolver para aplicar técnicas do Design Instrucional combinadas com a Fábrica de Conteúdo? Dê exemplos.

3

O Método DIFAC: Design Instrucional + Fábrica de Conteúdo criado pelo autor apresenta dez passos. Cite alguns deles e qual a sequência adequada. Para o autor, a partir do Método DIFAC as competências são suportadas por módulos de treinamento presencial e EaD. Preocupar-se com o nome dos módulos é de suma importância. Quais são as técnicas para a criação desses nomes, segundo o método DIFAC?

4

O sexto passo do Método DIFAC é a criação da sequência correta do conteúdo programático. Quais são as principais técnicas de sequenciamento para ordenação desse conteúdo apresentadas pelo autor?

5

Uma das formas de organizar o conteúdo é pela Sequência do Que para o Como, que visa à construção de módulos e respectivos blocos de aprendizagem. Mostre como se aplica tal sequência e construa um exemplo de conteúdo programático com essa forma de sequenciamento.

6

A partir do conteúdo programático criado na questão anterior, gere um plano de aula baseando-se no modelo fornecido pelo Método DIFAC.

7

O Quadrante de Atividades Instrucionais sugerido pelo autor tem a finalidade de apresentar para o educador uma reflexão antes de escolher entre atividades lúdicas ou não lúdicas e técnicas ou comportamentais. Desenhe o Quadrante de Atividades Instrucionais e forneça exemplos de classificação de atividades.

8

Para o Método DIFAC a produção de *slides*, cenas ou *frames* exige o domínio de técnicas de dimensionamento, mapa mental, *storytelling*, roteiro e *storyboard*. Disserte sobre essas técnicas.

9

A empresa Alterdata Software, apresentada no caso de sucesso, é uma referência brasileira em Educação Corporativa. Descreva quais são os seus principais públicos capacitados anualmente e quais estratégias são utilizadas para isso.

> O próximo capítulo discutirá como ministrar treinamentos presenciais, como utilizar **Design Thinking** e **Gamification** a favor da excelência em Educação Corporativa.
>
>

CAPÍTULO 7
DICAS PARA MINISTRAR AULAS PRESENCIAIS, DESIGN THINKING E GAMIFICATION

> " Já foi o tempo em que o instrutor era o centro das atenções e os alunos aceitavam passivamente tudo o que ele falava. Na atualidade, o educador ministra aulas de forma participativa com foco no aluno (e não em si) e maneja técnicas e recursos como Design Instrucional, Design Thinking e Gamification para engajamento e retenção da aprendizagem. "

No capítulo anterior, apresentei todos os passos do Método DIFAC: Design Instrucional + Fábrica de Conteúdo para capacitações presenciais e on-line. Este capítulo é dedicado a técnicas para conduzir treinamentos, aulas e cursos presenciais, com muitas dicas do uso de Design Thinking e Gamification.

De posse de um conteúdo bem dimensionado e elaborado com excelência, conforme visto no capítulo anterior, o educador terá grandes chances de ser bem-sucedido em sala de aula se controlar bem as variáveis e empregar técnicas e comportamentos eficazes para conduzir o aprendizado.

Há muitas circunstâncias a serem controladas durante a aula e, portanto, uma grande quantidade de técnicas e recursos para serem dominados pelo instrutor. Esse é o foco do atual capítulo, conforme indicado na Figura 7.1.

Um dos primeiros aspectos a ser considerado logo no início da aula é o educador ser um bom negociador e saber vender os benefícios da instrução para os alunos. Lembrando sempre que os adultos aprendem mais quando se sentem engajados e enxergam oportunidades de obter benefícios com o novo conhecimento adquirido.

Figura 7.1 Foco deste capítulo: realizar e conduzir aulas, cursos e treinamentos presenciais

Fonte: elaborada pelo autor.

7.1 Como vender as características e os benefícios de Treinamento e Desenvolvimento

Para ministrar treinamentos presenciais com alta performance, será necessário primeiro vender a ideia para o cliente e futuros treinandos. Para isso, o passo inicial é argumentar sobre as características e os benefícios que o treinamento possui, assim o educador despertará curiosidade e desejo nos alunos em absorver o treinamento.

A regra é que cada característica do treinamento deve ser suportada por um benefício correlato. Por exemplo, um curso com *metodologia clara* proporciona para o público-alvo *fácil compreensão*. A *experiência* dos instrutores deve ser revertida em impacto positivo e *valorização* dos alunos. Assim, as pessoas se interessarão mais pela ação educacional proposta. Com frequência, apresento para os alunos algumas dessas características e benefícios, que podem ser citados pelo instrutor no início do treinamento (Tabela 7.1).

7.2 Quarenta dicas para ministrar aulas presenciais

Já observei dezenas e dezenas de professores ministrando treinamentos. Hoje consigo distinguir perfeitamente o que torna a aula de um mais especial do que a do outro. Além disso, há muitos anos ministro aulas em instituições de ensino e desenvolvo soluções de Educação Corporativa para empresas, o que aumentou tremendamente meu nível de exigência no ato de educar.

Agora vamos falar um pouco sobre a performance do instrutor ou professor em sala de aula. Esse tema é tão enriquecedor que dá vontade de escrever um livro exclusivo com dicas de como eles podem se comportar nas aulas. Contudo, como o compromisso deste livro é abordar todos os processos de Treinamento e Desenvolvimento (T&D) e Educação Corporativa, irei apresentar, a seguir, a essência de conselhos que servem tanto para instrutores e professores iniciantes quanto para seniores.

Tabela 7.1 Exemplos de características de T&D e seus respectivos benefícios

Característica	Benefício
Clareza na metodologia da aula	Fácil de entender pelo aluno
Instrutores experientes e diferenciados	Impacto positivo e valorização pelos treinandos
Carga horária flexível	Minimiza interrupções na operação
Atenção para a realidade do aluno	Identificação e assimilação do conhecimento
Aula customizada	Diferenciação para a empresa
União de técnicas e mudança de atitudes	Criação de competências e mudança de atitudes
Capacitação participativa e encorajadora	Reforça a autoestima do aluno

Fonte: elaborada pelo autor.

Figura 7.2 Processo do instrutor ou professor na condução do treinamento

Fonte: elaborada pelo autor.

Em toda e qualquer aula presencial, o educador deverá cuidar para que, durante a carga horária combinada, haja sucesso do início até o final da explanação. É por isso que as 40 dicas são breves e estão ordenadas de acordo com a *timeline* de um treinamento presencial.

7.2.1 Dicas para abertura da aula

1. Ter uma lista prévia com informações sobre os alunos, como formação e área em que trabalham.
2. Chegue ao menos 20 minutos antes do horário e faça *rapport* com os alunos.
3. Antes de apresentar qualquer conteúdo, olhe para todos e cumprimente-os.
4. Cite e mostre claramente os objetivos a serem alcançados na aula.
5. Apresente (muito brevemente) seu currículo.
6. Combine os intervalos, as interrupções, o uso de celulares etc.
7. Não tente ser engraçado se isso não for natural em você.
8. Apresente bem resumidamente o conteúdo que será ministrado.
9. Amplie seu campo de visão procurando olhar amigavelmente para cada um.
10. Demonstre confiança, independentemente da situação em que esteja.

7.2.2 Dicas para o impacto inicial

1. Lembre-se de assumir uma postura vencedora e, ao mesmo tempo, amigável.
2. Conte uma breve história de sucesso envolvendo pessoas que já tenham participado da aula.
3. Faça *rapport* mais de uma vez com a turma, identificando pontos em comum.
4. Não se desculpe por coisas bobas, pois isso pode deixar as pessoas entediadas.
5. Tenha um olhar acolhedor com a turma.
6. No início, faça perguntas fáceis e dê oportunidade para vários alunos responderem.
7. Gesticule adequadamente, sem excessos.
8. Estimule as pessoas a fazerem descobertas.
9. Não fique melindrado se não houver retorno da turma aos seus estímulos; em vez disso, crie desafios.
10. Use palavras de impacto durante a aula.

7.2.3 Dicas para sustentação da aprendizagem

1. Lembre-se do compromisso assumido de ajudar os alunos no aprendizado, e não de "despejar" conteúdo sobre eles.
2. Procure utilizar a modularização do conteúdo sugerida pelo Método DIFAC: Design Instrucional + Fábrica de Conteúdo apresentado no capítulo anterior.
3. Procure andar pela sala e dirigir-se a todos.
4. No caso de trabalhos em grupo, sente-se com os alunos e ajude-os.

5. Envolva as pessoas em atividades individuais e em grupo.
6. Ao fornecer exemplos, procure apresentar mais histórias de sucesso do que de fracasso.
7. Ao abrir uma discussão em grupo, finalize apresentando posições concretas.
8. Ao ministrar uma parte do módulo, recapitule os pontos mais importantes.
9. Não perca o controle das perguntas.
10. Em caso de objeções, ouça-as atentamente e cuide de cada uma.

7.2.4 Dicas para fechar a aula com excelência

1. Saiba o momento de encerrar a aula.
2. Se, por acaso, o tempo está terminando e falta apresentar parte da matéria, faça uma atividade que comporte esse conteúdo. Nunca deixe de cumprir o programa.
3. Recapitule os principais pontos da aula, para que os alunos memorizem.
4. Faça perguntas para estimulá-los a validar o conhecimento adquirido.
5. Demonstre aos alunos que você cumpriu (com eles) os pontos acordados.
6. Finalize sempre de uma maneira positiva e agradeça por estar ali.
7. Se você sentiu a evolução da turma, faça um elogio sincero.
8. Evite fazer marketing pessoal, pois se você realmente agradou a plateia, isso ficará claro para todos.
9. Recomende leituras e referências.
10. Agradeça também aos organizadores e patrocinadores do treinamento.

A seguir, irei apresentar mais técnicas para o instrutor, professor ou educador.

7.3 Como tornar uma aula participativa

Todas as pessoas que ministram aulas sabem o quanto a preparação é importante para diminuir o risco de imprevistos. Assim, é essencial fazer uma diferenciação tanto da produção de conteúdo quanto da logística necessária. Se a primeira se pauta em explicitar os objetivos do treinamento, a segunda envolve reconhecer a necessidade de espaço, tempo e infraestrutura, conhecer o tamanho da turma e as habilidades que os alunos devem ter antes de iniciar o treinamento.

A própria Organização das Nações Unidas para a Educação, a Ciência e a Cultura (Unesco) valoriza a utilização de planejamento, método e aulas participativas ao redor do mundo. Mandakini Pant, como pesquisadora da Unesco, relacionou quatro diferentes tipos de preparativos para ações educacionais e os publicou em um estudo denominado *Preparatory training methodology and materials in participatory adult learning, documentation and information networking: participatory lifelong learning and information and communication technologies*. No Quadro 7.1, estão relacionados os preparativos indicados por Pant.

Quadro 7.1 Diferenças entre métodos, materiais, equipamentos e técnicas

Métodos	Quais serão aplicados em ampla escala? Por exemplo, discussões em grupo, leitura, simulação, demonstração etc.
Materiais	Quais serão os materiais de suporte para o treinamento? Por exemplo, *slides*, pôsteres, vídeos etc.
Equipamentos	Qual a infraestrutura necessária para utilizar os materiais auxiliares? Por exemplo, projetores, computadores, televisões etc.
Técnicas	Qual será a variação do método empregado e a microestrutura que o treinamento seguirá? Por exemplo, *brainstorming*, conversação, conferência etc.

Fonte: adaptado de PANT, 2012.

Antes de tudo, é necessário determinar o foco do treinamento para escolher o melhor método. Ao aplicá-lo, é importante ter em mente que é necessário ganhar a atenção dos participantes antes de começar a explicação. Fazer que haja uma compreensão do momento é de extrema relevância para, então, seguir adiante. Na sequência, serão apresentados exemplos da inclusão de atividades para incentivar a participação dos alunos. Os exercícios a seguir foram extraídos de uma lista elaborada por Mandakini Pant (também em *Preparatory training methodology and materials in participatory adult learning, documentation and information networking: participatory lifelong learning and information and communication technologies*) para uma aula de anatomia.

Se a lição inclui anatomia, coloque um quadro com a imagem do corpo humano na parede e peça para os aprendizes identificarem os órgãos relevantes e suas funções.
Peça para que os participantes tirem um papel de um recipiente com vários papéis nos quais estão escritos nomes de órgãos; depois solicite a eles que relacionem a palavra contida no papel com a imagem correta no quadro, descrevendo sua função.
Pergunte aos participantes como esse conhecimento pode melhorar o desempenho deles no trabalho.
Apresente casos para que pequenos grupos de estudantes digam como agiriam e quais soluções tomariam.
Faça que eles exponham suas conclusões e soluções para os outros grupos.
Peça aos participantes que falem de mitos e superstições sobre o assunto, para que tais crenças sejam corrigidas e explicadas.

Caso o treinamento seja voltado para o desenvolvimento de novas habilidades, é interessante que a prática prevaleça sobre a teoria. Métodos que requisitam que os participantes se engajem efetivamente no aprendizado são comprovadamente mais eficientes. Daí a importância de o instrutor ser um bom orador.

7.4 Tipos de oradores

Achei excelente essa analogia feita com animais para observarmos o comportamento dos oradores. André Brasil, em seu livro *Fale bem, fale sempre*, afirma que conhecer as próprias limitações é algo indispensável para o sucesso de um orador. Em sua trajetória, Brasil deparou com alguns tipos de oradores e criou uma metáfora bem interessante com os animais, a qual resumo a seguir.

- **Pavões**: gostam de aparecer; extravagantes, chamam a atenção.
- **Macacos**: falam como se estivessem plantando bananeira, alguns até sobem nas cadeiras, acreditando que vale tudo para chamar e prender a atenção do público.
- **Hienas**: mais riem e contam piadas do que fornecem explicação ao público.
- **Cangurus**: pulam de um lado para o outro o tempo todo.
- **Leões**: dão patadas constantemente.
- **Rinocerontes**: tratam os outros com uma "delicadeza" de causar inveja.
- **Preguiças**: palestram com morosidade tão grande que o público se pergunta se estava acordado ou dormindo.

André Brasil ainda identifica quatro principais tipos de oradores que devem se manifestar quando falamos em público. E, por fim, ele destaca como deve ser o orador perfeito.

O Esquilo. Sua motivação é recolher, coletar e guardar todas as nozes que conseguir. Nunca abandona a tarefa de coletar comida para o inverno. Alguns oradores são assim, nutrem um amor imenso pelo armazenamento de informações.

O Porco-espinho. Esse tipo de orador chega diante do público "espetando" todo mundo. Geralmente, por medo, se vale de mecanismos para afastar a ameaça. A linguagem corporal diz muito. O principal objetivo do porco-espinho é mostrar que está no controle.

O Galinha. A maioria das pessoas que não está acostumada a subir no palco e falar se encaixa nesse grupo. Galinhas são medrosas, isso fica bem claro quando você entra num galinheiro. O orador desse tipo deixa transparecer que está perdido. Ele caminha de um lado para o outro sem saber para onde ir.

O Coruja. A coruja é símbolo da sabedoria. O orador coruja não desperdiça sua energia batendo as asas loucamente como uma galinha. Ele sabe atacar no momento correto. Esse orador domina todas as técnicas de apresentação, sabe como gesticular, usar a voz, movimentar-se no palco e tomar decisões, mas falta-lhe carisma.

7.5 O orador perfeito

É a combinação entre Esquilo, Porco-espinho, Galinha e Coruja. Afinal, equilíbrio é a chave do sucesso. Um bom orador assume as características de um esquilo relacionadas a pesquisar e se preparar, e, como o porco-espinho, procura manter a calma e ter o controle da situação. Além disso, usa a honestidade da galinha ao se aproximar do público e utiliza as técnicas corretas como a coruja.

Além do aprimorar-se como orador, uma dose de criatividade faz toda a diferença para o educador.

7.6 Liberdade para conquistar a criatividade

De todos os mestres bem-sucedidos que conheci, 100% apresentam alto índice de criatividade quando estão em sala de aula. Curiosamente, alguns deles, quando estão fora do ambiente de ensino, parecem ter outro tipo de vida, pela dificuldade que têm de expressar suas ideias de forma clara. Contudo, quando estão diante dos alunos, parece que se tornam iluminados, com brilho próprio.

Apesar de vivermos a cultura que valoriza o novo, o criativo e o lúdico, sabemos perfeitamente que muitas vezes existem barreiras para se pensar criativamente. O objetivo de trazer esse assunto para esta obra é provocar essa discussão tão importante.

Segundo Robert E. Quinn *et al.* no livro *Competências gerenciais*, a chave para melhorar a habilidade de pensar de modo inovador é aprender a se libertar de quaisquer suposições comuns sobre a relação entre as ideias e as coisas, de modo que seja possível considerar novas relações. Para Quinn, a ênfase na razão e na lógica ocidentais criou diversas barreiras ao pensamento criativo.

Um valor negativo atribuído à fantasia e à reflexão, vistas como perda de tempo, sinal de preguiça ou mesmo como práticas um pouco malucas.
A crença de que somente as crianças devem brincar e que os adultos devem ser sérios.
A suposição de que a solução de problemas é algo sério, e, portanto, o humor não se aplica.
Um valor negativo atribuído ao sentimento e à intuição, que são considerados ilógicos e pouco práticos.

Os autores afirmam também que nós mesmos prejudicamos nossas tentativas de ser mais criativos. As barreiras individuais, tão fortes quanto as culturais, originam-se na emoção e resultam de crenças pessoais e medos associados a assumir riscos. As dez barreiras individuais para o pensamento criativo sugeridas pelos autores são:

1. Resistência à mudança.
2. Medo de cometer um erro e medo do fracasso.
3. Incapacidade de tolerar a ambiguidade.
4. Tendência de julgar em vez de gerar ideias.
5. Incapacidade de relaxar ou permitir que novas ideias apareçam.
6. Tendência à autocrítica excessiva.
7. Medo de parecer bobo.
8. Conformidade ou querer dar a resposta esperada.
9. Estereotipar ou limitar as possibilidades de objetos e ideias aos seus usos "conhecidos".
10. Falta de informação ou muitas informações incorretas ou irrelevantes.

O educador que apresenta excesso de barreiras para o pensamento criativo muitas vezes possui a crença de que sua formação é suficiente para garantir uma boa aula. Despertar a criatividade nos alunos e ajudar a conduzir esse fenômeno para a inovação pode trazer grandes diferenciais competitivos para a organização. Portanto, libere a sua criatividade.

7.7 Todo cuidado com a infraestrutura de aula

Já fui convidado para treinamentos em que, logo no início, constatei que não havia cadeiras suficientes. Esse é um momento muito especial para o instrutor, que não deve perder a linha nem se desmotivar. Sempre há um jeito. Contudo, o ideal é enviar para a área responsável um *checklist* resumido com antecedência mínima de uma a duas semanas para não haver imprevistos. Recomendo a utilização do *checklist* apresentado na Figura 7.3, que sempre me ajuda a solicitar aos clientes a infraestrutura adequada.

Figura 7.3 Exemplo de formulário para a solicitação de infraestrutura necessária para uma sala de aula

\multicolumn{2}{c}{**INSTRAESTRUTURA NECESSÁRIA PARA SALA DE AULA**}	
\multicolumn{2}{c}{Quantidade de participantes: 20}	
Qtde.	**Item**
(x) 01	Microcomputador para o instrutor
(x) 01	Microsoft Windows, pacote Office e acesso à internet
(x) 01	Datashow com resolução SVGA ou superior e ao menos 1.800 lumens
(x) 01	Tela para projeção
(x) 01	Flipchart com folhas avulsas
(x) 06	Canetas coloridas para o flipchart
(x) 40	Folhas em branco tamanho A4
(x) 20	Canetas esferográficas
(x) 01	Caixa de som grande amplificada conectada ao computador
(x) 20	Crachás de identificação para os participantes
(x) 01	Microfone sem fio de lapela
(x) 20	Apostilas impressas com 2 slides por página
(x) 20	Etiquetas adesivas tamanho 25,4 x 66,7mm
(x) 01	Lista de presença
(x) 05	Microcomputadores para os participantes
(x) 01	Mesa e cadeira para o instrutor

Fonte: elaborada pelo autor.

Também é necessário cuidar para que a arrumação da sala esteja de acordo com os objetivos do desenvolvimento. Por exemplo, se o objetivo for integrar os grupos o máximo possível, então é recomendável que a disposição seja feita com mesas redondas para cinco ou seis participantes com cadeiras sem braços. Contudo, essa arrumação traz o inconveniente de precisar de grandes espaços. Veja na Figura 7.4 os quatro tipos de formato de sala de aula mais utilizados. Tanto o formato em "U" quanto o formato com mesas redondas proporcionam maior participação dos alunos e proximidade do professor. Já o formato de auditório comporta grande quantidade de pessoas, contudo é menos interativo.

Figura 7.4 Quatro tipos de formato para a sala de aula conforme a pretensão e o número de participantes

Fonte: elaborada pelo autor.

Se o objetivo for a racionalização do espaço, então a arrumação em fileiras de cadeiras com pranchetas funciona perfeitamente em formato de auditório. Sugiro sempre que as cadeiras sejam acolchoadas para não causar incômodo ao aluno.

Se a meta for passar a sensação de conforto, a arrumação com mesas para duas pessoas e cadeiras sem braços será perfeita. Caso haja maior necessidade de debate entre os treinandos e o instrutor, a arrumação em "U" será muito adequada, pois todos podem olhar uns para os outros.

O pedido de arrumação da sala deve ser feito adequadamente, do contrário poderá influenciar o objetivo educacional, daí a importância de um modelo (veja a Figura 7.5).

Figura 7.5 Conectando o objetivo da aula com o formato da sala

	SOLICITAÇÃO PARA DISPOSIÇÃO DE CADEIRAS Quantidade de participantes: 20
Qtde.	Item
( )	Mesa e cadeiras independentes com plenário em "U"
( )	Mesas e cadeiras independentes agrupadas em células de 5 participantes
( )	Mesas e cadeiras em forma de agrupamento escolar
(X)	Mesas redondas com cadeiras, cada qual com 5 participantes
(X)	Cadeiras sem braço para compor as mesas
( )	Cadeiras com braço para compor as mesas
( )	Cadeiras com prancheta, para serem

Fonte: elaborada pelo autor.

Planejar e garantir uma estrutura adequada de sala de aula é bem mais importante do que se pensava antigamente, pois a disposição da estrutura influencia o treinamento ativando os sentidos das pessoas e, naturalmente, o grau de atenção.

O profissional da área de educação é um incansável agente de transformação de pessoas, que aproveita o processo de criação de situações didáticas para conseguir a atenção das pessoas e sua dedicação na ação educacional.

Philippe Perrenoud, em sua obra *Dez novas competências para ensinar*, observa que o processo de criação de situações didáticas alcança sua otimização quando resulta em cenários amplos e carregados de sentido. Para o autor, há um forte dispêndio de tempo e energia para calcular essas medidas e adaptá-las ao contexto dos alunos, partindo das seguintes diretrizes:

Conhecer, para determinada disciplina, os conteúdos a serem ensinados e sua tradução em objetivos de aprendizagem.
Trabalhar a partir das representações dos alunos.
Trabalhar a partir dos erros e dos obstáculos à aprendizagem.
Construir e planejar dispositivos e sequências didáticas.
Envolver os alunos em atividades de pesquisa e em projetos de conhecimento.

Uma boa maneira de promover a aprendizagem em nível ótimo é a utilização do Design Thinking, que será apresentado a seguir.

7.8 Design Thinking para educadores

O design gráfico, além de ser uma das competências essenciais para a Educação

Corporativa, trouxe enormes contribuições para a área por meio de seus alicerces fundamentais, inspirando a criação do conceito de Design Thinking.

A minha definição de Design Thinking é:

> Design Thinking apropria-se dos métodos do Desenho Industrial e da Comunicação Visual para identificar necessidades humanas e projetar soluções de negócios inovadoras, fáceis de ser compreendidas pelas pessoas e, portanto, com grandes chances de sucesso de público.

Na atualidade, o Design Thinking é amplamente empregado para modelar situações de aprendizagem que melhor satisfaçam as necessidades e motivações tanto dos aprendizes quanto dos educadores. O processo cíclico facilita a criação e a implementação de mudanças, pois valoriza perspectivas e a criatividade de outros indivíduos para melhorar a criatividade pessoal, ou seja, é um conjunto de ações colaborativas.

A publicação *Design thinking para educadores* aconselha que, antes de se aventurar nessa área, é preciso estar efetivamente preparado, sugerindo cinco passos que orientam a aplicação do Design Thinking.

Descoberta. Entenda o desafio, pois ele é o guia da implementação do Design Thinking e por esse motivo deve ser compreendido por todos da equipe. Reserve um tempo para que haja um consenso mútuo sobre essa questão. Nesses momentos, é importante que os indivíduos compartilhem informações, conhecimentos e opiniões sobre quais rumos tomar para que pouco a pouco as lacunas se preencham. Por isso, é importante formar uma equipe hábil e compreensiva, com objetivos em comum com o que é esperado pelo público, obedecendo a certas regras e capaz de fornecer *feedback*.

Interpretação. Logo após a sessão de aprendizagem é importante transcrever para o papel todas as informações que achar relevantes, ou seja, o que você de fato aprendeu no dia. Em seguida, transforme essas experiências em histórias e identifique o significado de cada uma delas, como uma moral ou ensinamento. Com a prática, você será capaz de criar *insight*, ou seja, um resumo das informações que foram surpreendentes na sessão de aprendizagem. Essas perspectivas são importantes se debatidas em grupo, por isso crie meios visuais e transforme os *insights* em ações, como perguntas, para gerar um verdadeiro processo de *brainstorming*.

Ideação. Envolvendo pessoas variadas com ferramentas e espaço apropriado, defina um tema que vá guiar o *brainstorming*. Após levantar uma boa quantidade de ideias promissoras, é chegada a hora de selecioná-las. Permita que o grupo aponte quais parecem ser mais aplicáveis, por meio de discussão e votação. É importante manter um caráter visual para as sugestões, pois ajuda a visualizar e mesmo a pensar em desdobramentos que inicialmente não estavam previstos. A princípio, os obstáculos também não estavam identificados, mas ao trazer a ideia para o mundo real eles surgirão.

Experimentação. Tenha em mãos a sua ideia, seja por meio de um diagrama, seja por *storyboard*, maquete, matéria digital, anúncio etc. Quanto mais ferramentas como essas você utilizar, melhor. Lembre-se de que sua ideia deve ser tátil, didática e clara para todos que com ela se envolverem. Contar com pessoas que já conheciam a ideia e mesclar com quem foi a ela apresentado somente após a formação do protótipo lhe dá uma visão mais completa sobre o que está sendo construído. Prepare um roteiro de perguntas que tragam à tona opiniões sobre questões que lhe são muito úteis e crie um ambiente convidativo para o *feedback*.

Evolução. É hora de aliar o desenvolvimento com o tempo. Acompanhe as opiniões que o aprendizado suscita, definindo índices de sucesso tendo em vista os seus objetivos e os do público para o qual o aperfeiçoamento foi criado. A estruturação é fundamental para que o ciclo não se interrompa; assim, definir tarefas, líderes e frequência de reavaliações são algumas ações que solidificam a implementação. Para melhor certificar-se da solidez do plano, é recomendável apresentá-lo para parceiros ou mesmo grupos exteriores ao seu público-alvo.

Lembre-se sempre das diretrizes do Design Thinking que o guiam para um ambiente compreensivo e colaborativo. Caracterizar o planejamento como uma narrativa, pontuando início, meio e objetivo por meio de experiências e impressões de todos os envolvidos, é uma ótima forma de imprimir um fator convincente.

7.9 Design Thinking como alavanca para o ensino

O uso do Design Thinking é benéfico e muito amplo, podendo ser utilizado na elaboração de palestras, treinamentos, livros, projetos de consultoria, resolução de problemas, criação de produtos e tantas outras aplicações.

O artigo *Design thinking for learning innovation – a practical guide*, de Arun Pradan, apresenta, de forma bem assertiva, um guia com 11 técnicas para inovar o processo de aprendizagem.

1. **Envolva a audiência imediatamente**: seja objetivo e interaja com seu público-alvo, criando as bases para a empatia. Garanta, também, a interação entre eles.
2. **Use recorrentemente o "por quê?"**: perguntar o motivo de algo e depois explicá-lo de forma clara e consistente é uma ótima maneira de criar e atender a uma demanda por descobertas.
3. **Seja visual**: com gestual ou ferramentas como figuras, tabelas e materiais, ser visual é uma atitude que atrai a atenção de todos para a tomada de decisões.
4. **Crie personagens**: seus diversos públicos terão diferentes valores e comportamentos dependendo de suas profissões e contextos. Assim, entender quais são esses conjuntos de atitudes ajuda a estar inserido no ambiente em que eles também estão.
5. **Mapeie as ações**: a compreensão das personalidades que compõem o público deve levar a uma previsão de quais atitudes os alunos devem tomar. Essa identificação inicial será útil para reconhecer os limites de cada um.
6. **Compartilhe as ideias**: abandone a autoria das ideias, por piores ou melhores que elas sejam. Ideias são conceitos que podem evoluir ou ser criticados, mas entender que as críticas não são pessoais é essencial para um ambiente empático.
7. **Permita a expressão**: embora algumas pessoas não tenham formação ou técnicas voltadas para o objetivo, permita que elas expressem suas ideias por meio de ilustrações, conteúdos e experiências.
8. **Teste a empatia**: antes de analisar engajamento e desempenho é

necessário fazer uma avaliação de como as pessoas se portam umas com as outras, usando as soluções de cada indivíduo como premissas para uma conversa em que não seja necessário ficar defendendo pontos de vista.

9. **Identifique as dependências e os riscos:** a empatia estará mais aprofundada nesse momento, mas ainda é necessário observar quais pontos são tocantes para o planejamento e para as pessoas que são impactadas pelo Design Thinking. Reconhecer as possíveis falhas da solução é essencial para delegar os papéis aos colaboradores.
10. **Selecione ferramentas e recursos:** uma boa escolha das ferramentas que serão empregadas na solução é importante para evitar erros na implementação.
11. **Inicie, repita, aprenda:** os acertos não virão a todo momento, ainda mais no início. O processo precisa ser aplicado, reiterado e servir como base para extração de conhecimentos por meio das experiências.

7.10 Seis técnicas simples para enriquecer as aulas

No meio acadêmico mais conservador é comum observarmos professores adotando o clássico estilo de aula unidirecional no qual o professor é o "todo-poderoso" do conhecimento, relegando ao aluno o papel secundário de aceitar passivamente o que se estabelece em sala de aula. Esse processo não ocorre no meio acadêmico mais aberto à interação dos alunos nem no meio empresarial, pois a Educação Corporativa pressupõe o aprendizado experiencial e participativo dos alunos para a construção de competências.

Diego Santos, em seu artigo *6 teaching techniques you should know,* afirma que, apesar de a teorização de métodos mais práticos e envolventes não ser nova, as inovações tecnológicas facilitam a implementação desses formatos; por isso é necessário:

1. **Estudo prévio**: os alunos estudam os tópicos da aula antes, reservando o espaço e o tempo do professor para um aprendizado dinâmico e voltado a responder dúvidas.
2. **Estudo de casos**: promoção de debates, análises e busca de soluções para *cases*.
3. **Autoaprendizagem**: os estudantes se aprofundam naquilo que mais lhes interessar após um direcionamento base do professor, conhecido como "mapa mental". Com o uso supervisionado da internet, o mapa deve ser expandido pelos alunos e avaliado pelos professores.
4. **Redes sociais**: a ampla utilização de redes sociais faz que aprender por meio delas seja uma proposta facilmente acolhida pelos alunos.
5. **Ferramentas de aprendizado on-line**: alguns *softwares* propriamente desenvolvidos com métodos e utilidades específicas para serem utilizados em sala de aula, além de ferramentas como testes e *quizzes*.
6. **Gamificação**: aplicação de *e-Learning* mediante emprego de lógica, de ferramentas e plataformas de *games*; algo muito motivacional para todos os públicos.

Uma das formas mais atuais de se envolver os participantes com tarefas durante e após o treinamento presencial ou on-line é a gamificação.

7.11 Não confunda *Gamification* com "venda de jogos"

Gamification desperta um dos nossos mais primitivos instintos: a competição. Por meio da motivação para competir, vencer barreiras e conquistar o "pódio", a Gamificação ativa os hemisférios cerebrais esquerdo e direito visando preparar o participante para duelar ou cooperar em situações simuladas em sala de aula ou on-line. Por isso, no ensino é uma excelente estratégia para atrair a atenção dos alunos e gerar retenção do conhecimento.

Venho verificando que nos últimos anos a utilização de tecnologia de forma desenfreada para promover a *gamification* distorceu o grande propósito do uso dessa técnica que é atuar na aprendizagem e não formar "jogadores" profissionais. Por isso, os educadores, sejam professores, instrutores ou coordenadores de ensino, devem ficar atentos para não cair nessa armadilha cognitiva.

A minha definição para *Gamification* é:

> *Gamification* é a utilização de técnicas digitais ou analógicas para desenvolver nos alunos a participação espontânea e o natural engajamento nas ações educacionais presenciais ou on-line. *Gamification* utiliza a lógica e a inteligência da simulação para conduzir os participantes de uma aula a novas descobertas, tanto por meio do emprego de simples materiais como papel e caneta, como também de tecnologia *mobile* de última geração.

7.12 Cinco estratégias para *Gamification*

Com a experiência de coordenação e aplicação de centenas de treinamentos e aulas presenciais e on-line, recomendo fortemente cinco estratégias para que a utilização de recursos de *Gamification* seja bem-sucedida:

1. **Simplicidade**: jogos como efeitos estratosféricos e complexos se tornaram o centro das atenções, sendo que o foco deveria ser a aprendizagem e não os recursos visuais.
2. **Propósito**: o mais importante não deve ser o jogo em si, mas as conclusões que podem advir da sua aplicação junto ao aluno. É fundamental despertar no aprendiz a participação e a assimilação do conhecimento, e não fazer que ele se torne um jogador profissional.
3. **Participação**: nem todos os alunos gostarão do tema do jogo. Por isso, o educador deverá ficar atento para criar motes que estejam dentro das preferências do público-alvo.
4. **Forma e conteúdo**: jogos que privilegiam o design gráfico em detrimento do Design Instrucional tornam-se uma ferramenta de entretenimento e não um recurso de ensino sobre uma competência a ser desenvolvida.
5. **Digital + analógico**: com a explosão de opções de tecnologia para *Gamification*, muitos educadores se esqueceram de que essa metodologia também é composta de atividades simples com baixa ou nenhuma tecnologia, como promover uma competição em sala de aula e dinâmicas lúdicas. Por isso, faz-se

necessário aliar o analógico ao digital para alcançar resultados.

O educador deve ter em mente o conceito total para não deixar de aproveitar essas simples e eficazes técnicas.

7.13 *Gamification* amplia a experiência do aluno

Os mais modernos métodos de treinamento e desenvolvimento abraçam a ideia da necessidade de se promover, na aprendizagem, uma experiência prática e que envolva a pessoa a ser treinada. Como mencionado, uma das maneiras de se implementar tal ideal é por meio de *Gamification*, uma forma de educação que utiliza lógica e ferramentas como jogos virtuais para engajar pessoas e motivar a aprendizagem.

O Sebrae, em seu *paper Gamificação: aplicação de lógica de jogos na educação*, demonstra que a utilização de jogos virtuais pode ser aplicada em grande parte do público. Esses objetivos estão mais inseridos no contexto que permitiu que a *Gamification* se expandisse nos últimos anos.

A grande vantagem é que os jogos incorporam a "recompensa" por meio de premiação, *status*, realidade, comunidade e desafios. Por conta da liberdade de escolhas que os jogadores possuem, aliada à ausência do medo de errar em suas tentativas virtuais, uma autonomia na tomada de decisões surge no interior dos aprendizes. Os resultados ainda vão além, pois, ao terem sucesso em uma tarefa, os jogadores buscam se aperfeiçoar nela até alcançarem domínio teórico e prático sobre a solução.

Uma forma de utilizar a metodologia é imaginar que não podemos formar "jogadores", pois nesse rótulo caberiam jogos de azar. O que efetivamente os educadores devem considerar é que a gamificação é uma técnica de impacto que atua na formação de competências nas pessoas; portanto, o que se pode admitir é serem chamados de "alunos jogadores" em vez de "jogadores". Assim, na competição não haverá vencedores nem perdedores, uma vez que todos saem ganhando, pois houve a aprendizagem.

Ao falar sobre as características das mecânicas e lógicas de jogos no livro *Gamification by design: implementing game mechanics in web and mobile apps*, Zichermann e Cunningham identificaram quatro tipos de comportamentos dos alunos jogadores, com diferentes motivações e objetivos (Tabela 7.2).

Tabela 7.2 Perfis de alunos jogadores e como despertar o interesse no aprendizado

Tipo de aluno jogador	Interesses
Explorador	# Valorizar a experiência. # Descobrir todas as possibilidades.
Empreendedor	# Cumprir todas as atividades. # Alcançar a vitória.
Socializador	# Interagir com outros jogadores. # Cooperar e não somente atingir o objetivo.
Predador	# Competir sempre. # Derrotar o adversário.

Fonte: baseado em ZICHERMANN; CUNNINGHAM, 2011.

Algumas mecânicas são estudadas por Zichermann e Cunningham como essenciais para que os jogadores sintam-se dispostos a se envolver com o jogo. Inicialmente, é necessário que haja um completo entendimento sobre padrões, objetivos e regras. Caso o jogo seja pouco transparente nesse sentido, principalmente nos minutos iniciais, o usuário terá a tendência de abandonar a experiência.

Oferecer recompensas e promoções para seus usuários, como presentear outros alunos jogadores, tornar-se líder, herói ou influenciador, também desenvolvem no aluno a motivação para participar. Criar no ambiente do jogo a possibilidade de interação social não conflituosa também é fator crítico de sucesso para essa estratégia educacional. Sempre lembrando que o *game* está a serviço da educação e não o contrário.

Para todos esses perfis é essencial que o jogo seja funcional. Portanto, sua construção deve ser pensada de forma macro, levando em consideração a obtenção dos resultados inicialmente esperados pelos desenvolvedores, e de forma micro, para que a plataforma seja atraente e envolvente para todos os tipos de alunos.

Para que *Gamification* gere engajamento na aprendizagem são imprescindíveis algumas ferramentas, segundo Fadel *et al*. em *Gamificação na educação*:

Pontos: servem como estímulo ou para acompanhamento.
Níveis: etapas que indicam o progresso.
Placar: comparação de dados dos jogadores.
Divisas: distintivos para determinados objetivos.
Integração: adaptação integral e cativante para engajar o jogador.
Desafios e missões: direcionamento sobre o que deve ser substancialmente feito.
Loops **de engajamento**: momentos emocionais que garantem o envolvimento.
Personalização: transformação de itens do sistema pelo jogador.
Reforço e *feedback*: dados passados ao jogador sobre sua posição no progresso do jogo.

7.14 Indicadores de engajamento do aluno na *Gamification*

Não podemos achar que o uso de jogos na área educacional é recente. Desde os primórdios, os professores já recompensavam os alunos que mais se destacavam com alguns mimos, como lhes pedir para fazer a chamada em seu lugar ou conceder um ponto a mais na avaliação pela resposta precisa a uma pergunta difícil. O que mudou de fato, nos dias atuais, é que temos a tecnologia da informação a nosso favor, contudo de nada adianta todo esse aparato se não houver certas premissas para o envolvimento das pessoas com o objetivo educacional.

Esse princípio é ideal tanto para o ensino de crianças como para o de adultos. Luma da Rocha Seixas, em sua dissertação de mestrado *A efetividade de mecânicas de gamificação sobre o engajamento de alunos do ensino fundamental*, fez uma importante contribuição ao apresentar alguns indicadores imprescindíveis para haver efetividade no envolvimento dos alunos (veja a Tabela 7.3).

Tabela 7.3 Indicadores de engajamento

Indicador	Descrição
Autonomia	Corresponde à capacidade que o aluno tem de estudar sozinho, de forma autônoma e tomar decisões sem a intervenção contínua do professor.
Execução	É um indicador identificado quando o aluno realiza a atividade proposta pelo professor em sala de aula.
Social	É um indicador identificado quando o aluno tem um bom relacionamento com os colegas e com o professor.
Entrega	O aluno não apenas realiza as atividades, mas também cumpre sempre o prazo estabelecido pelo professor.
Participação	Durante a realização de discussões em sala de aula ou explanação do conteúdo, o aluno sempre contribui.
Colaboração	O aluno tem o costume de ajudar os demais colegas da sala de aula, mesmo não sendo um trabalho em equipe.
Cooperação	Durante a realização de trabalhos em equipe, o aluno tem iniciativa e contribui com o grupo.
Questionamento	O aluno não se sente intimidado ou constrangido em questionar o professor sobre os conteúdos estudados.
Organização do ambiente	O aluno mantém a sala de aula sempre limpa e organizada.
Diversão	O aluno realiza as atividades não apenas por obrigação, mas por considerá-las divertidas.

Fonte: adaptado de SEIXAS, 2014 apud MEDEIROS, 2015.

7.15 Resolução de problemas com *Gamification*

A metodologia *Gamification* envolve conceitos do *e-Learning* somados às mecânicas dos jogos e às atividades em sala de aula, como *rankings*, pontuação e desafios para motivar os alunos.

Para melhorar a experiência do processo de *gamification*, tanto para os alunos quanto para os implementadores, algumas dicas vitais foram produzidas por Christopher Pappas no estudo denominado 7 *e-learning gamification tips to enhance problem solving skills*.

1. **Identificar a fonte de motivação**: é preciso colocar o objetivo do treinamento acima das ferramentas do jogo. O foco é desenvolver uma habilidade diferente e gradualmente

mais complexa para cada nível de progresso feito pelo colaborador.

2. **Fornecer instruções claras e apontar as recompensas**: sempre considere explicar os procedimentos para progredir, bem como os benefícios e as recompensas que serão alcançados para manter o usuário motivado e envolvido.
3. **Pontuar tarefas do mundo real**: o sistema de pontuação deve abarcar também as atividades cumpridas no mundo físico, assim como o desempenho do funcionário nas sessões de treinamento.
4. **Criar emblemas para cada habilidade**: emoldurar um sistema de emblemas e distintivos que compreenda todas as competências que possam ser utilizadas para cumprir as tarefas e associá-las aos perfis que fizerem proveito delas.
5. **Classificar em grupo**: dividir os colaboradores em times para criar uma competição saudável como uma forma de motivar, em vez de utilizar uma tabela que os trate de forma individual.
6. **Apelar para a curiosidade**: trazer *cases* reais com soluções inovadoras, reviravoltas e finais inesperados para serem resolvidos on-line pelos funcionários como uma ótima maneira de prepará-los com o desenvolvimento de habilidades aplicáveis em seus contextos reais.
7. **Construir uma história imersiva**: a trajetória deve ser relacionada ao ambiente em que os aprendizes estão inseridos, bem como apresentada de forma ramificada, possibilitando diversos caminhos para ser finalizada e ofertando elementos secretos desbloqueáveis por tarefas específicas.

7.16 *Gamification* customizada de acordo com a idade, geração e gênero

Incluir atividades de gamificação requer conhecer melhor o público-alvo das ações educacionais, inclusive sua faixa etária. Escrita por Bruno Medina *et al.*, a obra *Gamification, Inc.: como reinventar empresas a partir de jogos* sinaliza que três características do público devem ser levadas em conta para que um *game* seja bem-sucedido: idade, geração e gênero.

A *idade* e a *geração* influenciam as plataformas e contextos que melhor tratam dos interesses do público. Identificar o *gênero* é igualmente importante, já que homens têm tendências a jogos competitivos e que apresentem destruição, enquanto mulheres costumam preferir simulações e um envolvimento de prover ou cuidar de algum item do jogo. Para compreender como o interesse se dá em relação aos jogos pela idade, Bruno Medina *et al.* nos fornecem a seguinte conclusão:

0-3 anos: atração por brinquedos.
4-6 anos: despertar do interesse por jogos.
7-9 anos: interesse por desafios lógicos.
10-13 anos: tendência à obsessão.
13-18 anos: muito tempo livre para jogar.
18-24 anos: jogam menos do que quando adolescentes, mas possuem preferências.
25-35 anos: focados na formação profissional/familiar, menor tempo.
35-50 anos: maturação da família, retomam o interesse por jogos.
50+ anos: muito tempo disponível, os jogos são encarados como atividade de socialização.

Além de *games*, existem diversos outros estímulos de que o educador dispõe para engajar o aluno em sala de aula. O mais barato, rápido e eficaz deles é a pergunta.

7.17 A arte de questionar o aluno

Saber perguntar, eis a questão. Uma ação recorrente em treinamentos é o instrutor disparar diversas perguntas ao grupo participante, com os mais variados intuitos: provocar compreensão, atrair a atenção, quebrar o gelo, estimular pessoas tímidas, rememorar algo ou simplesmente mudar de assunto de forma gradativa. Embora seja um ótimo recurso, uma pergunta precisa ser bem-feita, caso contrário, pode estragar tudo. Então, cada questão deve ser eficiente em sua proposta.

A Food and Agriculture Organization of United Nations (FAO), na obra *The art of questioning in principles and methods of training*, informa que o questionamento deve começar pelo planejamento do tipo de pergunta que será feito.

Questões retóricas, que não pedem uma resposta, e diretas, mais utilizadas em situações formais, não devem ser empregadas de forma excessiva. Por outro lado, perguntas para o grupo, mas que apenas uma pessoa responda, ou direcionadas, que fazem surgir na mente dos participantes uma resposta óbvia, são modelos mais atraentes e envolventes.

O mais importante no questionamento é garantir que as questões sejam flexíveis, de modo que possam ser adaptadas para situações imprevistas durante a aplicação, e utilizar palavras que denotem uma interrogação ou a necessidade de agir, como "descreva", "compare", "trace", "ilustre" etc.

Antes de traçar as atitudes a se tomar, é necessário atentar-se a quais devem ser completamente evitadas, desde a fase de planejamento até o fim da aplicação das questões.

É importante não agir de forma a interrogar o aluno, muito menos promover um contexto em que ele se sinta constrangido ou enganado. Em relação ao seu próprio conhecimento, o instrutor não deve utilizar perguntas com mais de uma resposta, que possam ser respondidas simplesmente com "sim" ou "não" ou cuja solução nem ele saiba. Ainda, o professor não deve responder ou fazer mais de uma pergunta por vez.

A FAO defende que as questões devem ser sempre pensadas para que sejam simples e diretas. Devem ser comunicadas aos participantes de forma amigável, natural e bem audível, características que podem ser trabalhadas com variações no tempo e na pausa das falas. Outro ponto importante é que as perguntas precisam ser empregadas na hora correta, para que gerem o interesse no grupo e chamem a atenção de todos.

Feito isso, basta trabalhar adequadamente com as respostas dos alunos e dirigir a aprendizagem para os objetivos propostos, sempre lembrando que as perguntas não têm a finalidade de fazer um inquérito, mas de despertar o interesse do aluno em aprender e se superar.

Contudo, nesse processo de comunicação, nós, educadores, podemos passar, eventualmente, por alguma "saia justa". Confesso que já passei por várias situações embaraçosas, por isso apresento, a seguir, dicas práticas que podem ajudar os educadores a evitar esse tipo de situação.

7.18 Saia justa: a arte de ser questionado

No tópico anterior foram apresentadas dicas para o instrutor dirigir perguntas aos alunos. Agora, chegou a vez de fazer o caminho inverso: como receber perguntas dos estudantes, não ficar constrangido e ajudá-los no desenvolvimento de competências.

Será que todos os educadores sabem lidar bem com os questionamentos que recebem em aula? Qual professor, instrutor ou tutor já não viveu uma experiência de receber do aluno uma pergunta "diferente"? O fato é que a maior parte dos educadores se prepara para fazer perguntas e não para responder adequadamente a elas!

Não há como deter um comportamento espontâneo de um aluno, principalmente nos dias atuais, em que as pessoas são influenciadas pelas redes sociais, nas quais questões agressivas são discutidas livremente. Um educador que não se prepara para a "saia justa" não é estrategista e, por isso, pode perder o controle sobre a aula.

Resolvi fazer uma lista de "saias justas" para que os professores, instrutores presenciais e tutores on-line possam refletir e criar alternativas. Também incluí um risco associado a cada tipo de pergunta do aluno e opções para contorná-lo.

7.18.1 Perguntas básicas

Mais de 50% das perguntas dos alunos são básicas, motivadas perfeitamente pela condição de aprendizes e pelo desejo de conhecer melhor o assunto ministrado. As perguntas básicas deveriam ser encaradas pelos educadores como um presente, pois muitas vezes, ao responder a um aluno, outros se sentirão satisfeitos.

Risco: o educador que tem domínio sobre o conteúdo poderá cair no erro de ridicularizar o aluno, levando-o (inclusive toda a turma) a se fechar e rejeitar sua instrução. Há situações em que o professor simplesmente ignora a dúvida do aluno por mais básica que seja, preferindo seguir em frente na matéria. Puro erro!
Como evitar o risco: o educador deve agradecer ao aluno pela pergunta e efetuar corretamente a resposta num tom absolutamente natural. Jamais o instrutor poderá desvalorizar o aluno em sala de aula porque, além de ser uma situação desagradável, pode fazer toda a turma concluir que houve injustiça.

7.18.2 Perguntas difíceis

Atualmente, por conta da influência da internet, é alta a possibilidade de um educador ser inquirido sobre algo que ele não domina. O professor pode até se sentir desesperado com o questionamento e perder o rumo da aula.

Risco: existe a possibilidade de o professor ficar sem graça, imobilizado, gaguejar e até mentir para tentar satisfazer o aluno. Há casos de professores que fingem não escutar a questão numa tentativa de abafar a situação e seguir em frente com o programa.
Como evitar o risco: ao contrário do que muitos até hoje pregam, não recomendo pedir para o aluno uns dias para pesquisar o tema e responder depois. Pega mal. Se a pergunta for pertinente e surpreender o mestre, é possível usar a estratégia de propor um desafio para a turma trabalhar a questão conjuntamente em sala de aula usando a técnica de pesquisa. É possível, também, instituir uma pesquisa para ser feita depois da aula junto com os alunos. A melhor alternativa é não fugir do problema, senão ele cresce.

7.18.3 Perguntas fora do contexto

Esse tipo de questionamento pode ocorrer em situações nas quais o aluno realmente não domina o escopo do treinamento e em casos em que o aluno está usando algum artifício de autoafirmação. Nas novas gerações isso é mais comum, e em certos aspectos me parece que faz parte da nova cultura de admirar o insólito.

- **Risco**: já presenciei alguns mestres perdendo o controle sobre essa situação lançando no aluno que perguntou um verdadeiro contra-ataque, como uma forma de defesa. Outro risco é o professor ignorar consecutivamente o assunto, deixando de dizer que o tema da questão está fora do programa do curso.
- **Como evitar o risco**: o educador de forma nenhuma deve desrespeitar o aluno com sua resposta, mesmo ficando evidente que foi uma provocação. Esse é um momento perfeito para usar o humor e procurar responder direcionando o assunto para a disciplina certa. Não cabe ao instrutor responder questões de outras matérias, do contrário poderá gerar mais dúvidas ainda. A dica é usar o humor e o jogo de cintura.

7.18.4 Perguntas maliciosas

Elas ocorrem em ambientes de aprendizagem virtuais ou presenciais, em empresas ou instituições de ensino públicas ou privadas; não têm endereço certo nem hora para acontecer, e quando ocorrem derrubam quase 50% dos educadores, que ficam fragilizados unicamente por não se prepararem para esse momento.

- **Risco**: o maior risco que pode haver é o aluno atingir seu principal objetivo, que não foi declarado diretamente pela pergunta ao mestre. A intenção do aluno poderá ser a de provocar o educador, sobressair-se na turma ou mesmo desviar as atenções, pois ele pode não dominar a matéria. Pode ser inclusive uma forma de evasão.
- **Como evitar o risco**: em primeiro lugar, o educador deve "amortecer" a pergunta e não ficar constrangido por ela. Sinceramente, o educador deve considerá-la um sinal de que algo na "química" de sua aula não está indo muito bem, e considerar inclusive mudar de tática. Jamais partir para o embate. Se for um caso extremo, o educador deve tratar a dúvida do aluno no intervalo.

A seguir, comentarei sobre uma instituição internacional: o Laboratório de Atenção e Treinamento Walterboot.

CASO DE SUCESSO

Laboratório de Atenção e Treinamento Walterboot

Você sabia que existem laboratórios no mundo especializados em estudar a atenção e os métodos de treinamento? O Laboratório de Atenção e Treinamento do Instituto de Psicologia da Universidade do Estado da Flórida, dirigido pelo dr. Walter R. Boot, possui uma série de linhas de pesquisa e atuação voltadas à cognição e às habilidades motoras ligadas à aprendizagem das pessoas.

Entre as atividades, podemos destacar a tentativa de compreensão de como o cérebro constrói um sentido para o ambiente que nos rodeia, capta as informações, filtra-as em úteis ou não e processa todos esses dados. Tais estudos são muito proveitosos tanto para quem trabalha analisando desvios de padrões como em máquinas de raio-X e sonares.

Os esforços dos pesquisadores também são voltados para compreender o efeito negativo que a idade causa nos processos de percepção, nas habilidades motoras, no controle da atenção, na velocidade de processamento e na capacidade de ser multitarefa. O emprego da tecnologia ajuda na busca para reverter tais efeitos.

Ainda em relação ao mundo contemporâneo, os estudiosos desenvolvem métodos para apreensão de habilidades complexas que podem ser empregadas na realização de tarefas difíceis. Os treinamentos ocorrem de forma que sejam ágeis e envolventes, como em pesquisas com determinados formatos e até mesmo jogos eletrônicos.

O laboratório também trabalha em campo e em simuladores para desenvolver as habilidades de condutores e entender quais medidas de segurança e mobilidade são mais úteis e aplicáveis.

Conheça melhor a empresa no site: <http://www.walterboot.net>.

QUESTÕES PARA REFLEXÃO E PRÁTICA

1

Qual a importância de o educador "vender" as características e benefícios do treinamento antes de iniciar a aula? Cite exemplos de características e benefícios correlatos.

2

Comente sobre as quatro etapas da aula presencial, citando exemplos de comportamentos do instrutor e técnicas que podem ser utilizadas em cada etapa.

3

Tornar a aula participativa muitas vezes não é tão fácil quanto parece. Que técnicas podem ser utilizadas pelo professor ou instrutor?

4

De que forma a infraestrutura de sala de aula influencia os objetivos do treinamento? A disposição da sala é relevante? Dê exemplos de formatos e fale sobre vantagens e desvantagens.

5

Como o Design Thinking pode ser utilizado para educadores? Forneça exemplos.

6

"*Não confunda Gamification com venda de jogos*" foi uma frase criada pelo autor neste capítulo. Disserte sobre ela.

7

De que forma a *Gamification* amplia a experiência do aluno? Cite exemplos.

8

A arte de questionar o aluno é um conjunto de técnicas com objetivos educacionais. Exemplifique algumas perguntas que podem ser feitas durante um treinamento.

9

É possível que o professor tenha que passar por uma "saia justa", por não se preparar para lidar adequadamente com questões do aluno? Disserte sobre esse tema.

10

Segundo o que foi apresentado neste capítulo, quais são os tipos de perguntas que os alunos podem fazer para o professor, quais os riscos envolvidos na resposta e como evitar tais riscos?

> Este capítulo foi dedicado a apresentar dicas e técnicas de como ministrar cursos, treinamentos e aulas presenciais. O próximo será focado em como criar e implementar educação a distância com sucesso.
>
>

168 **Treinamento e Desenvolvimento com foco em Educação Corporativa**

CAPÍTULO 8
EAD NA ERA DO *RAPID E-LEARNING* E DO *LEAN E-LEARNING*

> "Um bom profissional que trabalha com T&D deve tomar o cuidado de desenvolver ações educacionais que podem até utilizar o entretenimento como vantagem, mas jamais o contrário; isto é, 'divertir' mais do que ensinar."

Com tantas tendências positivas para o desenvolvimento tecnológico no Brasil e com o maior acesso da população à internet, torna-se igualmente promissor o crescimento do uso de EaD em nosso país. Mais e mais cursos on-line estarão disponíveis a cada dia. Somando-se a isso, percebo o quanto o modelo tradicional de educação presencial pode ser redesenhado com a parceria da educação a distância, seja pela oportunidade de formação de professores em nível nacional, seja por agregar recursos inteligentes que venham a motivar o aluno.

Chamo a atenção dos educadores para o fato de estarmos vivendo a era *blended*, na qual as organizações de todo o mundo estão combinando metodologias de treinamento presencial com *e-Learning* de forma a permitir maior acesso dos colaboradores e maior oferta de cursos.

Outro ponto de atenção para os profissionais de EaD é que os alunos se cansaram de conteúdos com efeitos visuais exagerados, e as empresas indicam que precisam de soluções mais ágeis em EaD. Este capítulo possui o objetivo de aumentar o foco do EaD em resultados.

8.1 As mudanças em nossa sociedade

É impressionante a biografia do filósofo, sociólogo e pesquisador Pierre Lévy. Em um site dedicado a ele, o Caosmose, é possível identificar a tendência de suas obras no que diz respeito à grande revolução da educação que está ocorrendo.

Em seu livro *Cibercultura*, Lévy aponta preocupações com o momento atual do ensino: o grande crescimento quantitativo da demanda por formação e a dificuldade de aumentar numérica e quantitativamente o número de professores. Para o autor, "as universidades transbordam".

Segundo Lévy, algumas tendências coexistem nesse cenário tão singular na educação contemporânea:

Maior necessidade de diversificação do ensino devido à exigência de múltiplas competências.
Maior necessidade de personalização da experiência.
Encurtamento da distância entre ensino presencial e a distância.
O ensino acompanhar a sociedade da informação.
Novas exigências para mudanças no papel do professor e instrutor.

O que a cultura da internet trouxe para nossos dias? O atendimento de uma das mais profundas necessidades da humanidade: a de se comunicar a qualquer hora e em qualquer lugar. Desde as comunicações mais primitivas, com sinal de fumaça ou com inscrições em cavernas, o ser humano interage com outras pessoas, amplificando sua capacidade de educar.

Com a internet, o conceito de trabalho evoluiu e não é mais possível um líder exigir que seus funcionários cumpram passivamente as tarefas no prazo e fiquem "fora do jogo". É necessário compartilhar o conhecimento, pois trabalhar em conjunto nesse novo cenário pressupõe aprender, produzir conhecimento e mediá-lo com seus colaboradores. Assim, a execução de tarefas passa a ser a concretização de projetos bem-sucedidos.

As grandes mudanças no ensino trazidas pelo crescimento do uso da tecnologia, inclusive **mobile learning**, são pelo menos seis:

1. **Acesso**: por meio de disponibilidade irrestrita a documentos e imagens.
2. **Tempo**: a qualquer hora é possível interagir com uma pessoa ou com toda uma rede social, inclusive em tempo real e on-line.
3. **Busca**: possibilidade de encontrar informações específicas a qualquer hora.
4. **Armazenamento**: é possível arquivar, recuperar e disseminar informações pelo tempo que for adequado.
5. **Custo**: a possibilidade de redução de custos desde que realizada de forma inteligente.
6. **Abordagens**: diferentes abordagens de educação na *web*.

8.2 Cenário favorável do EaD para o Brasil

O cenário do EaD no Brasil é o resultado da composição de forças advindas da modernização das empresas, consultorias e instituições de ensino, mas, principalmente, de um pródigo incentivo ao desenvolvimento tecnológico que vivemos.

Em relação ao desenvolvimento tecnológico, existem muitas forças motrizes em nosso país que aceleram a cada dia as possibilidades de aumento do uso de EaD, seja pelo setor público ou pelo privado. As principais forças são:

O incentivo da ONU para a construção da "Sociedade da informação".
A popularização dos *smartphones* e da mobilidade.
A utilização do EaD combinado com o treinamento presencial.
A popularização de cursos on-line.
Redução de custos de acesso à internet.

O ponto principal é que a internet passou a ser prioridade para os governos que tentam adotar modalidades parecidas quanto à governança, que incluem naturalmente as políticas de liberdade de expressão e de direito à educação. Será inevitável que a área de educação a distância pegue carona em tais políticas públicas, que são francamente favoráveis à aplicação de tecnologia na vida do cidadão comum.

Com tantas tendências positivas para o desenvolvimento tecnológico no Brasil e a disponibilização de maior acesso da população à tecnologia, mais e mais cursos on-line estarão disponíveis a cada dia. Contudo, embora não seja uma estatística – mas a minha sensibilidade –, considero que mais de 50% deles não têm a mínima fundamentação.

Outro ponto que defendo é que o modelo tradicional de educação presencial pode ser redesenhado com a parceria da educação a distância, seja pela oportunidade de formação de professores em nível nacional, seja por agregar recursos inteligentes que motivem o aluno. Contudo, há obstáculos a serem contornados. Um dos principais é o **professor analógico**.

Muitos instrutores ou mesmo professores de graduação ou pós-graduação não apresentam experiência significativa em utilizar EaD como educador, e poucos buscaram se especializar no tema. O que é um desperdício, pois as plataformas tecnológicas de ensino precisam ser vistas como aliadas e não como obstáculos.

Há muitos anos, cursei uma pós-graduação em metodologia de educação a distância que me ajudou não apenas a desenvolver treinamentos on-line como também a aperfeiçoar meu próprio método de treinamento presencial, fato constatado pelas avaliações das instituições de ensino em que atuo.

É por isso que esta parte do livro é dedicada a despertar nas pessoas que trabalham com ensino a necessidade de incorporar tanto a metodologia presencial quanto a on-line, tornando-se **mestres *blended*.**

8.3 Como se tornar um mestre *blended*

Para que professores e instrutores de qualquer curso possam utilizar melhor a metodologia *e-Learning*, é importante resistir à tentação de apenas "repassar informações on-line", pois as plataformas digitais facilitam muito esse processo. O papel preferível dos educadores é incentivar o desenvolvimento de competências presencialmente e a distância, e não de "maneira distante".

Outro ponto importante para o desenvolvimento dos mestres *blended* é incentivar a elaboração colaborativa do saber junto aos estudantes. Os instrutores podem, antes de formar novos módulos, diagnosticar com clareza os *gaps* dos seus alunos a fim de promover um ensino interessante. Assim, poderão utilizar a internet para promover a continuidade do ensino presencial.

Na minha visão, não se deve encarar EaD como algo distante do ensino presencial, mas algo complementar por meio de seus recursos tecnológicos que geram interesse no público-alvo. As recomendações que faço para os professores e instrutores presenciais que ainda não se interessaram pela tecnologia educacional são as seguintes:

- # Conscientize-se de que não há como ir contra as tendências tecnológicas no ensino, senão você poderá se tornar obsoleto.
- # Comece incluindo no seu treinamento presencial "pílulas" de tecnologia para interagir melhor com os alunos, como um *quiz* na *web* durante a aula.
- # O ensino a distância não é uma metodologia "menor" que a do ensino presencial. Explore melhor as suas vantagens, como a criação de rede de conhecimento entre os alunos e a flexibilidade de horários.
- # Faça, como aluno, vários cursos on-line em instituições renomadas nacionais, familiarizando-se com linguagem, recursos, plataforma LMS (*Learning Management System*) – também conhecida como Sistema de Gestão da Aprendizagem (SGA) – etc.
- # Em seguida, procure fazer alguns cursos internacionais e de curta duração na *web*. Uma boa dica é a instituição Coursera, que disponibiliza cursos on-line gratuitos das melhores instituições do mundo pelo site <https://pt.coursera.org/>.
- # Estude sobre os temas mais atuais de EaD, como *mobile learning*. Uma boa dica é estudar o site de tendências: <https://elearningindustry.com>.

Portanto, os mestres mais tradicionais devem conhecer e utilizar as tecnologias educacionais a favor da aprendizagem. Já aqueles que são digitais e dominam o ambiente virtual não podem jamais colocar a tecnologia à frente da proposta pedagógica.

8.4 Propostas pedagógicas aplicáveis ao EaD

As propostas pedagógicas que normalmente são utilizadas para educação a distância são derivadas dos modelos de aprendizagem que são bem conhecidos entre os educadores. Seguem algumas comparações quanto às vantagens e desvantagens dessas propostas.

Modelo Tecnicista de Skinner. Aprendizagem organizada de forma linear apresentando primeiro os temas mais simples, depois os mais complexos.
- # **Vantagens**: processo organizado da aprendizagem; definição do tutor para acompanhamento da aprendizagem; busca-se o sucesso da aprendizagem; objetivos do curso muito bem definidos.
- # **Desvantagem**: na atualidade, o conhecimento não é necessariamente linear, fato comprovado pelo grande número de *hiperlinks* nos materiais didáticos.

Pedagogia não diretiva de Carl Rogers. Baseada na autonomia do aluno para construir sua aprendizagem.
- # **Vantagem**: flexibilidade para o aluno programar a sua aprendizagem; o professor assume o papel de facilitador do processo de aprendizagem; investimento na motivação do aluno para o aprendizado.
- # **Desvantagem**: muitos alunos não conseguem disciplina própria para aproveitar a autonomia oferecida por essa proposta pedagógica, perdendo o foco na aprendizagem.

Construtivismo de Piaget. Baseada na problematização das situações como alavanca para a aprendizagem.
- # **Vantagens**: o aluno é sujeito do conhecimento e entra em contato com situações-problema dentro da sua realidade, promovendo a busca de soluções. Essa abordagem pedagógica é muito importante pela reflexão e preparação para a ação.
- # **Desvantagem**: alguns alunos parecem apresentar maior motivação para lidar com situações mais abstratas do que com

problemas concretos. Por incrível que pareça, isso também ocorre nas empresas, mesmo que foquem somente a prática.

Dessa forma, caberá ao educador selecionar a proposta pedagógica mais aderente ao objetivo educacional.

8.5 Estatísticas mundiais sobre o ensino a distância

A partir de uma simples consulta na internet é possível encontrar um grande número de pesquisas trazendo estatísticas do setor. No entanto, como tudo na vida, temos que ter cuidado com a fonte para não deturparmos o conhecimento.

A organização eLearning Industry realiza um levantamento anual sobre estatísticas de EaD muito útil para os profissionais da área, pois serve como uma espécie de bússola. Quais são as grandes tendências? Sabemos que mais cedo ou mais tarde elas chegarão por aqui.

A seguir, serão apresentados alguns números impressionantes sobre a indústria global de *e-Learning*.

O mercado *e-Learning* mundial é de aproximadamente US$ 107 bilhões, sendo que o individualizado chega a US$ 49 bilhões.
As maiores taxas de crescimento do *e-Learning* individualizado por país são: Índia 55%, China 52%, Malásia 41%, Romênia 38%, Polônia 28%, República Checa 27% e Brasil 26%.
O mercado LMS cresce a uma taxa anual de aproximadamente 25,2%, representando cerca de $ 7 bilhões em 2018.
O mercado de aprendizagem por meio de *mobile* em todo o mundo está em franco crescimento.
MOOCs (Massive Open Online Courses), que são cursos on-line gratuitos oferecidos por universidades importantes da Europa e dos Estados Unidos, são utilizados ainda timidamente pelas empresas.
O mercado corporativo on-line deve crescer 13% ao ano.
Atualmente, 77% das empresas dos Estados Unidos oferecem treinamento corporativo on-line para seus colaboradores.
Em termos de distribuição de carga horária, os percentuais relativos às modalidades de ensino adotadas em todo o mundo são os seguintes: 47% em treinamento presencial em sala de aula; 29,1% *blended* (presencial + EaD); 28,5% on-line; 15% em sala de aula virtual com instrutor remoto; 4,2% em *social learning;* e 1,4% das horas de formação via dispositivos móveis (celular e *tablet*). É importante frisar que nessa estatística as organizações utilizam mais de uma forma de ensino simultaneamente.

Como visto, os números são promissores para o setor. Se a área de T&D das organizações, contando com pessoal próprio ou consultoria, pretende aprimorar ou expandir ações de treinamento a distância, será importante prestar atenção em duas tendências: *Rapid e-Learning* e *Lean e-Learning*.

8.6 *Rapid e-Learning* combinado com *Lean e-Learning*

Existem muitas crenças enraizadas sobre EaD, fato que faz empresas perderem energia e tempo com produções educacionais que não necessariamente trazem resultados significativos. Uma das crenças é a de que o aluno sempre gosta de grandes efeitos visuais e excesso de conteúdo. Isso tem levado diversos treinamentos on-line a não cumprirem o seu objetivo educacional, "distraindo em vez de educar pessoas".

O mesmo problema ocorreu há muitos anos quando se popularizaram as apresentações em *datashow* com PowerPoint, que recebia efeitos espalhafatosos de animação. Era uma espécie de movimento criativo dos instrutores, que não aguentavam mais os antigos e estáticos projetores de transparências. Contudo, apesar de tanto tempo transcorrido, há muito desperdício nas produções de cursos on-line.

No início deste capítulo, comentei que uma das tendências é a de que o EaD passe por uma transformação, simplificando sua forma de apresentar-se ao aluno. Esse processo é denominado **Rapid e-Learning** por suscitar produção de conteúdo on-line mais assertiva e menos rebuscada.

A minha definição de *Rapid e-Learning* é:

> É o processo de produção de conteúdo para EaD mais rápido do que o processo convencional. Ele visa atender às demandas da sociedade por maior agilidade na produção, abrindo mão dos efeitos técnicos rebuscados e criando cenas, *frames* e vídeos mais simples, sempre respeitando o objetivo instrucional e o conteúdo a ser ministrado. O foco do **Rapid e-Learning** é a aprendizagem e não a realização de um show pirotécnico.

Outro conceito que deve fazer os educadores repensarem a produção de EaD é a metodologia *Lean*, totalmente contrária ao desperdício de tempo e de recursos para a produção de algo. A metodologia *Lean* é associada ao conceito de "magro" e sem excesso, totalmente inspirada no Sistema Toyota de produção, empresa que é *benchmark* mundial na fabricação de automóveis. Por que não aplicar essa metodologia também à produção de cursos on-line?

Vivemos numa cultura que valoriza essencialmente o visual, colocando muitas vezes o conteúdo em uma posição inferior. Utilizar os conceitos do **Lean e-Learning** combinando-os com os do *Rapid e-Learning* poderá ajudar o pessoal de T&D a produzir conteúdos de forma mais célere e, ao mesmo tempo, mais enxuta. Isso é verdadeiramente ter foco no resultado.

A minha definição de *Lean e-Learning* é:

> É a aplicação da metodologia **Lean**, muito estudada pela Engenharia de Produção, para a criação de conteúdos de treinamento mais simples, sem rebuscamento, no menor tempo de produção e com qualidade satisfatória focada no usuário final e não em efeitos visuais excessivos. O **Lean e-Learning** visa eliminar o desperdício de tempo e de recursos tanto na produção de treinamentos quanto no momento em que o aluno acessa a plataforma de ensino e realiza as aulas.

Ainda falando sobre *Lean*, é importante que o treinamento de colaboradores seja assertivo, apresente resultados e não tenha como principal objetivo distrair as pessoas.

8.7 Educação a distância *versus* distração a distância

Várias empresas, quando resolvem elaborar EaD sem metodologia específica, acabam priorizando mais os efeitos visuais do que a criação de conteúdos adequados ao público-alvo. Na atualidade, um bom profissional que trabalha com T&D deve tomar o cuidado de desenvolver ações educacionais que podem até utilizar o entretenimento como vantagem, mas jamais o contrário; isto é, "divertir mais do que ensinar". Será que é isso que as empresas desejam em termos de criação de competências? Naturalmente a resposta é não.

Qual o perigo da predileção pela forma em detrimento do conteúdo? Com certeza, o excesso de fascínio visual do aluno pelas cenas de EaD pode levá-lo à falta de atenção ao conteúdo principal, causando muitas vezes perda de energia durante o módulo.

O equilíbrio entre forma e conteúdo deve ser harmônico. Nos projetos de EaD é recomendável apresentar aos clientes as possibilidades de criar treinamentos on-line atrativos para os alunos e, ao mesmo tempo, focados no cumprimento das metas de capacitação. Tudo sem excesso, como vídeos simples, por exemplo. Educação a distância não pode ser confundida com distração a distância. O ensino on-line é muito mais que unir forma e conteúdo, pois trata da aplicação de competências que, dependendo do tamanho do projeto, podem chegar a dez, como veremos a seguir.

8.7.1 Decágono de Competências EaD

O Decágono de Competências EaD, como o nome já diz, é um polígono que possui dez ângulos, todos igualmente importantes para o sucesso de treinamentos on-line.

Figura 8.1 Decágono de Competências EaD

Fonte: elaborada pelo autor.

A seguir, serão mais bem apresentadas as dez competências que devem ser dominadas por quem deseja implementar EaD.

1. Design Instrucional combinado com Fábrica de Conteúdo. Criar conteúdo para EaD não é uma tarefa tão fácil. Os conteúdos precisam ser cada vez mais relevantes para o aluno, agregar-lhes conhecimento e despertá-los para a vontade de seguir em frente e adquirir novas habilidades. Esse tema é tão importante que no **Capítulo 6** apresentei o Método DIFAC: Design Instrucional + Fábrica de Conteúdo em dez passos.

2. Pesquisa de objetos de aprendizagem. Já pensou se na produção de todos os cursos de EaD tivermos que partir do zero, sem aproveitar imagens, textos, fotos e questionários utilizados em treinamentos anteriores? Objetos de aprendizagem são recursos digitais que podem ser perfeitamente reutilizados, revisados e modernizados para novos módulos em EaD. Podem ser também originais de vídeos, áudios, textos, gráficos, infográficos e animações.

Para que um objeto de aprendizagem possa ser recuperado e reutilizado será importante que a área responsável desenvolva uma forma de classificá-lo para não o perder.

3. Design gráfico. O tratamento visual das informações de EaD não é uma tarefa fácil, pois muitas vezes o *designer* não possui experiência na educação de adultos, o que, de fato, pode levá-lo a criar imagens e esquemas bonitos, no entanto, não tem habilidade para contar, por meio de imagem, a história certa para a pessoa certa.

Design gráfico é uma competência tão importante que existem cursos de graduação com duração de quatro a cinco anos para formação conceitual e técnica dos alunos.

Tenho orgulho de ter feito minha primeira graduação nessa área, pois até hoje colho frutos por ter aprendido o pensamento sistêmico, a dedicar-se ao ser humano e a trabalhar em projetos de forma estruturada.

4. Produção de videoaulas. Vamos ser sinceros. No passado, grande parte dos cursos de EaD privilegiava animações sem graça, criação de personagens infantilizados para o público adulto e abusava de movimentos pirotécnicos, fazendo coisas voarem, piscarem e gritarem na tela do aluno a todo momento. É por isso que a videoaula ganhou um papel muito importante no EaD e tem sido, de longe, uma grande tendência. No entanto, é importante combiná-la com outras atividades como *frames*, textos para leitura, material para *download* e simulação.

5. Gamification. Quando bem desenvolvido, identifica o perfil dos participantes e as ferramentas que serão empregadas em sala de aula ou em treinamentos on-line. Por isso, é importante que os educadores estudem as mecânicas de jogos, a lógica que está por trás deles e explorem a melhor maneira de promover a aprendizagem, despertando o interesse nos alunos.

No capítulo anterior, explorei as técnicas da *Gamification* que podem ser utilizadas para situações presenciais, on-line e *blended*.

6. Ferramentas de Autoria de Conteúdo – *Authoring Tolls*. Enquanto o LMS é responsável por fazer a gestão completa educacional dos cursos de EaD, a ferramenta de autoria é utilizada para criar o "recheio" do treinamento, isto é, as cenas. Muita gente as chama de *slides*, mas esse termo é mais apropriado para criar conteúdo em treinamentos presenciais, geralmente com PowerPoint, Prezi e outras ferramentas autorais, e para ocasiões em que haja a presença do instrutor. Mais à frente irei apresentar melhor o cenário de ferramentas de autoria para EaD.

7. Domínio de LMS. Para que as empresas possam organizar seus conteúdos de treinamentos on-line e gerenciar a evolução da aprendizagem dos alunos é necessário adotar o uso de LMS. Existem dezenas de LMS conhecidos no mundo inteiro, e a sua escolha é mais estratégica do que parece. Ao selecioná-lo, a empresa deve considerar os seguintes fatores: facilidade de navegação, tempo de resposta do sistema, recursos e funcionalidades disponíveis, custo de aquisição e custo de implantação. Ainda neste capítulo irei comentar sobre as marcas que são líderes mundiais nesses *softwares*.

8. Atendimento ao aluno, secretaria e logística. Dominar a logística do EaD é garantir ao aluno as condições necessárias para que não haja desgaste.

Em minhas pesquisas sobre atendimento, foi identificado que mais de 50% dos clientes mudam de marca por motivos ligados à falta de atenção da empresa. Esse número é alarmante e tem a ver com a cultura relacional do brasileiro, que gosta de proximidade mesmo cursando uma atividade on-line. Por isso, é importante a empresa se preparar para dois tipos de atendimento: o *atendimento na secretaria* para questões de pagamento, matrícula etc. e *o suporte para a plataforma* no caso de problemas ocorridos com a tecnologia. Dependendo do nível de serviço acordado, o atendimento pode ter como prazo de resposta de 4 a 24 horas.

9. Tutoria on-line. Conforme a necessidade dos clientes, tutores experientes podem atuar como mediadores do ensino-aprendizagem, assumindo responsabilidades durante as aulas de EaD, como fazer desafios de aprendizagem, promover fóruns, conferências, receber e enviar informações para os alunos.

Antes de definir um tutor para apoiar os alunos em atividades on-line, a instituição deverá se certificar de que ele possui a habilidade de redigir bons textos e de agir rapidamente, do contrário, terá problemas.

Recentemente, assisti, como aluno, a um curso de gestão no qual um tutor precisava interagir no fórum on-line. Quando examinei suas respostas para os outros alunos, percebi que o tutor usava a mesma frase, como se estivesse "copiando e colando" o texto para responder a todos. Portanto, o exemplo de tutor *"copy & paste"* deve ser evitado.

10. Certificação da aprendizagem. Ao final das aulas, muitas vezes se torna necessário aferir a aprendizagem dos alunos por meio de testes específicos. A certificação pode ser conferida para os alunos que concluíram o curso, como também para aqueles que se destacaram no conhecimento da disciplina. Escolher as questões certas e tornar o teste interessante é uma tarefa importante na certificação para não tornar o teste maçante nem vazio para o aluno.

A certificação da aprendizagem pode ser feita com questões discursivas e de múltipla escolha. Contudo, na maior parte das vezes, recomendo que a empresa opte por fazer em forma de múltipla escolha, contando com a grande vantagem de informar o resultado imediatamente e não depender do professor para a correção de prova. Há situações em que o professor demora a corrigir, o que pode comprometer o bom andamento do curso.

A quantidade de questões por disciplina varia conforme a carga horária e o tempo dedicado à realização da prova. Recomendo que o teste de conhecimento contenha entre 10 e 15 questões de múltipla escolha, cada qual devendo ser respondida em até quatro minutos.

8.8 *Ranking dos LMS*

Um bom LMS é vital para as empresas que almejam sucesso nos cursos a distância. Contudo, escolher não é uma decisão fácil, pois existem muitas opções no mercado. No Brasil e no mundo, o mais popular é o Moodle, que possui muitas vantagens, contudo vem enfrentando concorrentes de peso no mercado. O site Capterra traz uma lista com as soluções de LMS mais adotadas no mundo, e ela pode ser acessada em: <http://www.capterra.com/>.

O *ranking* apontado pela instituição indica as 20 ferramentas tecnológicas mais importantes de acordo com os critérios de quantidade de empresas, quantidade de usuários e seguidores em redes sociais. Os primeiros colocados são Edmodo, Moodle e Blackboard.

1. Edmodo
2. Moodle
3. Blackboard
4. SuccessFactors
5. SkillSoft
6. Schoology
7. Cornerstone
8. Instructure
9. TOPYX
10. D2L
11. Collaborize Classroom
12. Litmos
13. Latitude Learning
14. DigitalChalk
15. eFront
16. TalentLMS
17. Meridian Knowledge Solutions
18. Docebo
19. Educadium
20. eLogic Learning

8.9 Funcionalidades das ferramentas de autoria

As ferramentas de autoria de EaD são de grande auxílio para a criação de cenas que tenham sido aprovadas previamente no *storyboard*. Contudo, muitas vezes as pessoas criam conteúdo em ferramentas que não são apropriadas. Por isso, dominar ferramentas simples, porém específicas de criação de conteúdo, pode fazer toda a diferença.

As ferramentas de autoria são dedicadas à criação de conteúdo que inclui cenas, imagens, textos, atividades lúdicas, *quiz* etc., geralmente exportados para o LMS em padrão *Shareable Content Object Reference Model* (SCORM), em português, Modelo de Referência de Objeto de Conteúdo Compartilhável.

Devemos lembrar que a escolha da ferramenta de autoria deve levar em consideração a complexidade do conteúdo que será gerado.

A Figura 8.2 mostra que a seleção da ferramenta de autoria é resultante do projeto educacional e do tipo de conteúdo.

Figura 8.2 A complexidade de recursos para gerar o conteúdo define a ferramenta de autoria

Fonte: elaborada pelo autor.

Portanto, não é uma tarefa fácil selecionar qual ferramenta utilizar. Conforme indicado no site Capterra, existem mais de 200 possibilidades diferentes disponíveis no mercado. O diferencial dessa organização é que ela se dedica não apenas a identificar ferramentas como também a testá-las e classificá-las.

Os sistemas de autoria evoluíram muito e apresentam várias facilidades. Veja algumas das funcionalidades do Articulate Storyline, que é uma ferramenta muito popular para quem precisa criar EaD de forma célere.

Importar conteúdo de outros módulos.
Obter modelos de uso de *slides*.
Inserir caracteres.
Usar a linha do tempo.
Usar mestres de *slides*.
Usar vários temas.
Criar um tema de cor.
Criar gravações de tela.
Tirar fotos das telas (*screenshots*).
Adicionar *quizzes*.
Gerar relatórios.

8.10 Classificação das ferramentas de autoria

Existem muitas classificações no mercado norte-americano referentes a cada uma das ferramentas. Aqui, vou apresentar a metodologia utilizada pela organização Fosway Group. Particularmente, achei muito enriquecedora a forma como dividem as ferramentas de autoria em quadrantes.

Figura 8.3 Classificação das ferramentas de autoria segundo a Fosway Group

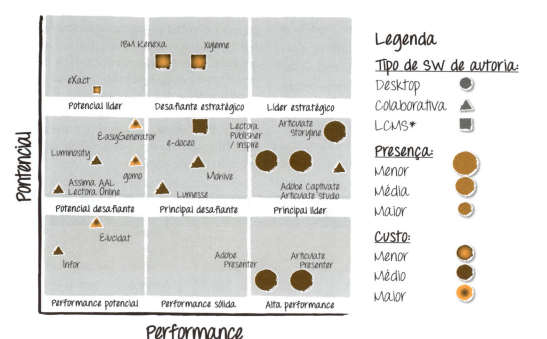

* LCMS - *learning content management system* (em português: sistema de gerenciamento de conteúdo de aprendizagem).

Fonte: adaptada de FOSWAY GROUP USA.

A Fosway Group somou os esforços e resultados de estudos na área de Recursos Humanos das últimas duas décadas para desenvolver um método de avaliação dos fornecedores de soluções empresariais. A metodologia 9-Grid foi aplicada para diagnosticar a lista dos fornecedores de soluções de ferramentas de autoria.

O diferencial do método é a análise pautada em cinco dimensões que se interligam para configurar a implementação de uma solução bem estruturada. O diagnóstico procura entender como se dá o desempenho da solução para o mercado e para o consumidor, bem como seu potencial, que envolve foco, capacidade e sofisticação. Avalia-se também a presença histórica e atual, os clientes e as empresas já atendidos e o tamanho da companhia que pretende implementar a solução, sempre dando destaque para o segmento de atuação.

O planejamento deve pensar também nas questões de produção, como o custo total, ou seja, a soma dos valores internos e externos, sempre levando em conta o tempo de implementação do processo. Também é necessário fazer uma prospecção futura dos caminhos que a empresa contratante deve seguir dentro do mercado em que está inserida.

Com tantas opções, gostaria de lembrar meu leitor de algo muito importante: cada vez mais os alunos querem simplicidade durante as aulas de EaD, e não efeitos visuais exagerados.

8.11 A importância de saber criar vídeos céleres

Na atualidade, existe uma forte tendência para o uso de videoaula no *e-Learning*, mas qual será o motivo? Algumas explicações são que prestamos mais atenção nas pessoas do que nas coisas. Também ficamos ligados mais em movimentos do que em figuras estáticas. Além disso, assistir a videoaulas remonta ao que nossos ancestrais sempre fizeram: observar os mais experientes contando histórias.

É por isso que é necessário ter cuidado com o roteiro. Antes de produzir qualquer vídeo, é importante criar um roteiro simples para a sua execução. Não precisa ser cineasta para fazer isso, mas sim ter o pensamento estratégico, em termos educacionais, de como agradar a quem vai assistir à aula. Na Tabela 8.1 apresento um roteiro simplificado para um vídeo de cerca de quatro minutos de duração.

Tabela 8.1 Exemplo de roteiro simplificado para um vídeo curto

Duração	Cena	Texto em *lettering*	Figuras adicionais	Som
00:00:05	Vinheta de abertura (em movimento)	Personalizar de acordo com o projeto	Animação	Som da vinheta
00:00:30	Apresentação do diretor	Nome do diretor e cargo ocupado na empresa	N	Fala
00:00:30	Atividades formais dos participantes	Palavras-chave: inteligência, realidade, solução, conhecimento, habilidade e atitude	Um *slide* passando	Música
00:00:30	Atividades informais dos participantes	Palavras-chave: pensar, sentir, querer, fazer, vivência, descoberta	Um *slide* passando	Música
00:00:30	Participante apresenta ideias	N	N	Participantes sem música
00:00:05	Pessoas aplaudindo	N	N	Palmas
00:02:00	Depoimentos de clientes	Identificação da pessoa	N	Pessoa falando
00:00:05	Pessoas aplaudindo	N	N	Palmas
00:00:05	Vinheta de fechamento	N	N	Som da vinheta
00:04:20	Total			

Fonte: elaborada pelo autor.

Figura 8.4 Exemplo de fundo neutro do instrutor e de simplicidade na diagramação de texto de abertura de uma videoaula

Fonte: elaborada pelo autor.

Outro ponto que merece atenção é que se deve tomar todo o cuidado para que as videoaulas não distraiam o aluno com detalhes que tirarão sua concentração do objeto de estudo.

Eu e minha equipe cuidamos dos nossos próprios vídeos e, na maior parte das vezes, o elogio que recebemos é que a linguagem está clara e simples. Acho muito melhor esse comentário do que dizer que está "cinematográfico", pois nessa área o "menos é mais" (Figura 8.4). Portanto, relaciono a seguir algumas dicas importantes para a produção de videoaulas.

Usar fundo neutro para as aulas.
Se possível, usar *chroma key* para facilitar a troca de fundo.
Evitar excesso de texto enquanto o instrutor fala.
Evitar que o instrutor vire de costas para o público.
Fazer vídeos curtos para aulas mais distribuídas.
Considerar que palestras devem ser apresentadas na íntegra.
Fazer edições simples, sem grandes efeitos.
Certificar-se de que o instrutor tem perfil para esse tipo de aula.

8.12 Produção ágil de EaD

Para que a produção ágil de EaD seja bem-sucedida, é necessário levar em consideração o trabalho colaborativo em três passos. O primeiro é dedicado à preparação e à análise das variáveis e necessidades que podem impactar o projeto. Essa é a fase de diagnóstico que foi apresentada em detalhes no **Capítulo 5**.

Os demais passos são a criação do conteúdo e, por fim, a publicação. Quanto à criação de conteúdo, o **Capítulo 6** trouxe os detalhes de cada passo da metodologia que utilizo.

Na Figura 8.5 apresento, de forma bem sucinta, os três passos para projetos ágeis de EaD, isto é, aquele que viabiliza produzir cursos e treinamentos em um curto espaço de tempo para audiências de qualquer tamanho.

Figura 8.5 Três passos para a criação ágil de *e-Learning*

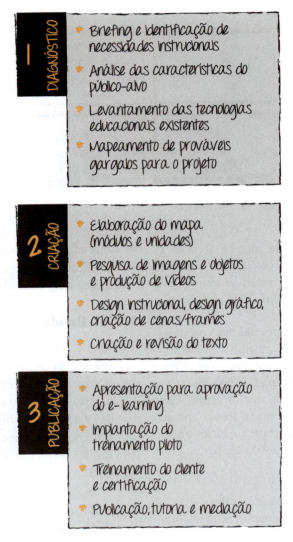

Fonte: elaborada pelo autor.

Agora, irei apresentar quais serviços são realizados em cada passo, o papel do cliente demandante e quais os *outputs* (entregas) que a consultoria ou a área interna produtora de EaD devem realizar.

1º passo: Diagnóstico
Se o projeto de EaD for de grande porte, será importante recorrer ao **Capítulo 4**, no qual apresento em profundidade as técnicas para o Diagnóstico e Levantamento de Necessidades de Treinamento (DNT/LNT). Se o projeto for de *Rapid e-Learning*, o levantamento inicial poderá ser mais simplificado, conforme mostra a Tabela 8.2.

Tabela 8.2 Primeiro passo para a produção célere de EaD

Serviço realizado	Papel do cliente demandante	Entregas de EaD
A área responsável pelo desenvolvimento do EaD coleta o **briefing**, levanta as necessidades instrucionais com o principal gestor do cliente, identifica características do público-alvo, levanta a tecnologia educacional existente no cliente e os prováveis gargalos tecnológicos de infraestrutura e de recursos humanos para o projeto.	# Fornecer **briefing** de necessidades de EaD, informações sobre o público-alvo, suas características e relato de experiências anteriores com EaD. # Informar sobre o LMS e demais tecnologias educacionais existentes, limitações quanto à rede, acesso de dados, internet e cultura organizacional.	# Devolutiva para o cliente sobre as informações levantadas. # Recomendações quanto à comunicação do projeto, mudanças tecnológicas, temas e conteúdo programático. # Cronograma detalhado das atividades do projeto com os marcos das entregas. # Preparação para a etapa de criação.

Fonte: elaborada pelo autor.

2º passo: Criação

Tabela 8.3 Segundo passo para a produção célere de EaD

Serviço realizado	Papel do cliente demandante	Entregas de EaD
# Elaboração do mapa e do **storyboard**. # A equipe cria o conteúdo de **e-Learning** na ferramenta de autoria combinada. # Aplicação de Design Instrucional, design gráfico, redação de textos e pesquisa de imagens e objetos adequados ao curso. # Elaboração de **quizzes** e testes de conhecimento.	# Envio de logos da empresa, imagens, tabelas, vídeos e informações institucionais para a equipe de produção. # Envio do material bruto em Word ou PowerPoint. # Aprovação do mapa do curso. # Aprovação do **storyboard**. # Aprovação dos padrões de identidade visual. # Aprovação do texto e das atividades.	# Mapa trazendo o sequenciamento, os módulos, as unidades e as aulas. # Criação e aprovação do **storyboard** trazendo um **draft** com indicações das cenas. # Criação do **layout** mestre, que será a base para os **frames**, e aprovação da paleta de cores. # Elaboração de atividades que serão intercaladas no curso. # Produção e edição de vídeos.

Fonte: elaborada pelo autor.

3º passo: Publicação

Tabela 8.4 Terceiro passo para a produção célere de EaD

Serviço realizado	Papel do cliente demandante	Entregas de EaD
# Fase da entrega do módulo, apresentando-o para o cliente. # A apresentação poderá ser presencial ou a distância, dependerá da disponibilidade e do conteúdo. # Implantação do treinamento piloto para teste de performance e usabilidade. # Tutoria, se o cliente definir que haverá no projeto.	# Disponibilidade para teste do treinamento piloto. # Aprovação do piloto. # Comunicação para sua equipe sobre como, quando e onde será implantado o EaD. # Disponibilidade para receber treinamento sobre as principais dúvidas que podem surgir. # Definição de como será a tutoria. # Validação final.	# Teste piloto e ajustes. # Pesquisa com alunos sobre usabilidade, tempo de treinamento e entendimento do módulo. # Confecção e envio dos certificados de participação. # Treinamento do cliente para esclarecimento de dúvidas. # Publicação do módulo no ambiente de produção.

Fonte: elaborada pelo autor.

8.13 A importância da boa navegação no ambiente virtual do curso

Um aspecto comentado frequentemente pelos alunos satisfeitos com cursos on-line é que a facilidade de navegação contribui para o bom entendimento do conteúdo. Por isso, aplicar o Design Instrucional é fundamental para desenvolver uma sequência agradável das unidades e sessões que farão parte do curso. A Tabela 8.5 traz um exemplo do planejamento de um curso de gestão de projetos feito por minha empresa.

Tabela 8.5 Exemplo de planilha para planejar tempo, unidades, cenas e sessões do curso on-line

UNIDADE / SESSÃO	DURAÇÃO
1. Introdução	20
1.1 Objetivos do treinamento 1.2 Conteúdo programático 1.3 Definição de projeto 1.4 Definição de estratégia 1.5 O pensamento estratégico como força motriz do projeto 1.6 A importância da gerência de projetos 1.7 Exercícios de fixação	

2. Conceitos	**30**
2.1 Entidades certificadoras	
2.2 A certificação em projetos	
2.3 Decifrando a gestão de projetos	
2.4 Ciclo de vida de um projeto	
2.5 Características de um projeto	
2.6 Partes interessadas no projeto	
2.7 Exercícios de fixação	
3. Gerenciamento de projetos	**30**
3.1 O que é gerenciamento de projetos?	
3.2 O papel do gestor do projeto	
3.3 As características de um gestor de projetos	
3.4 Principais conhecimentos, habilidades e atitudes (CHA)	
3.5 Gerenciamento de *steakholders*	
3.6 Exercícios de fixação	
4. As fases de um projeto	**30**
4.1 Concepção	
4.2 Planejamento	
4.3 Monitoramento	
4.4 Execução	
4.5 Encerramento	
4.6 Exercícios de fixação	

Fonte: elaborada pelo autor.

Uma vez aprovado o planejamento das unidades, as sessões e as aulas com o cliente, será importante criar o conteúdo, aprová-lo para, então, incluí-lo no LMS para início do curso. O LMS terá seu próprio esquema de navegação, que poderá ser mais ou menos facilitado de acordo com quem o está manuseando.

Cada vez mais os educadores precisam cuidar para que cursos on-line não sejam simples "repassadores de informações" para pessoas que "assistem" passivamente aos módulos. O grande desafio para os próximos anos será promover a participação do aluno e obter *feedbacks*.

8.14 Oito métodos para obter engajamento e *feedback* no *e-Learning*

O *e-Learning* é um grande aliado nas metodologias de treinamento, mas possui pontos que precisam ser aprimorados. O contato excessivamente virtual é um fator restritivo para a obtenção de *feedback*, tanto por parte do aluno quanto do educador. Devemos lembrar que o grande desafio do ensino on-line não é apenas o engajamento do aluno, mas também a retenção do conhecimento e evitar que ele abandone o curso.

Christopher Pappas, em *8 innovative ways to facilitate peer-based elearning feedback,* apresenta métodos importantes para esses objetivos.

1. **Gamifique o sistema.** É comum que os colaboradores não se sintam dispostos a fornecer *feedback*. Assim, gamificar o sistema de aprendizado não só é uma ótima forma de acompanhar o aprendiz ao longo do processo, mas serve como base estrutural para incentivá-lo a dar *feedback* por meio de recompensas, como pontos e benefícios.

2. **Crie projetos on-line em grupo.** O ambiente virtual facilita o agrupamento de colaboradores em prol de um objetivo; por isso, criar grupos para discutir um *case* da vida real nesse ambiente é mais efetivo. Permita que eles confrontem seus pontos de vista e façam deduções sobre as soluções.

3. **Defina ações voltadas ao *blogging*.** É interessante que cada colaborador tenha uma página personalizada na qual possa criar tópicos e discorrer sobre os temas relacionados ao treinamento. O mais importante é garantir que os usuários interajam com as postagens dos outros e façam comentários.

4. **Faça reuniões on-line para discutir simulações.** Fazer demonstrações práticas sobre problemas a serem resolvidos e definir quais métodos devem ser utilizados é uma ótima forma de atrair a atenção dos usuários. A transmissão da tela do professor, por exemplo, pode ser gravada e acessada por qualquer treinando.

5. **Forme um portfólio.** Crie uma página para que os usuários possam fazer *upload* de arquivos, textos e tudo o mais que produzirem no processo de treinamento ou acharem que seja compatível com o conteúdo do curso. Esse repositório de materiais poderá ser utilizado pelo aluno, inclusive em outras ocasiões.

6. **Inverta os papéis.** Destine aos alunos a confecção do material a ser utilizado nos treinamentos, bem como sua apresentação. Essa atitude, que requer um conhecimento efetivo do que será apresentado, pode ser estruturada por meio de grupos, em que cada integrante é responsável por um tema específico.

7. **Implante um monitoramento.** Alinhar os alunos sob a tutela de um orientador é uma ótima forma de requisitar *feedback* sobre o treinamento.

8. **Forneça palestras on-line.** A transmissão de palestras é uma ótima forma de reter o público e serve como material-base para que ocorram discussões. Uma análise prévia dos conteúdos fornecidos pelos usuários é uma forma eficaz de direcionar a palestra para as deficiências identificadas.

Como vimos, o papel do tutor deverá ser transformado completamente para alcançar engajamento e *feedback*. Sempre digo que tutores não podem se igualar aos sistemas, fornecendo respostas padronizadas e sem emoção. É necessário rever urgentemente a relação tutor-aluno, que, na atualidade, tem deixado a desejar.

8.15 Revendo a relação tutor-aluno

Quem já fez um curso on-line de longa duração provavelmente deparou com tutores mal preparados, não exatamente do ponto de vista de formação, mas quanto à relação educacional com o aluno, papéis e responsabilidades. Ressalto que essa não é uma regra, mas na minha experiência como aluno muitas vezes o tutor agiu de forma mecânica, apagada, quase que se escondendo dos demais alunos do curso. Essa é a relação tutor-aluno pretendida?

Existem muitas experiências bem-sucedidas. Lembro-me do quanto foi difícil o início do meu primeiro curso de pós-graduação na modalidade EaD como aluno. Sentia-me perdido num oceano de informações. À medida que o tempo passava, a sensação diminuía, muito pela participação de bons tutores que me orientaram. Na prática, o oceano não mudou de tamanho, mas o mergulhador passou a selecionar melhor onde pretendia mergulhar.

Para que o treinamento em EaD seja exitoso, será necessário que tutores e alunos desempenhem papéis decisivos na aprendizagem.

O aluno precisa investir tempo, entender o seu papel no ambiente de aprendizagem, declarar nitidamente suas necessidades e dispor de suas capacidades cognitivas.

Já o tutor também deverá dominar claramente seu papel no processo de ensino, desenvolver competências para ensinar a distância e ajustar sua postura para criar com o aluno um ambiente de confiança e colaboração.

Jamais o tutor deve deixar "subir à cabeça" a postura de auditor e de algoz no processo de aprendizagem. Também não deverá ser tão próximo, tornando-se um chato. A Figura 8.6 demonstra que a relação tutor-aluno deve ser amparada na troca sinérgica, que é influenciada pela forma de se comunicar, pelo conteúdo e pelos recursos instrucionais.

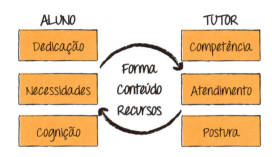

Figura 8.6 Relação tutor-aluno relativa à comunicação baseada no conteúdo e nos recursos instrucionais

Fonte: elaborada pelo autor.

8.16 Papéis do tutor on-line

Com a mudança acelerada que ocorre na atualidade em EaD, é importante rever o papel dos tutores. Para tanto, é necessária a reflexão do que deveria ser a experiência do tutor no processo de aprendizagem. Sugiro que ele desempenhe pelo menos dez papéis que acredito serem indispensáveis:

1. **Permitir o acesso**: o tutor deve facilitar o acesso dos alunos ao modo de operação do módulo.
2. **Dividir**: decompor a informação em unidades de tal forma que o aluno possa encontrá-la e saboreá-la, sem perder o foco.
3. **Provocar**: identificar os alunos potenciais de forma a incentivar a produção. Ao mesmo tempo, localizar os alunos menos participativos e convidá-los para a "roda".

4. **Socializar**: inserir o aluno no contexto, apresentá-lo ao grupo e propor tarefas colaborativas.
5. **Dominar**: ter pleno domínio do assunto e indicar fontes para o aluno se aprofundar.
6. **Facilitar**: tornar o EaD algo tangível e entendido pelos alunos. Tirar dúvidas, incentivar a leitura, administrar a progressão do aluno. Ser um facilitador, honrando esse título.
7. **Aparecer**: não ser invisível, mas fornecer respostas rápidas e significantes para as dúvidas dos alunos.
8. **Designer do aprendizado**: ser um criador de atalhos e, a todo instante, lançar estratégias cognitivas.
9. **Avaliar**: por meio de atividades pertinentes e dentro da realidade do módulo. Realizar uma avaliação do aluno à altura e fornecer *feedbacks* reais.
10. **Administrar**: agendas, etapas e realizar *follow-up* assertivo com os alunos.

8.17 Dez competências dos tutores

Uma ótima fonte para listar as competências de um tutor on-line está na leitura do artigo científico de Theodore C. Smith chamado *Fifty-one competencies for online instruction*, publicado pela *Western International University* no *The Journal of Educators Online*.

Ao todo são citadas, no artigo científico, 51 competências imprescindíveis para o tutor. Contudo, analisando mais detalhadamente, é possível perceber que há a interação entre competência propriamente dita e papéis já tratados no tópico anterior. Por exemplo, a competência número 4 do artigo, "contatar estudantes que não estão participando", trata-se de uma tarefa, e não de uma capacidade talentosa. Portanto, 51 competências são um exagero e nem o super-homem as possui. Segue, então, a definição das dez competências fundamentais que um tutor deve ter:

1. Agir como facilitador.
2. Criar uma atmosfera cordial.
3. Estimular a cooperação entre os estudantes.
4. Incentivar a autoconfiança no aluno.
5. Fornecer *feedbacks* instantâneos.
6. Desenvolver o pensamento crítico do aluno.
7. Planejar como será a intervenção e controlar o resultado.
8. Atenção para intervir no momento oportuno.
9. Respeitar formas de aprendizagem e talentos diversos.
10. Estudar constantemente para fornecer novos caminhos aos alunos.

É sempre importante lembrar que a diferença está na postura do tutor diante das situações. Existem muitas posturas apropriadas para o tutor: proatividade, agilidade, atenção etc. Talvez a mais importante na atualidade seja a perseverança. Se o instrutor a tiver, tudo irá bem. Se tutores e alunos perseverarem juntos, tudo será muito melhor.

Com tanta tecnologia disponível, os tutores deveriam alternar as ferramentas de interação com o aluno. Nos meus cálculos, mais de 80% das interações se dão por meio de fóruns de discussão. Que tal utilizar outras opções como *gamification* e questionários?

8.18 O questionário on-line efetivo

Questionários podem ser utilizados como testes de conhecimento para classificar o aluno ou para promover o engajamento com o tema estudado. Criar questionários eficientes resulta em um treinamento que permite analisar, de forma realista, o desenvolvimento de cada participante, bem como suas potencialidades, deficiências e sugestões. O *e-Learning* é uma metodologia que facilita a implementanção de questionários, mas por si só não garante o engajamento dos usuários.

No artigo *How to create effective eLearning quiz questions*, Winstead apresenta algumas técnicas que buscam aperfeiçoar os questionamentos para que não se desvirtuem ou fracassem, conforme mostrado na Tabela 8.6.

A seguir, irei apresentar um caso de sucesso diferente dos demais, pois não é empresarial; falarei sobre a Unesco. Decidi colocar esse exemplo no livro porque a Unesco tem o compromisso de aumentar o acesso ao ensino, promover estruturas para o ensino e remover barreiras na educação.

Tabela 8.6 Dicas para um questionário de *e-Learning* eficiente

Dica	Descrição
Seja simples e direto	Ser conciso e evitar jargões e termos técnicos.
Tenha um objetivo	Alinhar as perguntas sob um direcionamento, mostrando sua aplicabilidade na vida real.
Trabalhe as respostas	Assim como as questões, as respostas devem ter diferentes níveis de aprofundamento.
Misture os modelos de questão	Resposta livre, múltpla escolha, associação — são diversas as formas e seus resultados.
Defina a importância de cada item	As questões devem ter pesos diferentes conforme a complexidade e o formato em que são apresentadas.
Forneça *feedback*	Informar aos participantes sua análise sobre os resultados apresentados, com uma explicitação das diferenças entre as respostas certas e erradas.

Fonte: elaborada pelo autor e baseada em WINSTEAD, 2016.

CASO DE SUCESSO

Unesco

Em 2015, a Unesco, em sua declaração quanto aos objetivos da educação para 2030, publicou o importante documento *Incheon declaration and framework for action for the implementation of sustainable development goal*. Nele foram expostos os objetivos da educação para 2030 definidos pela Unesco:

» Garantir que todas as meninas e meninos tenham educação igual e de qualidade nos ensinos primários e secundários, levando a resultados efetivos e relevantes.

» Garantir que todas as meninas e meninos tenham acesso a cuidados apropriados e pré-escola.

» Garantir condições iguais para mulheres e homens em preço, acesso e qualidade técnica para educação no nível primário, secundário e superior.

» Aumentar significativamente o número de jovens e adultos com habilidades relevantes, técnicas e vocacionais.

» Eliminar as diferenças de gênero na educação e garantir acesso igualitário a todos os níveis de escolaridade e treinamento, incluindo pessoas com deficiência, vulnerabilidades, indígenas e crianças em situações adversas.

» Garantir que toda a juventude e uma grande parcela de adultos, homens e mulheres sejam letrados e detenham conhecimentos básicos de matemática.

» Garantir que todos os mestres tenham conhecimento e técnicas necessárias para promover o desenvolvimento sustentável, bem como ensinar meios de vida sustentável, direitos humanos, igualdade de gênero, cultura de paz, cidadania global e apreciação da diversidade.

» Construir e reformar estruturas voltadas à educação para serem acessíveis a crianças, deficientes e pessoas de todos os gêneros a fim de promover um ambiente seguro, inclusivo e que permita um aprendizado efetivo para todos.

» Aumentar significativamente o número de bolsas escolares para países em desenvolvimento, especialmente os menos desenvolvidos, pequenas ilhas e nações africanas, para um contato com um nível elevado de educação, incluindo treinamento vocacional, aquisição de informações e tecnologias comunicacionais, técnicas, programas científicos e relativos às engenharias de diferentes setores.

» Aumentar a quantidade de professores qualificados, incluindo uma colaboração internacional para o treinamento dos lecionadores em países em desenvolvimento, especialmente nas nações com piores índices e nas que se localizam em pequenas ilhas.

Conheça melhor a organização no site: <http://en.unesco.org/themes/education-21st-century>.

QUESTÕES PARA REFLEXÃO E PRÁTICA

1

Que mudanças ocorrem na *sociedade* e impactam positivamente o crescimento de EaD? Faça uma correlação das mudanças com os impactos.

2

O que é *Rapid e-Learning*? Quais são as diferenças em relação ao *e-Learning* tradicional?

3

Explique o que significa o *Lean e-Learning* direcionado para a produção de cursos on-line céleres e simples. Forneça exemplos.

4

O que são os *mestres blended* apresentados sugeridos no livro pelo autor? Quais os motivos de tal recomendação?

5

O Decágono de Competências EaD foi elaborado pelo autor para apresentar o que é necessário para que o ensino a distância tenha êxito. Apresente o Decágono de Competências do EaD e exemplifique seus principais componentes.

6

LMS e ferramentas de autoria são tecnologias fundamentais para a elaboração e gestão de educação a distância. Apresente as principais funcionalidades de cada tecnologia e as diferenças entre os dois.

7

O capítulo traz um tópico que discute a educação a distância *versus* a diversão a distância. Disserte sobre as diferenças.

8

A relação tutor-aluno nem sempre é bem desempenhada pelo primeiro. Explique como deve ser essa relação para que o êxito da ação educacional seja alcançado.

9

Competências são diferentes de responsabilidades. Quais são as principais competências para realizar tutoria on-line?

10

O caso de sucesso apresentado neste capítulo foi sobre a Unesco, escolhido por seu incentivo ao desenvolvimento de professores, à eliminação de barreiras de acesso ao ensino, à igualdade de condições e muito mais. Correlacione a declaração da entidade quanto aos objetivos da educação para 2030 com o ensino a distância.

Este capítulo chega ao fim falando sobre criação e implementação de educação a distância assertiva e com foco em resultados. O capítulo a seguir terá o objetivo de apresentar metodologia, métodos, técnicas de ensino e teorias de aprendizagem aplicadas com a finalidade de tornar o trabalho do educador único, diferenciado, prazeroso e repleto de resultados tanto presencialmente quanto on-line.

CAPÍTULO 9
METODOLOGIA, MÉTODOS, TÉCNICAS DE ENSINO E TEORIAS DE APRENDIZAGEM APLICADAS

> "Quem trabalha com Educação Corporativa ou ensino acadêmico possui um acervo inesgotável de técnicas de ensino e de recursos instrucionais. Nesse caso, não adianta só conhecer, é preciso dominar, por isso recomendo a Hierarquia 4M2T: Metodologia, Modalidade, Método, Técnica, Tecnologia e Material de ensino."

Metodologia de ensino e teoria de aprendizagem caminham juntas. Enquanto a segunda procura investigar sobre como as pessoas aprendem, a primeira visa desenvolver formas, conteúdos, tecnologia e recursos para o êxito da educação baseada no processo de aprendizagem.

É muito comum identificarmos no mercado discussões a respeito de ensino e aprendizagem. Enquanto alguns educadores privilegiam explorar metodologias de ensino, outros estudam mais os processos de aprendizagem das pessoas.

A experiência me mostrou que nós, educadores, não podemos abrir mão da especialização nos dois temas. A metodologia de ensino será mais eficaz se compreendermos o processo de aprendizagem das pessoas. Já o processo de aprender somente ocorrerá se as pessoas estiverem abertas à metodologia de ensino utilizada. Portanto, não é possível falar de ensino se não houver aprendizagem.

A Figura 9.1 traz a representação do movimento que os educadores podem e devem fazer para aproximarem-se do processo de aprendizagem dos alunos, fazendo que os dois grupos isolados formem um único conjunto interdependente. Nota-se que o educador e o aluno estão mais próximos também.

Figura 9.1 Movimento para aproximar o processo de ensino ao de aprendizagem dos alunos

Fonte: elaborada pelo autor.

Lembro muito bem do exemplo de uma ótima aluna que tive em um dos MBA que ministrei. Ela era muito tímida e, na última aula, que seria sua apresentação do trabalho, ela faltou. Prontamente entendi o "sinal" e a pontuei, não pela apresentação oral, mas pela ótima qualidade de seu trabalho enviado por e-mail na véspera. Será que os educadores respeitam o perfil e o processo de aprendizagem de cada aluno?

Litto e Formiga, ao coordenarem a obra *Educação à distância: o estado da arte*, demonstraram que a educação para adultos se diferencia em diversos aspectos da voltada para o público infantil, como postura, motivações e necessidades. O comportamento proativo ou reativo depende de uma consciência crítica ou ingênua, respectivamente.

Por que alguns adultos se motivam mais do que os outros para aprender? Para Litto e Formiga, a motivação para o adulto abraçar o aprendizado está na negociação que pode ser feita com ele. É necessária uma ampla liberdade para esse tipo de discípulo, pois ele deve decidir o que quer aprender ou não. Por isso, o foco deve estar não no ensino, mas sim na aprendizagem. Ao final do processo, ele deve ser capaz de adquirir conhecimento, habilidade e estar pronto para colocar em prática o conteúdo apresentado.

Os autores reforçam que o procedimento que envolve sensibilização (motivação), pesquisa (estudo), discussão (esclarecimento), experimentação (prática), conclusão (convergência) e compartilhamento (sedimentação) possui a estrutura mais adequada para adultos. Essa estrutura e a liberdade para expor ideias, opiniões e experiências, tanto durante quanto depois do aprendizado, garantem que o conteúdo aprendido será colocado em prática.

9.1 Pedagogia e Andragogia

Os princípios andragógicos são bem diferentes dos pedagógicos. Enquanto a Andragogia é aplicada a adultos, a Pedagogia é voltada para crianças e adolescentes. A diferença é que o adulto é motivado a aprender à medida que identifica a necessidade e os benefícios que a aprendizagem trará para sua vida pessoal ou profissional, como maior possibilidade de melhoria na função que exerce.

Algumas perguntas que o adulto costuma fazer a si durante as aulas são: "O que eu ganho com isso?"; "Estou investindo meu tempo em algo que me trará benefícios?"; "Há alguma forma mais eficaz de apreender essa matéria?".

Outro aspecto a ser considerado é que as diferenças individuais aumentam significativamente à medida que a idade chega, por isso adultos possuem a necessidade de se autogerir. Valorizá-los em sala de aula é um princípio importante para o educador.

A Pedagogia é mais centrada no professor; já a Andragogia é focada na aprendizagem do aluno. Entretanto, as diferenças não param por aí. Na Pedagogia, os alunos são motivados de forma extrínseca (recompensas, competição etc.). Já na Andragogia, eles são motivados de forma intrínseca (satisfação gerada pelo aprendizado), conforme mostra DeAquino em seu livro *Como aprender: andragogia e as habilidades de aprendizagem* (veja a Tabela 9.1).

Tabela 9.1 Principais diferenças entre Pedagogia e Andragogia

Pedagogia (Aprendizagem centrada no professor)	Andragogia (Aprendizagem centrada no aprendiz)
Os aprendizes são dependentes.	Os aprendizes são independentes e autodirecionados.
Os aprendizes são motivados de forma extrínseca (recompensas, competição etc.).	Os aprendizes são motivados de forma intrínseca (satisfação gerada pelo aprendizado).
A aprendizagem é caracterizada por técnicas de transmissão de conhecimento (aulas, leituras designadas).	A aprendizagem é caracterizada por projetos inquisitivos, experimentação e estudo independente.
O ambiente de aprendizagem é formal e caracterizado pela competitividade e por julgamento de valor.	O ambiente de aprendizagem é mais informal e caracterizado pela equidade, respeito mútuo e cooperação.
O planejamento e a avaliação são conduzidos pelo professor.	A aprendizagem é baseada em experiências.
A avaliação é realizada basicamente por meio de métodos externos (notas de testes e provas).	As pessoas são centradas no desempenho de seus processos de aprendizagem.

Fonte: DEAQUINO, 2007, apud LOPES, 2012.

9.2 Hierarquia 4M2T: Metodologia, Modalidade, Método, Técnica, Tecnologia e Material de ensino

Entre executivos e educadores nem sempre há um consenso sobre o significado de cada palavra contida nesse subtítulo. Inclusive, dentro desses grupos, regularmente esses temas são confundidos. A causa é a proliferação desenfreada de artigos, notícias, livros e *blogs* sobre o tema educação, que muitas vezes utilizam expressões como se fossem sinônimos quando, na verdade, não são.

O resultado é que essa indefinição tem causado ruídos na comunicação entre as pessoas que trabalham com projetos educacionais, como diretores, designers instrucionais, professores e tutores. Como sabemos, pequenos ruídos na comunicação são causadores de grandes desastres.

Assim, esta parte do capítulo tem a finalidade de apresentar semelhanças, diferenças e a hierarquia entre esses aspectos, de forma a aproximar todas as partes que tornam o projeto educacional bem-sucedido, inclusive os alunos.

A essa forma de organizar e apresentar esses elementos denominei Hierarquia 4M2T: Metodologia, Modalidade, Método, Técnica, Tecnologia e Material de ensino. Na Figura 9.2 apresento a metodologia do projeto como soberana, vindo em seguida a definição da modalidade de ensino; depois o método e a técnica de ensino; e, por fim, a tecnologia e os materiais didáticos. A seta para cima indica que o conjunto de cima sempre definirá os conjuntos situados abaixo.

Figura 9.2 Hierarquia 4M2T

Fonte: elaborada pelo autor.

A seguir, apresentarei mais detalhadamente cada peça-chave da Hierarquia 4M2T.

9.2.1 Metodologia de ensino

A metodologia de ensino também é comumente chamada de metodologia educacional. Quando um programa de desenvolvimento é concebido, desde o diagnóstico e planejamento é possível contar com um elemento estratégico: a criação de uma **metodologia de ensino** específica para atuar em uma determinada necessidade organizacional.

Para elucidar, apresento o exemplo de uma empresa em que atuei como consultor. A organização precisava urgentemente modificar sua cultura organizacional para a meritocracia, pois estava perdendo talentos e muito dinheiro. Foram traçados cinco projetos estruturantes para a implantação da meritocracia (somente o quinto é relativo a T&D), conforme mostra a Figura 9.3.

Figura 9.3 Cinco projetos estruturantes para serem implantados em empresa para criação de cultura focada na meritocracia

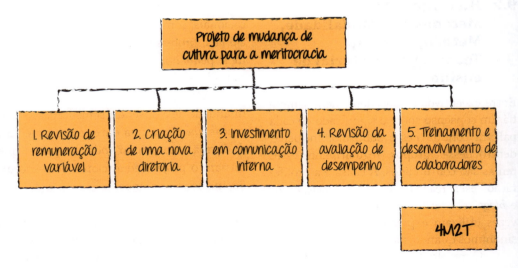

Fonte: elaborada pelo autor.

196 Treinamento e Desenvolvimento com foco em Educação Corporativa

Como é possível notar, o projeto de T&D não reinou sozinho. Foi uma das cinco frentes que tiveram que seguir a estratégia do projeto maior. Por isso, a elaboração do primeiro "M" do 4M2T – metodologia de ensino –, principalmente quando o projeto educacional é de médio e grande porte, precisa de orientação filosófica, estratégias e políticas conectadas aos demais projetos organizacionais e aos objetivos dos gestores estratégicos.

Minha definição de metodologia de ensino é:

> É o guarda-chuva estratégico e filosófico que se inicia a partir da compreensão do Diagnóstico de Necessidades de Treinamento & Desenvolvimento (DNT) ou de projetos organizacionais superiores, informações que se acoplarão à experiência do educador para a definição da modalidade de ensino mais apropriada e também dos métodos, técnicas de ensino, tecnologias e materiais didáticos a serem utilizados para o sucesso do projeto.

9.2.2 Modalidade de ensino

O site Educa Brasil informa que, de acordo com a classificação da Lei de Diretrizes e Bases da Educação Nacional (LDB), de 1996, há formas de educação que podem estar nos diferentes níveis da educação escolar (educação básica e educação superior). São modalidades de ensino, segundo a LDB: Educação de Jovens e Adultos, Educação Profissional e Educação Especial.

Contudo, como o foco deste livro é Educação Corporativa, os educadores que trabalham nesse paradigma devem estar atentos para a extensa variedade de modalidades de ensino existentes no mercado e que podem contribuir para o sucesso da organização.

A minha definição de modalidade de ensino é:

> Conjunto de possibilidades internas e externas de ensino de que as organizações e instituições educacionais podem dispor para desenvolver pessoas, considerando a adequação de carga horária, a flexibilidade de agenda e a flexibilidade de conteúdo. As modalidades de ensino podem ser internas, isto é, oferecidas internamente pela organização, como treinamentos *in company*; ou externas, como participação do funcionário em congressos, cursos abertos e pós-graduação. Podem ser também presenciais ou on-line.

A seguir, apresento alguns exemplos de modalidades de ensino, também conhecidas como modalidades educacionais.

Coaching.
Comunidades de aprendizagem.
Congresso.
Curso aberto ou curso livre.
Curso técnico.
Educação a distância (EaD).
Job rotation (rodízio de funções).
Liderança educadora.
On the job (prática no próprio trabalho).
Palestra.
Pós-graduação *lato sensu*.
Treinamento *in company*.
Workshop.

Explorar as diferentes modalidades de ensino e escolher a mais adequada para cada situação de aprendizagem é tão importante para o educador na atualidade que dediquei o próximo capítulo ao tema.

9.2.3 Método de ensino

Seguindo o princípio da Hierarquia 4M2T, e após definir a modalidade de ensino, chegou a vez de o educador escolher o método mais adequado. O método de ensino tem como foco ordenação do conteúdo, adequação ao público-alvo, economia de tempo e o objetivo traçado pela metodologia, que deve ser adequado à modalidade de ensino escolhida. Existem diversos **métodos de ensino** e alguns dos mais aceitos no Brasil são:

- Método expositivo pelo professor/instrutor.
- Método de elaboração conjunta.
- Método de trabalho em grupo.
- Método de resolução de problemas.
- Método Paulo Freire.
- *Inquiry-based learning*.
- Ensino programado de Burrhus F. Skinner.
- Construtivismo baseado em Piaget.
- Sociointeracionismo (de Vygotsky).
- Método Montessori.
- Métodos socioindividualizados.
- Métodos socializados de ensino.
- Métodos individualizados de ensino.

A minha definição de método de ensino é:

> Ações educacionais planejadas e organizadas pelo docente que visam atender aos objetivos e ao conteúdo propostos, por isso apontam o caminho de "como fazer". Para serem viabilizados, os métodos de ensino utilizam-se de técnicas de ensino. A escolha do método de ensino pelo educador é influenciada pelos seguintes fatores: metodologia, modalidade, objetivos da aula, conteúdo das matérias, capacidades cognitivas dos alunos e suas características socioculturais. O método de ensino é um conjunto de regras, critérios e processos.

9.2.4 Técnica de ensino

Como visto, a técnica é apenas uma parte do método de ensino. Ela deve ser entendida não como o objetivo final, mas como um componente importante integrado ao método, que, para ser eficaz e atingir objetivos maiores, precisará de outros elementos consistentes.

A minha definição de técnica de ensino é:

> Se método é o caminho a seguir, as técnicas dizem como trilhar esse caminho. Técnicas de ensino são meios de que o educador dispõe em si mesmo, como a oratória, com a finalidade de promover a prática e a ação educacional, estimulando os alunos a fazerem descobertas e a aprender. Se o método de ensino adotado for a resolução de problemas, então a técnica escolhida poderá ser de estudo de caso.

A seguir, enumero as 30 técnicas de ensino que mais utilizamos em projetos educacionais de nossa consultoria.

1. Autoavaliação.
2. *Brainstorming*.
3. Contar histórias – *storytelling*.
4. Criação de roteiro.
5. Criação de fraseologia.
6. Debate.
7. *Design thinking*.
8. Dinâmica de grupo.
9. Discussão 6/6 ou Phillips 6/6.
10. Dramatização ou *role playing*.
11. Entrevista do participante.
12. Estudo de caso.
13. Estudo dirigido.
14. Fórum de debates.
15. *Gamification*.
16. Leitura dirigida.
17. Leitura em voz alta.
18. Mapa mental.
19. Mesa-redonda.
20. Método casuístico de Harvard.
21. Oratória do educador.
22. Passe de bola.
23. Perguntas e respostas.
24. Sala de aula invertida.
25. Simulação.
26. Tarefa "dever de casa".
27. Teste de conhecimento.
28. Transcrição.
29. Projeto final.
30. Vídeo para sensibilização.

9.2.5 Tecnologias e materiais didáticos

Tecnologias e materiais didáticos são todos os artefatos, a infraestrutura e a tecnologia que serão utilizados a fim de viabilizar cada técnica de ensino escolhida.

Algumas técnicas de ensino, por exemplo a *Gamification*, precisam de uma plataforma tecnológica para sua execução. Já técnicas mais naturais do educador, como contar histórias, precisarão muito mais de atitude do que de investimentos em *software* e *hardware*.

9.3 Dez elementos que definem uma metodologia educacional

Um projeto que vise transformar a cultura de uma organização e trazer resultados duradouros, como visto, precisa, em primeiro lugar, formar uma metodologia que dará toda a fundamentação conceitual e filosófica para ser apreciada e aprovada pelos gestores estratégicos.

Sem uma metodologia consistente, as etapas seguintes podem ser enfraquecidas, levando o programa de desenvolvimento a ficar dissonante com os objetivos traçados.

Na Figura 9.4 apresento a sequência que deve ocorrer depois de instituída a metodologia principal do projeto. Na figura é possível ver a Hierarquia 4M2T com exemplos reais dentro dos quadrados.

Figura 9.4 Hierarquia 4M2T com exemplos reais

Fonte: elaborada pelo autor.

Um treinamento de vendas, por exemplo, pode ser visto de forma isolada e contemplar apenas as tradicionais técnicas de negociação. Contudo, essa iniciativa poderá ser mais conectada ao objetivo maior da empresa (por exemplo, crescimento de mercado), vindo a tornar-se uma metodologia educacional robusta.

Dez elementos ajudam a definir uma **metodologia educacional completa**.

1. A metodologia educacional a ser criada deve estar associada a um projeto, estratégia ou política da organização.
2. A ideia inicial de um simples treinamento para "apagar incêndio organizacional" torna-se um programa de desenvolvimento estruturado.
3. Criação de um mote, um tema próprio para o programa a ser memorizado e lembrado pelos funcionários.
4. O nome do projeto deve ser inovador e traduzir as aspirações não apenas da empresa como também dos funcionários.
5. Elaboração de trilha de desenvolvimento, cobrindo o público-alvo com mais de uma modalidade de ensino.
6. Elaboração de conteúdos específicos que transcendam o "passar a técnica", envolvendo os alunos em um processo educacional diferenciado e participativo.
7. Utilização de métodos, modalidades e técnicas de ensino que estimulem a aprendizagem.
8. Foco no envolvimento dos participantes com a prática antes, durante e após o treinamento.
9. Patrocínio da diretoria a fim de que o programa colabore para a mudança da cultura organizacional.
10. Respeitar as variadas formas que as pessoas possuem para aprender algo.

9.4 Diferentes formas de aprendizagem

A aprendizagem é sempre diferenciada por pessoa. Alguns aprendem mais por imagens, enquanto outros prestam mais atenção na fala do professor. É perceptível também que alunos mais auditivos gostam de se sentar nas primeiras fileiras, próximos à fonte do som, no caso a oratória do professor, enquanto outros, mais visuais, sentam-se nas últimas fileiras, privilegiando o sentido da visão.

Privilegiar um canal de aprendizado não significa não levar em conta os demais. Os alunos com maior preferência visual também respondem bem a estímulos auditivos, assim como os que têm mais facilidade com estímulos auditivos também aproveitam os estímulos visuais. A fonte secundária é igualmente importante. O educador deve estar atento a essas diferenças entre os alunos.

A Programação Neurolinguística (PNL) é um vasto campo do conhecimento que nos ajuda a entender de maneira muito simples o quanto as pessoas são diferentes no ambiente de aprendizagem e o que mais as estimula a aprender.

A PNL surgiu pela fusão de estudos de Psicologia, Antropologia, Comunicação e muitas outras correntes. Exatamente por seu caráter multidisciplinar, a PNL pode e deve ser utilizada para auxiliar o educador a entender melhor o seu aluno.

Na Tabela 9.2 apresento algumas dicas simples para o educador estimular seus alunos para o aprendizado, conforme a preferência sensorial do aprendiz.

Tabela 9.2 Características dominantes dos alunos segundo a PNL e dicas para a condução do educador

	Visuais	Cenestésicos	Auditivos
Características dominantes dos alunos durante a aula	Sentam-se mais no fundo da sala e são mais estimulados por imagens do que pelo som.	Gostam de contatos mais próximos com as pessoas.	Ficam muito atentos à voz do professor durante a aula.
Estímulos do educador para o aprendizado durante a aula	O educador deverá preparar apresentações com ótima qualidade de design e procurar decifrar imagens.	O educador deve caminhar pela sala mantendo proximidade com os alunos, e não se colocar apenas à frente do quadro.	O educador deve apresentar o conteúdo da aula com voz firme e ao mesmo tempo amável, com o cuidado de ser claro e no tom certo.

Fonte: elaborada pelo autor.

9.5 A aprendizagem vivencial com estratégia empresarial

O modelo tradicional de ensino tem sido, a cada dia, substituído pela aprendizagem vivencial, que é essencialmente pautada nos ensinamentos do educador norte-americano David Kolb, suscitando, portanto, o uso constante da prática para fixar o conhecimento. Esse padrão educacional desloca o foco do anterior, ou seja, se antes o professor era a figura central dos ensinamentos, a norma para o futuro é que cada vez mais o educando seja o pilar da sala de aula.

O pleno desenvolvimento do aluno depende de uma especificação e individualização dos objetivos educacionais. Ele não deve se sentir obrigado a aprender, mas sim instigado a fazê-lo; portanto, motivá-lo, desafiá-lo e acolhê-lo no ambiente de aprendizagem são tarefas do educador.

A forma da aprendizagem vivencial, por exemplo, valoriza a aprendizagem não apenas cognitiva, mas também a afetiva, a cooperativa, a atitudinal e a comportamental. Em um estudo realizado por Antonio Carlos Sauaia, citado por Motta, Paixão e Melo, chamado *Satisfação e aprendizagem em jogos de empresas: contribuições para a educação gerencial*, o pesquisador apresenta a comparação entre o ensino tradicional e a aprendizagem vivencial (Tabela 9.3).

Tabela 9.3 Ensino tradicional *versus* aprendizagem vivencial

Parâmetros educacionais	Ensino tradicional	Aprendizagem vivencial
Orientação didática	Ensino	Aprendizagem
Personagem central	Educador	Educando

Conteúdos trabalhados	Do educador	Do educando
Envolvimento do educador	Alto	Baixo
Envolvimento do educando	Baixo	Alto
Atitude que orienta	Quero ensinar	Quero aprender
Técnica usual	Expositiva	Trabalho em grupo
Tipo de aprendizagem	Cognitiva	Cognitiva, afetiva, cooperativa, atitudinal e comportamental
Áreas trabalhadas	Cérebro	Todo o indivíduo
Aplicações de conceitos	Teórica	Prática
Objetivos educacionais	Gerais e coletivos	Específicos e individualizados
Avaliador de aprendizagem	Educador	Educando
Andamento da aula	Estímulos do educador	Motivos do educando
Ambiente criado	Competitivo	Competitivo e cooperativo

Fonte: SAUAIA,1995 apud MOTTA; PAIXÃO; MELO, 2009.

9.6 Estratégias pedagógicas para dificuldades de aprendizagem

Maria Lúcia Reis Monteiro da Cruz produziu o artigo *Estratégias pedagógicas para alunos com dificuldade de aprendizagem* no I Seminário Internacional de Inclusão Escolar, realizado em 2014 na cidade do Rio de Janeiro, buscando identificar soluções para as diferentes consequências que tais deficiências podem ter na escola.

A autora cita cinco passos para vencer barreiras que os alunos possam apresentar na aprendizagem:
1. Desenvolver projetos.
2. Tornar o material didático mais acessível.
3. Utilizar material concreto.
4. Diversificar.
5. Implementar jogos ou atividades lúdicas.

A primeira solução atrai a *atenção aprofundada* dos alunos para algum assunto específico. A segunda trabalha o design e a disposição do conteúdo nos materiais utilizados para o desenvolvimento, chamando a atenção para os pontos essenciais. Já a terceira sugere que sejam utilizados sólidos e *objetos táteis* durante as explicações.

A diversificação proposta no quarto passo busca apresentar, sob diferentes formas e metodologias, o mesmo conteúdo, para abarcar todos os tipos de aprendizes. Por último, é necessário envolver o aluno com *experiências* que aliem a prática ao entretenimento.

Amanda Polato, no artigo *Como detectar transtornos de aprendizagem*, publicado pela revista *Época*, entrevistou vários especialistas renomados que deixaram bem claro que crianças com dificuldades de aprender possuem inteligência absolutamente normal. Em muitos casos são chamadas de desinteressadas, preguiçosas e burras, mas o que precisam é de outras estratégias, atendimento especializado, estímulos positivos e atenção para avançar nos estudos.

De que forma um artigo sobre aprendizagem de crianças pode influenciar os adultos? A resposta é simples: as escolas são mais preparadas para identificar dificuldades de aprendizagem por possuírem profissionais especializados focados nas diferenças individuais e na tratativa mais personalizada para esses casos.

Já os profissionais de T&D organizacional dirigem esforços mais para projeto e soluções educacionais que tragam resultados para a empresa, dedicando pouco tempo para identificar as dificuldades de aprendizagem individuais dos colaboradores e customizar soluções, como as apresentadas no artigo.

Contudo, embora empresas tenham urgência para aproveitar o resultado do investimento feito em T&D, o educador deverá estar atento para identificar pessoas que tenham dificuldade de aprender e procurar auxiliá-las.

9.7 Teorias de aprendizagem aplicáveis em T&D

A partir deste ponto do capítulo, tratarei de apresentar, de forma bem objetiva, as teorias de aprendizagem para que possam ser compartilhadas pelos educadores organizacionais de T&D e também acadêmicos de instituições de ensino que visam desenvolver conteúdos e aulas mais diferenciados.

Como esse é um tema muito vasto, selecionei os modelos que são aplicáveis em T&D.

9.7.1 Janelas de Johari – Joseph Luft e Harry Ingham

O modelo de janelas de Johari atua na melhor compreensão entre as pessoas que estão convivendo em uma equipe. Podemos também usá-lo para identificar oportunidades de melhor entrosamento entre grupos diferentes de alunos.

O modelo de Johari foi criado pelos psicólogos americanos Joseph Luft e Harry Ingham e publicado nos Anais do Laboratório de Treinamento e Desenvolvimento pela University of California (UCLA), e mais tarde foi expandido por Joseph Luft. Hoje o modelo é bastante utilizado para o desenvolvimento de habilidades *soft* das pessoas. O modelo também se aplica para a compreensão das relações entre empresa e funcionário; treinador e aluno (Figura 9.5).

Figura 9.5 Janelas de Johari e estratégia para lidar com elas

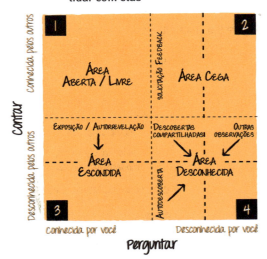

Fonte: adaptada de: CHAPMAN (*Johari Window*).

Prosseguimos com o entendimento de cada quadrante.

Quadrante 1 – *Área aberta*, livre ou pública: tendência à boa comunicação, à cooperação e à confiança entre as pessoas, proporcionando maior crescimento da equipe. Nesse caso, o trabalho tende a ser mais produtivo e a quantidade de conflitos, pequena.
Quadrante 2 – *Área cega*: essa situação ocorre quando o grupo conhece algo que você não conhece, inclusive algo sobre você mesmo. Em vários casos a pessoa pode não ter consciência do seu comportamento, mas o grupo sim, o que aumenta o comprometimento deste em ajudar um dos membros com *feedback* eficaz e boa comunicação.
Quadrante 3 – *Área escondida*: algo é conhecido para você, mas desconhecido para os outros. Tudo bem se a informação não partilhada for de natureza muito pessoal; contudo, o problema ocorre quando as informações profissionais são sonegadas pela pessoa. Reduzir essa área significa reduzir conflitos e, por outro lado, aumentar a confiança.
Quadrante 4 – *Área desconhecida*: informações, sentimentos, competências e talentos são desconhecidos pela pessoa e pelo próprio grupo, o que torna exígua a chance de êxito de trabalho em equipe. Nesse quadrante deve-se identificar se as informações são reprimidas ou se não circulam por falta de incentivo ou mesmo pela cultura rígida da empresa.

9.7.2 Pirâmide da Aprendizagem – Edgar Dale

Embora os ensinamentos do educador norte-americano Edgar Dale datem de antes do surgimento da internet, eles continuam atuais em termos de percepção do uso de modalidades de ensino.

O conhecimento pode ser conseguido de diferentes formas, mas, a partir do estudo das formas de aprendizagem, ficou constatado que alguns procedimentos apresentam maior eficácia que outros. A Pirâmide da Aprendizagem (Figura 9.6) demonstra o nível de retenção do conhecimento das pessoas a partir do meio em que elas são capacitadas.

Figura 9.6 Pirâmide da Aprendizagem

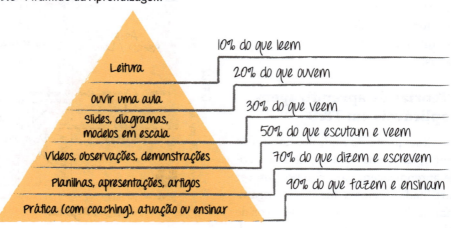

Fonte: DALE, 1954 apud PALKMETS, 2014.

A base da pirâmide formada por *praticar, atuar ou ensinar* sem dúvida é a que causa maior nível de retenção do conhecimento adquirido pelo aluno. Inclusive, ao escrever este livro, não estou apenas contribuindo com o aprendizado dos leitores como também fixando novos e antigos conhecimentos.

Um alerta importante para nós, educadores, que gostamos de aumentar o engajamento e a participação do aluno durante a instrução, é perceber que quanto mais para a base da pirâmide de Edgar Dale forem as atividades, mais tempo será consumido com cada técnica empregada, levando o educador a reduzir o conteúdo proposto.

Uma reflexão importante a ser feita é a escolha acerca da modalidade educacional, também chamada de tipo de intervenção, para que os objetivos propostos sejam alcançados. Se a finalidade for gerar *insights* nas pessoas, então a palestra parece uma boa forma de fazer que todos saiam motivados e com várias ideias para realizar mudanças, contudo não saberão "como" mudar. A explicação é simples: o tempo dedicado a uma palestra (cerca de uma hora) será insuficiente para gerar grandes transformações.

Por outro lado, o grau de mudança e retenção do aprendizado será na ordem de 90% se, em sala de aula, um consultor experiente realizar com maestria grupos de discussão combinados com práticas e simulações, desafiando também os alunos a se prepararem para ser mentores ou monitores.

9.7.3 Curva de Aprendizagem ABCDE para cursos de curta duração

Para este livro desenvolvi a Curva de Aprendizagem ABCDE, que é válida para verificar a melhor carga horária para cursos de curta duração.

Uma das grandes dúvidas dos gestores é sobre a carga horária ideal para treinamentos e cursos livres de curta duração presenciais, pois não há padrão ou um consenso no mercado. Um curso básico de Planejamento Estratégico, por exemplo, pode ser oferecido por uma consultoria com carga horária de oito horas, já outra oferece um conteúdo similar em 24 horas. Quem está com a razão? Essa é uma questão muito difícil de ser respondida, porque esse tipo de instrução é considerado **curso livre** pelo Ministério da Educação (MEC), portanto sem obrigatoriedade de carga horária ou currículo mínimos. Contudo, essa modalidade de capacitação é de grande impacto para as organizações e altamente transformadora, atuando no que chamamos de *kickwin* (em Administração significa ganhos rápidos, alternativas simples que geram resultado), trazendo resultados de curto prazo para milhões de pessoas e empresas em todo o mundo.

É muito comum aplicarmos um treinamento – por exemplo, de excelência no atendimento – e verificar, já no dia seguinte à capacitação, que os resultados de satisfação do cliente melhoraram. Um minicurso de Excel de 24 horas de duração já causa imediatamente transformação nos alunos, que passam a operar com maior proficiência as planilhas eletrônicas. Um treinamento de 16 horas de redação empresarial já traz melhorias significativas no ato de se comunicar por texto para o público que já tem prática em redigir.

Esses e outros exemplos mostram o quanto a capacitação transformadora ocorre também em pequenas cargas horárias. Contudo, isso não se aplica a todas as competências, principalmente aquelas que precisam de tempo para se solidificarem, como o ensino de idiomas, MBAs e tantas outras ministradas em cursos de longa duração.

Os treinamentos de curta duração precisam ser mais bem compreendidos tanto

Figura 9.7 Curva de Aprendizagem ABCDE para cursos de curta duração

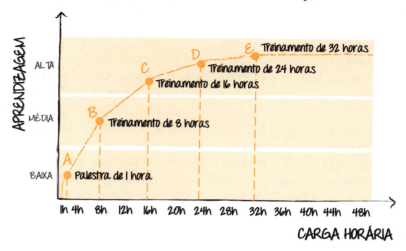

Fonte: elaborada pelo autor.

pelos alunos quanto pelos empresários. É muito comum, por exemplo, uma empresa desejar que em uma palestra de uma hora o participante seja capacitado ou saia transformado e pronto para realizar mudanças. Isso, de fato, não ocorrerá, pois essa exígua carga horária levará ao participante *insights* e não o desenvolvimento de competências.

Criei a **Curva de Aprendizagem ABCDE para cursos de curta duração** a partir da minha observação (durante mais de uma década de aulas) do quanto os alunos aprendem em cursos e treinamentos de curta duração à medida que a carga horária aumenta. Em certas disciplinas, principalmente aquelas que trabalham uma única competência, parece haver um limite no qual a Curva de Aprendizagem começa a crescer menos, levando os treinamentos de 32 horas ou mais a não apresentarem tantas mudanças no conhecimento e nas atitudes dos alunos.

A Figura 9.7 traz um gráfico em que o *ponto A*, representado por palestras de uma hora, possui um grau de aprendizagem sobre a competência ministrada inferior ao treinamento de 24 horas, por exemplo; contudo, à medida que a carga horária se amplia para 32 horas ou mais, o aumento da aprendizagem não é tão significativo.

9.7.4 Kolb Learning Styles – Aprendizagem experiencial – David Kolb

David Kolb foi um dos pioneiros nos estudos sobre os métodos de aprendizado, apresentando o conceito de que a melhor forma de adquirir um conhecimento é colocando em prática o que se sabe (aprendizagem experiencial). Essa dinamicidade do processo requer uma iniciativa própria de quem se põe na condição de aprendiz. A intenção deve ser, a todo momento, entregar-se ao aprendizado de forma ativa.

David Kolb interligou conhecimentos de renomados estudiosos, como Rogers, Piaget e Jung, para emoldurar um modelo que explicasse como cada indivíduo se comporta nos processos de aprendizagem. Batizado de **Modelo Experiencial de Kolb**, por propor que a transferência de conhecimento só é efetivada se ligada a uma experiência, o método edificou-se como um importante marco no campo do ensino-aprendizagem.

Apesar de ser facilmente compreensível e aplicável em diversas situações de desenvolvimento pessoal, o método requisita, do aprendiz, uma posição sólida e definida em questões como autoconhecimento, autoconsciência, autodesenvolvimento e personalidade. Alan Chapman, idealizador do site sobre gestão de carreiras Businessballs, é conciso ao observar que o método de Kolb possivelmente teria sua eficácia reduzida se utilizado em um público menos desenvolvido, como crianças, por exemplo.

Para descrever seu método, David Kolb o estruturou em um formato circular. Ao explicar o comportamento dos aprendizes, esse círculo serve como uma trajetória de ações e reações perante o conteúdo. De forma ideal, todos deveriam percorrer completamente o circuito em sentido horário, partindo do ponto com o qual mais se identificassem, conforme mostra a Figura 9.8.

Esse movimento ocorre a todo instante na vida profissional e pessoal. Kolb ainda divide esses instantes em faixas-chave para entender o desenvolvimento individual do ser humano, como mostra a Figura 9.9.

Figura 9.8 Aprendizagem experiencial – David Kolb

Fonte: adaptada de PALKMETS, 2014.

Figura 9.9 Estágios do desenvolvimento humano

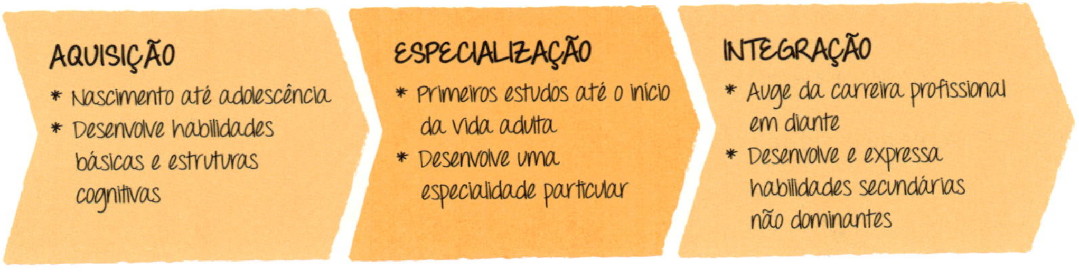

AQUISIÇÃO
* Nascimento até adolescência
* Desenvolve habilidades básicas e estruturas cognitivas

ESPECIALIZAÇÃO
* Primeiros estudos até o início da vida adulta
* Desenvolve uma especialidade particular

INTEGRAÇÃO
* Auge da carreira profissional em diante
* Desenvolve e expressa habilidades secundárias não dominantes

Fonte: adaptada de CHAPMAN (*Kolb learning styles*).

O modelo de Kolb reconhece que nossas ações dependem de escolhas, ainda que nem sempre conscientes, sobre os rumos nas experiências de aprendizagem. É necessário definir a forma de se relacionar primeiramente com a experiência e a de reagir a ela. A primeira dualidade fica entre observar, prestando atenção em pessoas já envolvidas e refletindo sobre o que é visto, e fazer, tomando a iniciativa e partindo direto para a prática.

Essa metodologia permite orientar o treinamento pelo método que mais se encaixe ao estilo da pessoa. A melhor forma de fazer isso é adaptar o desenvolvimento para corresponder a um dos quatro perfis que Kolb identificou e descreveu em suas pesquisas. Cada perfil se identifica melhor com uma combinação de ações e reações perante a experiência. A Figura 9.10 explicita essas relações.

É importante salientar que o modelo de Kolb não é estrito nem deseja ser completo. Ele admite que algumas pessoas se identificarão com mais de um perfil de aprendizagem, assim como acredita que os indivíduos possam movimentar-se entre esses padrões, embora isso seja raro. Assim, os temperamentos propostos podem ser descritos como mostra a Figura 9.11.

Figura 9.10 Diagrama de Kolb apresentando os quatro perfis

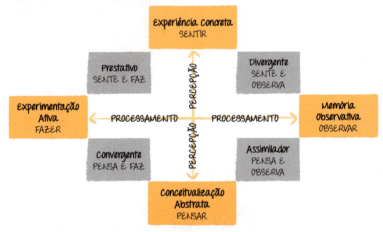

Fonte: adaptada de CHAPMAN (*Kolb learning styles*).

Figura 9.11 Perfis de David Kolb

Fonte: adaptada de CHAPMAN.

9.7.5 Variação de Honey-Mumford

Baseando-se no modelo apresentado por Kolb, Honey e Mumford criaram outro muito similar. De acordo com os autores, o modelo possui mais semelhanças do que diferenças com o de Kolb. Uma interessante observação a se fazer sobre esse modelo é a equivalência (apesar dos nomes diferentes) dos estilos de aprendizagem, como mostra a Tabela 9.4.

9.7.6 *Bloom's Taxonomy* – Benjamin Bloom

O psicólogo educacional norte-americano Benjamin Bloom criou a **Taxonomia dos Objetivos Educacionais**. A base de seu modelo expressa que o aprendizado pode sempre se classificar em uma das categorias dominantes: *cognitiva*, apelando à informação; *afetiva*, apelando às emoções; e *psicomotora*, apelando à prática, e até os dias hoje influenciam a aprendizagem humana. A Figura 9.12 detalha cada uma delas.

Tabela 9.4 Equivalências de Honey-Mumford e Kolb

Honey-Mumford	Equivalente em Kolb	Descrição
Ativista	Prestativo	Procura desafios e experiências imediatas
Reflexivo	Divergente	Informações e ponderações sobre análises
Teórico	Assimilador	Pensa logicamente e de forma racionalista
Pragmático	Convergente	Novas ideias para transformar em prática

Fonte: adaptada de CHAPMAN (*Kolb learning styles*).

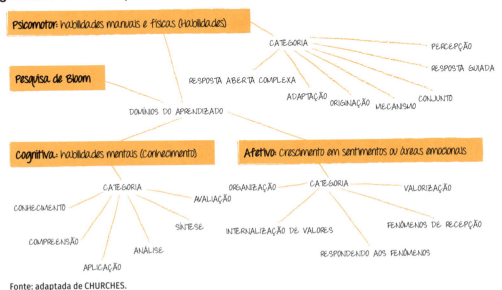

Figura 9.12 Domínios do aprendizado de Bloom

Fonte: adaptada de CHURCHES.

Figura 9.13 Domínios do aprendizado de Bloom

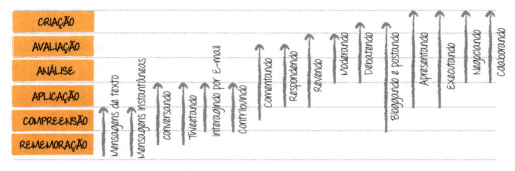

Fonte: adaptada de CHURCHES.

Bloom aprofundou seus estudos na área cognitiva do aprendizado ao desenvolver a Taxonomia apresentada aqui. O modelo que leva seu nome define que para aplicar um conceito é preciso antes memorizá-lo para, então, entendê-lo. Para o autor, as competências ao aprender devem partir das que exigem menos esforço mental para as que exigem mais, percorrendo ordenadamente a trajetória: conhecimento, compreensão, aplicação, análise, sintetização e avaliação.

O professor e palestrante Andrew Churches, ao descrever a *Bloom's digital taxonomy*, identificou que o crucial do modelo e seu processo de aprendizado não é definir *quais*, mas sim *como* as ferramentas podem melhorar a incorporação de novos conhecimentos. Portanto, o conteúdo que esses meios propagam precisam ter uma qualidade reconhecível, ou todo o procedimento estará comprometido.

Por isso, apesar de ter sido criado há décadas, o modelo mantém-se atual, podendo ser adaptado para o mundo digital com o auxílio das diversas ferramentas que surgiram na *web* nos últimos anos. Todos esses instrumentos convergem para a ampliação de uma atividade, a colaboração. O desenvolvimento em equipe, seja de projetos ou pessoal, é uma base para os profissionais que buscam estar sempre atualizados e preparados.

A colaboração é essencial no século XXI, pois ela pode estar presente em qualquer nível do modelo de Bloom e em diferentes intensidades. *Wikis*, *blogs* educacionais, criação compartilhada de documentos e redes sociais são exemplos de meios de conteúdo e canais para se relacionar com o processo de aprendizagem dos indivíduos.

Em 2001, dois alunos de Bloom revisaram esse modelo de Taxonomia alterando o processo de aprendizagem para rememoração, compreensão, aplicação, análise, avaliação e criação. Adaptando o modelo revisado para a era atual da informação, é possível classificar algumas atividades comuns no ambiente virtual, conforme pode ser visto na Figura 9.13.

9.7.7 O modelo 70:20:10 – Morgan McCall, Robert W. Eichinger e Michael M. Lombardo

O modelo 70:20:10 busca dividir, de forma eficaz, o desenvolvimento dos funcionários conforme o nível de atenção que eles atribuem para cada natureza de atividade. Essa divisão favorece a experiência, a prática (70% do tempo) e o contato com comportamentos eficientes (20% do tempo) para a obtenção do resultado que se deseja alcançar, delegando menor carga horária para treinamentos formais (10% do tempo).

O modelo 70:20:10 é uma abordagem de desenvolvimento utilizada nas organizações que tem como base os estudos dos pesquisadores Morgan McCall, Robert W. Eichinger e Michael M. Lombardo, do *Center for Creative Leadership,* que fica na Carolina do Norte, Estados Unidos.

Na Figura 9.14 é possível visualizar um resumo dessa concepção.

Figura 9.14 As camadas do Modelo 70:20:10, que privilegia a experiência em situações de trabalho

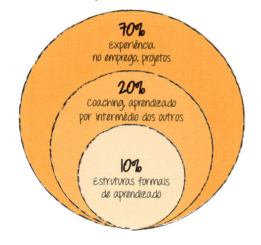

Fonte: adaptada de KAJEWSKI; MADSEN, 2013.

O modelo 70:20:10 propõe que o desenvolvimento ocorra, majoritariamente, por meio de experiências no trabalho, contato com clientes, desenvolvimento de projetos, simulações e *job rotation*. Na escala dos 20%, encontram-se atividades como *coaching*, *mentoring*, contato com superiores e colegas. A menor fatia traduz-se no tempo gasto para cursos e treinamentos formais, como em sala de aula, com o uso de artigos, livros e até mesmo *e-Learning*. A aplicação do 70:20:10 pode ocorrer em diferentes escalas e intensidades nas empresas, permeando vários setores ou apenas alguns específicos. Algumas companhias abraçam ainda mais o modelo e o utilizam no planejamento de produtos, serviços e processos.

A organização Deakin Prime Corporate Education, no estudo *Desmystifying 70:20:10*, informa que, apesar de o método 70:20:10 estar amplamente difundido e popularizado nas empresas bem-sucedidas, ainda podem ocorrer desafios para convencer gestores e funcionários de T&D a adotá-lo. Os indivíduos que se contrapõem ao método costumam ter visões mais conservadoras e favoráveis a treinamentos formais, ou não se sentem estimulados a desempenhar o papel de líderes do desenvolvimento de seus pares.

Uma crítica ao modelo é que ele foca apenas capacitações simples que podem ser feitas no ambiente de trabalho, como aprender uma tarefa rotineira com funcionários mais antigos. O modelo também não é adequado para o desenvolvimento de competências comportamentais e híbridas que exigem treinamento estruturado. Outro ponto contrário é que a capacitação do funcionário pelo modelo 70:20:10 se ampara em aprender com a experiência dos demais, que muitas vezes têm desempenho de baixa qualidade.

A seguir conheceremos o caso de sucesso em Educação Corporativa da Globo.com, uma empresa em que tenho orgulho de ter atuado juntamente com minha equipe em projetos de qualidade, consultoria e educação.

CASO DE SUCESSO

Globo.com

A Globo.com é uma empresa de comunicação e tecnologia pertencente ao maior grupo de mídia da América Latina, o Grupo Globo. A sua central de relacionamento com clientes é altamente reconhecida pela competência de seus colaboradores e por investir e realizar projetos que beneficiam seus milhares de clientes de todo o Brasil.

Uma das razões desse sucesso é a atuação constante e cadenciada no Treinamento e Desenvolvimento dos seus colaboradores e parceiros. Com milhares de participantes e uma ideologia de treinar 100% deles dentro dos prazos estabelecidos, a Globo.com utiliza diversas modalidades de ensino, perfazendo mais de 10 mil horas de treinamento anualmente.

Seguindo uma abordagem andragógica e aplicando o PDCA (*Plan, Do, Check, Act*) para planejar e corrigir as ações educacionais, quando necessário, a empresa desperta nos treinandos uma forte interação e experimentação. As técnicas de treinamento incluem estudos de casos, jogos, comportamentais, dinâmicas de grupo, uso de áudio e vídeo, EaD, *coaching* e *on the job training*. A escolha da ação de treinamento mais adequada é aderente ao diagnóstico de necessidades e não é a última prática do processo, que conta com mensuração de resultados e ações complementares pós-treinamento.

Por conta da alta frequência de treinamentos, a mensuração de resultados e as atividades pós-desenvolvimento são extremamente necessárias e presentes. As ferramentas para avaliar o aproveitamento do colaborador são muitas, como *quiz*, monitorias, *feedbacks*, ações "carona", avaliação comportamental com foco nas mudanças, divulgação de materiais na TV, *intranet*, "carona invertida", isto é, *on the job training*, e testes de conhecimento presencial. Essas práticas são mensuradas por meio de índices como nota de avaliação, reação e evolução de KPIs (antes e após os treinamentos), sempre buscando a retenção da aprendizagem pelo colaborador.

Além das ações mensais de reciclagem destinadas às áreas que apresentam informes de qualidade abaixo da média, a capacidade dos colaboradores é ampliada por meio de programas específicos de formação. A Globo.com incentiva a aplicação de um modelo de acompanhamento do funcionário que ocorre até 90 dias após a ação de desenvolvimento. O papel da liderança nesse processo é essencial.

Ainda nesse modelo, o grupo recém-treinado, durante os primeiros cinco dias de atendimento ao cliente, é acompanhado tanto pelo treinador quanto pelo monitor de qualidade, o que garante que a prática será realizada em conformidade com os padrões aprendidos no treinamento.

Após esse período, ocorre a primeira avaliação de qualidade que define quais indivíduos serão encaminhados para a "recuperação". Se após três dias não houver um aproveitamento acima da média, a continuidade do colaborador que não passou na recuperação é questionada. Os demais bem avaliados seguem acompanhados e com reforços de aprendizagem até se completarem 90 dias, garantindo, assim, que o ganho de competência de fato ocorreu.

Setorizar, planejar e acompanhar durante e após o treinamento são conceitos muito bem estabelecidos e empreendidos pela Globo.com. A maneira organizada com que as informações são coletadas permite que a empresa identifique facilmente as lacunas de qualidade tanto nos cargos de liderança quanto nos de atendimento, concebendo atividades apropriadas e contextualizadas para cada grupo. Assim, todos saem ganhando, principalmente o cliente final.

A área de relacionamento com clientes, que é reconhecida no mercado como referência, possui como um dos pilares o desenvolvimento de colaboradores e parceiros e já conquistou diversos prêmios de excelência.

Para saber mais, acesse: <http://www.globo.com>.

QUESTÕES PARA REFLEXÃO E PRÁTICA

1
O autor revela que *metodologia de ensino e teoria de aprendizagem* caminham juntas. Apresente justificativas para que isso ocorra.

2
Os princípios andragógicos são bem diferentes dos pedagógicos. Enquanto a Andragogia é aplicada a adultos, a Pedagogia é voltada a crianças e adolescentes. Apresente as distintas situações no ensino que indicam as diferenças entre os dois princípios.

3
A Andragogia é orientada para o desenvolvimento de adultos, por isso é bem diferente da Pedagogia. Diga como a Andragogia pode influenciar T&D nas empresas.

4

Metodologia, modalidades, métodos e técnicas de ensino muitas vezes são confundidos pelo mercado. Qual a finalidade da Hierarquia 4M2T, que foi desenvolvida e apresentada pelo autor neste capítulo?

5

A Hierarquia 4M2T apresentada nesta obra é composta por Metodologia, Modalidade, Método, Técnica, Tecnologia e Material de ensino. Descreva e explique a hierarquia entre os componentes da Hierarquia 4M2T.

6

Neste capítulo o autor exemplificou as 30 técnicas mais utilizadas nos trabalhos de consultoria, treinamento e desenvolvimento de pessoas que sua empresa oferece. Exemplifique algumas das principais técnicas.

7

Este capítulo apresentou uma série de modelos sobre métodos de ensino e teorias de aprendizagem. Comente a utilidade Curva de Aprendizagem ABCDE para cursos de curta duração em empresas competitivas.

8

A Curva de aprendizagem ABCDE é demonstrada em um gráfico comparando a aprendizagem dos alunos com a carga horária para treinamentos de curta duração. Experimente reproduzi-lo em forma de *draft*.

9

O modelo David Kolb de aprendizagem experiencial foi um dos pioneiros nos estudos sobre os métodos de aprendizado, demonstrando que a melhor forma de adquirir um conhecimento é colocando-o em prática. Diga como o modelo pode ser aplicado em empresas.

10

O modelo 70:20:10, que é uma abordagem de desenvolvimento nas organizações criado na Carolina do Norte, Estados Unidos, apresenta vantagens, mas também várias limitações. Fale sobre essas vantagens e limitações.

CAPÍTULO 10
AS 40 MODALIDADES DE ENSINO E DE DESENVOLVIMENTO DE PESSOAS

> "A escolha da técnica de ensino mais adequada e a modalidade educacional mais aderente ao desenvolvimento dos colaboradores é uma virtude de quem trabalha na área de desenvolvimento de pessoas, por isso deve ser realizada com critérios seguros."

O verdadeiro compromisso de quem trabalha no desenvolvimento de pessoas em empresas e instituições de ensino é *educar*, sejam elas iniciantes ou executivos, jovens ou seniores. O problema é que muitas vezes o verdadeiro sentido da palavra é desconsiderado, o que demonstra distanciamento da missão do ensino.

Por mais modernas e tecnológicas que sejam as ações de treinamento, é necessário utilizar o termo correto e compreender o verdadeiro sentido de educar alguém. O termo educar originou-se do latim *educare* e é formado pelo casamento do prefixo *ex*, que significa "fora", e *ducere*, que quer dizer "conduzir" ou "levar". O termo era comumente utilizado para designar a preparação dos indivíduos para o mundo que os cercava e para aprenderem a conviver em sociedade, uma verdadeira jornada rumo à condução das pessoas para "fora" de si mesmas, como configuração de evolução.

No Brasil, muitas vezes a palavra educar está associada a boas maneiras; contudo, o sentido original no latim é também o mesmo da língua inglesa (*education*), referindo-se à instrução formal.

10.1 Títulos para educadores e educandos

Uma tendência forte que percebemos no mundo educacional é a proliferação de diversos tipos de educadores, já que as intervenções para desenvolvimento das equipes tornaram-se mais complexas. Por que complexas? Pelo fato de a concorrência aumentar cada vez mais e as organizações incorporarem novas tecnologias.

Assim, constantemente os colaboradores são exigidos a desenvolver competências técnicas, comportamentais e híbridas num curto espaço de tempo. Para isso, serão importantes intervenções de ensino corporativas, como *coaching*, cursos e treinamentos, e também intervenções acadêmicas, como indicação de pós-graduação.

A seguir, apresento a você uma lista com diversas possibilidades de como nomear um educador que pretende desenvolver uma equipe na esfera acadêmica ou na corporativa, pois será importante chamarmos a pessoa certa com a nomenclatura certa para não causar embaraços.

No mundo corporativo, por exemplo, os alunos valorizam ser capacitados por consultores, especialistas, *coaches* e demais funções, conforme Tabela 10.1. Já no meio acadêmico, utilizam-se outros títulos para o educador.

Quanto aos educandos, isto é, quem está em processo de Educação Corporativa ou acadêmica, também é necessário que sejam chamados pelos nomes certos, pois, como sabemos, por trás de uma única palavra há sempre um significado, um símbolo (Tabela 10.2).

Tabela 10.1 Diversas possibilidades de como um educador pode ser denominado no meio corporativo e no acadêmico

Meio	Educador
Corporativo	Consultor / Professor / *Coach* / Conselheiro / Especialista / Facilitador / Guru / Instrutor / Mentor / Multiplicador / Palestrante / Tutor
Acadêmico	Docente / Professor / Orientador / Doutor / Mestre / Catedrático / Titular / Acadêmico

Fonte: elaborada pelo autor.

Tabela 10.2 Diversas possibilidades de como um educando pode ser denominado no meio corporativo e no acadêmico

Meio	Educando
Corporativo	Aluno / Treinando / *Coachee* / Aprendiz / Colaborador / Participante
Acadêmico	Aluno / Estudante / Discípulo / Discente / Acadêmico

Fonte: elaborada pelo autor.

É importante ressaltar que tanto as empresas que representam o mundo corporativo quanto as instituições de ensino, como universidades, têm autonomia para definir que termos usar. Os dados que apresentei nas Tabelas 10.1 e 10.2 são exemplos e foram catalogados a partir de minhas pesquisas e experiências pessoais, contudo sabemos que podem existir mais nomenclaturas.

10.2 Como escolher a modalidade de ensino ou de desenvolvimento

Apesar de as diferenças serem aparentemente simples, muitas pessoas que trabalham na área confundem a aplicação do termo certo para a correspondente ação educacional. Já presenciei especialistas dizendo que iriam ministrar *workshops* quando, na verdade, estavam proferindo palestras. Já vi pessoas anunciando na mídia a realização de seminários quando, em verdade, eram treinamentos. Quanta confusão!

Então, por que isso é um problema se são apenas nomes? É que o mundo empresarial não perdoa. O instrutor, quando está diante de uma turma de alunos composta por executivos, por exemplo, e erra um termo, pode ser questionado ou mesmo desacreditado. Seria o equivalente a um piloto comercial achar que Airbus e Boeing são a mesma coisa. Apesar de serem aviões com várias características comuns, possuem diferentes peças, processos de fabricação e capacidade.

De fato, o nome pode até ser o menor problema. A questão mais importante é saber escolher a modalidade de ensino – também chamada de **modalidade de desenvolvimento** – mais adequada para a ocasião certa, não se baseando apenas em custos mas também sob um prisma andragógico, em que são consideradas várias dimensões.

Uma ação de desenvolvimento em *coaching*, situada no quadrante 1 da Figura 10.1, terá grande flexibilidade de horários, pois as sessões são acordadas entre o *coach* e o *coachee*. Já treinamentos *in company* possuem uma agenda mais fixa e o conteúdo foi negociado previamente com a empresa, por isso, situa-se no quadrante 2.

Na Figura 10.1, as modalidades de ensino são apresentadas em forma de quadrante de acordo com as dimensões *flexibilidade de agenda* e *flexibilidade de conteúdo* para apoiar pessoas e organizações na escolha das melhores modalidades de desenvolvimento/ensino.

Figura 10.1 Quadrante de flexibilidade de agenda *versus* flexibilidade de conteúdo

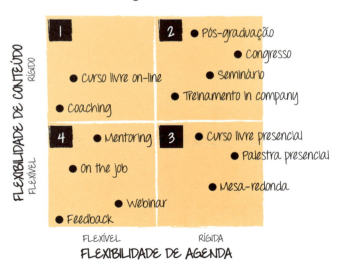

Fonte: elaborada pelo autor.

Essa classificação é estimada e poderá variar de acordo com diversos aspectos, como carga horária das ações educacionais, competência do educador, competência ministrada etc. Outra ressalva é que não existe uma modalidade educacional melhor do que outra, pois todas são igualmente válidas. O educador deverá escolher a mais adequada para cada situação de aprendizagem.

Outra forma de escolher as técnicas de ensino e modalidades educacionais é comparar o grau de transformação esperado *versus* a carga horária proposta. O fato é que quanto maior for a carga horária da modalidade escolhida (sendo presencial), maior será a possibilidade de transformar pessoas e aumentar suas competências. Se um módulo de curso livre on-line contiver a mesma carga horária que um correspondente curso presencial, então esse último terá um grau maior de transformação pelo simples fato de promover a participação em sala de aula e haver troca de experiências entre as pessoas.

Nos treinamentos e cursos presenciais as pessoas têm a possibilidade de explorar melhor seus cinco sentidos (visão, tato, paladar, audição e olfato), principalmente durante as atividades, como trabalhos em grupo, o que para nós, seres humanos, é uma fonte inesgotável de experiências de aprendizagem.

Na Figura 10.2 apresento a distribuição das técnicas e modalidades educacionais em forma de quadrante, considerando outras variáveis: carga horária *versus* o grau de transformação esperado nos alunos quanto à competência proposta. Da mesma forma que o quadrante anterior, essa classificação é estimada e poderá variar conforme diversos outros aspectos.

Figura 10.2 Quadrante de carga horária *versus* grau de transformação para apoiar pessoas e organizações na escolha das melhores técnicas e modalidades de ensino

Fonte: elaborada pelo autor.

10.3 Quarenta e uma modalidades diferentes de desenvolvimento

Modalidades de desenvolvimento também são chamadas de modalidades de ensino. É difícil encontrar uma publicação que desmistifique as diversas possibilidades de capacitar as pessoas. Por isso, visando contribuir com os leitores, elaborei este capítulo a partir de duas fontes: uma ampla pesquisa sobre os termos e a minha experiência em dirigir ações educacionais tanto de pequeno porte quanto para grandes audiências. Vamos às modalidades, apresentadas por ordem alfabética.

A seguir vou apresentar, de forma prática, cada modalidade de ensino em ordem alfabética, com suas definições, objetivos e dicas importantes.

1. Assessment

Assessment é um termo originado do inglês e significa avaliação. As escolas de gestão empresarial e as organizações vêm tratando o *assessment* com maior profundidade, atribuindo a esse processo a função de avaliar as competências de um indivíduo, identificar talentos, estimar o potencial e contribuir para a gestão de carreira.

O *assessment* possui várias aplicações, como recrutamento e seleção, identificação de lacunas de competências, avaliação do perfil por meio de metodologias como DISC[1], MBTI[2] e entrevistas em profundidade.

Quadro 10.1 Quarenta e uma modalidades diferentes de desenvolvimento de pessoas

1. *Assessment.*	22. Graduação.
2. Autoinstrução.	23. *Job rotation.*
3. Capacitação.	24. Liderança educadora.
4. *Coaching.*	25. *Mentoring.*
5. Comunidades de aprendizagem.	26. Mesa-redonda.
6. Conferência.	27. *On the job.*
7. Confraternização.	28. Palestra.
8. Congresso.	29. Pós-graduação *lato sensu.*
9. Convenção.	30. Pós-graduação *stricto sensu.*
10. *Counseling.*	31. Programa de *trainee.*
11. Curso aberto ou curso livre.	32. Reunião científica.
12. Curso ao ar livre.	33. Seminário.
13. Curso de extensão universitária.	34. Simpósio.
14. Curso técnico.	35. Treinamento com instrutor próprio.
15. Debate público.	36. Treinamento em sistemas e procedimentos.
16. Desenvolvimento.	37. Treinamento externo.
17. Educação a distância – EaD.	38. Treinamento *in company.*
18. Evento.	39. Treinamento interno.
19. *Feedback.*	40. *Webinar.*
20. *Feedforwards.*	41. *Workshop.*
21. Fórum.	

Fonte: elaborado pelo autor.

---

[1] *Dominance* (em português, dominância): são analisados o controle, o poder e a assertividade; *Influence* (influência): relaciona-se às comunicações e relações sociais; *Steadnisess* (estabilidade): volta-se para a análise da paciência e da persistência; *Conscientiousness* (conformidade): são analisados os aspectos relacionados à estrutura e à organização.

[2] Myers-Briggs Type Indicator (indicador tipológico de Myers-Briggs).

Ele aproxima o avaliador do avaliado, pois torna o processo muito mais abrangente do que o ato de aferir, visto que é possível dividir com a pessoa os pontos fortes e os pontos que precisam ser desenvolvidos para enfrentar os objetivos da organização. O *assessment* deixou de ser um mero instrumento de medição e passou a ser um momento genial para o desenvolvimento de pessoas.

2. Autoinstrução

Nos dias atuais, não é aconselhável desprezar essa modalidade de desenvolvimento, que, em essência, é realizada pelo próprio colaborador para galgar novos patamares de conhecimentos. A autoinstrução é algo que o ser humano realiza desde o início de sua evolução, pois os indivíduos mais bem preparados estão em melhores condições para o futuro.

Ao contrário do que muitas pessoas acham, o **autodidatismo** é uma prática muito bem-aceita nas sociedades mais modernas e é uma excelente forma de desenvolver o raciocínio e absorver novos conhecimentos. Costumo dizer que quem pratica a autoinstrução está matriculado numa ótima academia cerebral, fazendo uma espécie de "musculação" para manter suas conexões neurais ativas.

Nas organizações, o cuidado que se deve ter é o de fornecer ao colaborador dicas, fontes e referências bibliográficas, além de sites confiáveis para que ele possa aprender dentro das melhores práticas, evitando vícios de aprendizagem.

3. Capacitação

Faz muito sentido se pensarmos que qualquer atividade educacional visa a criação de novas capacidades, isto é, tornar alguém capaz de fazer alguma coisa que até então não conseguia.

Devemos lembrar que o objetivo de toda e qualquer ação de capacitação é o desenvolvimento individual e coletivo, fazendo que a pessoa esteja mais capacitada para a vida.

O termo *capacitação* tem origem no latim *capax*, que significa "espaçoso", derivado de *capere*, que é "segurar, manter dentro de si". Isso quer dizer que o ato de capacitar alguém é invariavelmente a ação de ajudá-lo a ter conhecimento e preparação enraizados, não apenas teóricos, mas uma habilidade que pode ser colocada em prática.

Em Educação Corporativa o termo é utilizado para o ato de treinar e desenvolver pessoas.

4. Coaching

As sessões de *coaching* podem ser individuais ou em equipe, apresentam duração de cerca de uma hora e podem ser feitas semanalmente. As principais modalidades de *coaching* são: executivo, de negócios, pessoal, de carreira, comportamental, estratégico, técnico, *life coaching* e líder *coach*.

A metodologia de *coaching* deve ser profunda e ao mesmo tempo leve e participativa, auxiliando o *coachee* a galgar níveis mais elevados de qualidade e performance em relação a seus objetivos ou aos objetivos da empresa. O *coach* profissional deve atuar no desenvolvimento de competências do *coachee*, contudo jamais tomar decisões por ele.

O *coaching* é uma solução impactante para a necessidade de desenvolvimento intensivo de indivíduos ou grupos, isto é, quando a empresa e o próprio trabalhador necessitam de mudanças profundas e sustentáveis nos comportamentos e nas habilidades para que todos desempenhem suas funções com mais competência.

5. Comunidade de aprendizagem ou de prática

A comunidade de aprendizagem é formada pela organização social de pessoas de atuam de forma colaborativa compartilhando conhecimentos pessoais e coletivos, visando não apenas ao crescimento pessoal como ao de toda comunidade interessada.

A comunidade de aprendizagem nas organizações é chamada também de comunidade de prática, e é uma importante modalidade educacional que, aos poucos, está sendo integrada às empresas. Nessas equipes as pessoas se unem em torno de um interesse comum, de um problema a ser resolvido ou para disseminar conhecimento aplicado.

As comunidades de prática podem funcionar presencialmente ou remotamente por meio de aplicativos e redes sociais.

6. Conferência

É um evento formal presidido por um moderador que tem o objetivo de reunir grande quantidade de participantes interessados no tema. O termo deriva do latim *com* + *ferre*, ou seja, reunir pessoas. Geralmente, um especialista tem a missão de desenvolver um tema escolhido dentro de um intervalo de tempo em forma de exposição; contudo, nessa modalidade não é oferecido o debate aos participantes. São permitidas perguntas ao final, preferencialmente por escrito, tornando o trabalho do moderador mais seletivo, já que poderá escolher a pergunta certa para o conferencista certo.

Ao contrário do que se pensa, a conferência é uma ação de desenvolvimento de pessoas e não apenas de comunicação.

7. Confraternização

O termo confraternização originou-se no latim medieval *confraternitas*, que significa manifestação amigável de confraternidade. Dessa forma, as confraternizações são vocacionadas a congregar fraternalmente e a promover o convívio e a socialização das pessoas. Existem vários tipos de confraternização, como comemoração de datas religiosas (Natal, por exemplo), confraternizações sociais (aniversários, por exemplo), desportivas e empresariais.

Se nesses encontros houver o envolvimento de T&D, podemos dizer que houve também um foco educacional e não apenas recreativo. A confraternização empresarial pode atuar no desenvolvimento de pessoas na medida em que promove o espírito de colaboração e reduz as diferenças, aproximando colaboradores que rotineiramente não se relacionariam num ambiente de trabalho formal. Para isso, a empresa deverá incluir, na confraternização, dinâmicas de grupo e atividades para tornar o convívio melhor entre os membros da empresa e reduzir o grau de estresse, por exemplo. A duração das confraternizações pode ser de algumas poucas horas ou até um fim de semana.

8. Congresso

Muitas vezes confundido com *conferência*, o congresso caracteriza-se pela reunião de especialistas notórios em determinada área do conhecimento, como professores, ou, ao contrário, de novos talentos que participam para apresentar suas ideias.

Normalmente, o congresso se destina à apresentação de pesquisas, teses e estudos científicos. Durante os congressos acadêmicos são expostos pôsteres, maquetes, protótipos, vídeos ou instalações para o participante ter a oportunidade de conhecer os projetos e as pesquisas desenvolvidos com relação ao tema do congresso.

Durante o congresso, ocorrem palestras proferidas por especialistas que devem ser aprovadas previamente pela comissão organizadora do evento.

9. Convenção

A convenção tem o principal objetivo de estimular os funcionários e parceiros de organizações a se engajarem em determinadas causas e objetivos a serem cumpridos. A convenção pode ser realizada por departamentos, como convenção de vendas e convenção de recursos humanos, ou pode ter caráter institucional, abrangendo temas definidos pela diretoria. É muito comum que a convenção seja realizada fora da empresa para aumentar a descontração dos funcionários e promover encontros sociais. A duração média é de um a três dias.

A convenção pode ser bem mais do que um encontro motivacional ou um fórum para apresentar resultados da empresa. Durante seu planejamento, deve contar com profissionais de T&D que tratarão de programar palestras, *workshops* e treinamentos para solidificar o evento.

10. Counseling

Enquanto a missão do *coaching* e do *mentoring* é o desenvolvimento de novas competências e comportamentos nos clientes, o *counseling* é mais focalizado em um problema a ser resolvido, além de ser realizado por tempo limitado, apoiando o cliente para tomar decisões e realizar escolhas.

O papel do aconselhador é restrito aos problemas que são colocados nas reuniões, que podem acontecer em períodos pré-agendados ou ser convocadas a qualquer momento, para o caso de situações emergenciais.

O conselheiro, também chamado de aconselhador ou *advisor*, em inglês, deve ter experiência e resultados comprovados para ajudar o seu parceiro, caso contrário, seu apoio será desnecessário. É importante destacar que o conselheiro deve apoiar o seu cliente, mas jamais resolver as situações no lugar dele.

11. Curso aberto ou curso livre

De longe, esse é o termo mais popular no Brasil no que se refere a treinamentos. Sua proliferação deve-se à maciça propaganda feita pelos cursos de idiomas e demais cursos livres. São chamados de **livres** porque o Ministério da Educação assim os classifica por sua natureza de não obrigatoriedade de padronização da grade curricular e da carga horária.

Os cursos são também chamados de **abertos**, pois estão disponíveis no mercado para a inscrição de qualquer pessoa maior de idade que se interesse pelo tema.

Como exemplo, ministro regularmente na ConQuist o curso "Formação de Líderes", também chamado "Liderança de Alta Performance", no qual os alunos inscritos são de diversas áreas do conhecimento, como Medicina, Economia, Administração, Direito, Engenharia, Letras, Marketing e Comunicação, entre outras.

O objetivo do curso é o mesmo do treinamento, isto é, construir competências com o aluno, preparando-o para mudanças em sua trajetória. A carga horária do curso livre dependerá do grau de detalhe e proficiência que se quer obter. Pode ser de oito a 72 horas por competência a ser treinada. Um curso livre de idiomas, por exemplo, pode durar anos em função da vastidão do tema.

Quando uma organização nos contrata para realizar um curso para seus colaboradores, é mais comum chamarmos essa ação educacional de *treinamento in company*.

12. Curso ao ar livre

Podem ser cursos abertos, oferecidos por consultorias, ou realizados *in company* para as empresas, sempre com alto grau de customização. Os cursos ao ar livre podem ser realizados com esportes radicais, como canoagem e escaladas.

Contudo, na consultoria, somos mais moderados quando implantamos programas de treinamento ao ar livre. Gostamos de intercalar atividades em sala de aula com atividades experienciais ao ar livre, como caça ao tesouro, desde que o hotel tenha estrutura para tal e uma ótima área aberta.

13. Curso de extensão universitária

Nomenclatura utilizada para cursos oferecidos por instituições de ensino superior que possuem o objetivo de promover a extensão universitária, aberta à participação da população. Cursos de extensão são atividades acadêmicas, técnicas ou culturais que visam atender as demandas da sociedade e suas necessidades educacionais.

Os cursos de extensão não exigem requisitos prévios, como acontece com os cursos de graduação, nos quais os candidatos precisam ter concluído o ensino médio ou equivalente e ter sido escolhidos por meio de processo seletivo. Além disso, os cursos de extensão não podem emitir diploma, apenas certificados. Equivalem-se aos cursos abertos.

14. Curso técnico

Segundo o Ministério da Educação, é um curso de nível médio que objetiva capacitar o aluno com conhecimentos teóricos e práticos nas diversas atividades do setor produtivo. Acesso imediato ao mercado de trabalho é um dos propósitos dos que buscam esse tipo de instrução, além da perspectiva de requalificação ou mesmo reinserção no setor produtivo.

O curso técnico é destinado para pessoas que tenham concluído o ensino fundamental. Futuramente, para a obtenção do diploma de técnico, será necessária a conclusão do ensino médio. A carga horária de um curso técnico de nível médio é de aproximadamente 800 horas, sem contar o tempo previsto para o estágio profissional supervisionado.

15. Debate

O debate, muito lembrado no meio político, é um formato bastante utilizado para disputa de ideias e de convencimento público, no qual os participantes irão defender seus pontos de vista e procurar provar para a plateia os benefícios de seus conceitos. Exatamente por isso, o debate exige a presença de um mediador que deverá estipular regras, tempos e limites de forma que os debatedores tenham a chance de apresentar suas ideias e discuti-las, concordando ou discordando dos demais. Dependendo do tempo do debate poderá haver participação do grupo ou não.

16. Desenvolvimento

É o termo mais profundo e amplo quanto ao compromisso de capacitar pessoas para cenários mais exigentes, contribuindo para a sua progressão na carreira. O desenvolvimento deve ser utilizado quando a empresa traça objetivos mais duradouros para o colaborador, não apenas se satisfazendo com seu treinamento, mas auxiliando-o no desenvolvimento profissional e pessoal.

Quando a liderança ou a área de Talentos Humanos (TH) de uma empresa utilizam a palavra *desenvolvimento*, não podem se esquecer de que estão criando um compromisso mais forte e duradouro com o colaborador, e não apenas capacitando competências técnicas e comportamentais. É muito comum, por exemplo, combinar ações de treinamento, cursos externos e sessões de *coaching* quando se deseja melhorar de forma intensiva a trajetória de carreira de alguém.

Desenvolver é lapidar uma pessoa para que ela se transforme numa joia rara para a empresa e para si mesma.

17. Educação a distância (EaD)

Também chamada de ensino a distância, não é uma modalidade educacional alternativa, muito pelo contrário; definitivamente é utilizada para situações educacionais que constroem conhecimento por meio da utilização de recursos instrucionais específicos, nos quais a presença física do instrutor não é exigida. Os cursos produzidos em EaD podem durar poucas horas ou abarcar um programa completo de graduação com quase 4 mil horas, e são plenamente aceitos pelo Ministério da Educação e Cultura (MEC).

Para implantar a metodologia de educação a distância é necessário seguir o mesmo percurso que as ações educacionais presenciais, ou seja, realizar o levantamento de necessidades, planejar, implantar e analisar os resultados obtidos.

Dediquei o **Capítulo 9** deste livro a apresentar as técnicas de planejamento e de implantação de treinamentos no formato EaD.

Os treinamentos on-line podem ser customizados para a realidade da empresa ou podem ser produtos de "prateleira", isto é, cursos abertos para o mercado. O primeiro tipo é o preferido para a contratação pelas organizações.

18. Evento

A palavra é proveniente de "eventual", isto é, algo que foge à rotina e tem a finalidade de reunir grupos de pessoas para acontecimentos como espetáculos, comemorações, solenidades e entrega de prêmios. O termo é mais utilizado para promoções e festividades do que para situações educacionais.

Existem eventos de cunho educacional, motivacional e festivo. Em termos de Educação Corporativa, somente o primeiro pode ser considerado uma ação de desenvolvimento de pessoas. Os outros tipos estão mais ligados ao marketing e ao endomarketing, que apresentam objetivos de comunicação e não de formação.

19. Feedback

Já foi o tempo em que *feedback* era uma técnica moderninha de dar "má notícia" para o colaborador, fazendo que ele cumprisse as metas estabelecidas. A geração *milenium*, cada vez mais inquieta com formalidades, não se satisfaz apenas em identificar o erro cometido, mas principalmente quer saber como fazer o procedimento de forma correta. Costuma perguntar: "How can I do"?

Atualmente, é importante, para quem conduz a sessão de *feedback*, identificar as condições certas, os fatos e dados visando não apenas sanar o erro, mas também capacitar a pessoa para que proceda da forma que a empresa deseja.

Quem ministra o *feedback* precisa diagnosticar junto com a pessoa avaliada as causas do problema ocorrido e traçar um conjunto de iniciativas para que ele não mais aconteça, sempre apoiando a pessoa. Outra característica é que o *feedback* deixou de ser algo eventual e entrou na agenda quase que diária do líder.

20. Feedforwards

Enquanto o *feedback* ocorre sobre algo passado (não muito distante), o *feedforward* é mais orientado ao desenvolvimento do indivíduo para o agora e para o futuro. O que está em jogo nessa modalidade não é identificar erros cometidos, mas oportunidades de desenvolvimento ainda não exploradas pelo funcionário.

Alguém que pretende disputar uma promoção para outro departamento poderá solicitar ao líder imediato uma sessão de *feedforwards*; o líder procurará detectar aspectos que impeçam o funcionário de ser promovido. A finalidade é responder à pergunta: O que é preciso desenvolver nesse colaborador para que ele consiga essa vaga?

Tanto o *feedback* quanto o *feedforwards* devem ser dirigidos para relatar ao colaborador não apenas *gaps* como também acertos e virtudes, contribuindo para sua satisfação e segurança.

21. Fórum

Na Roma Antiga, o Fórum era um local para tratar de julgamentos e assuntos relacionados ao povo. A origem da palavra "fórum" tem a ver com o fato de que os temas eram tratados "fora da cidade". Na atualidade, consideramos fórum um espaço colaborativo voltado para a discussão de temas específicos, sempre mediada por um moderador. Existem "salas" que servem para agrupar temas de interesse de determinado público.

A duração do fórum dependerá do tema tratado. Existem fóruns em certos sites que já duram mais de cinco anos, tamanha a participação e a quantidade de acessos. O fórum, acima de tudo, é um espaço colaborativo voltado para soluções de problemas e engajamento, e é fortemente utilizado para complementar ações de treinamento.

22. Graduação

Segundo o MEC, os cursos considerados de graduação são os bacharelados, as licenciaturas e os tecnológicos. Os bacharelados proporcionam a formação exigida para que se possa exercer as profissões regulamentadas por lei ou não. Na maior parte dos cursos, é expedido o título de bacharel. Já a licenciatura habilita para o exercício da docência em educação básica (da educação infantil ao ensino médio). Os tecnológicos também são de graduação, mas com características especiais.

23. *Job rotation*

Todos sabem que uma pessoa que exerce a mesma função por muitos anos pode entrar no que chamamos de zona de conforto. A explicação para esse fenômeno é que instintivamente as pessoas tendem a preservar aquilo que conquistaram, evitando os riscos da mudança.

O objetivo para as empresas que adotam o *job rotation* é quebrar essa situação, propondo desafios para o colaborador modificar seu ponto de vista em relação à estabilidade aparente do cargo que ocupa e abandonar a zona de conforto.

Ao ser convidado para trocar de função, o funcionário precisará desenvolver novas competências para se adaptar ao novo contexto, o que, de fato, é um grande auxílio para sua carreira e para a organização.

É bom lembrar que essa modalidade de capacitação é mais bem recebida para cargos que requeiram mudança de cenários e agregação de múltiplas competências.

24. Liderança educadora

Liderança é uma competência extremamente complexa, contudo, quando um gestor de pessoas a pratica genuinamente, está atuando no desenvolvimento do seu colaborador. O verdadeiro significado de liderar pode ser resumido em quatro palavras-chave: comandar, conduzir, influenciar e inspirar. O líder de alta performance sabe aplicar os quatro verbos no momento certo e contribuir para que o colaborador desperte para novas potencialidades e possa caminhar em busca da alta performance.

Independentemente do cargo, os líderes podem ser chefes de setor, supervisores, coordenadores, encarregados, gerentes, diretores ou qualquer outra função da organização que tenha como responsabilidade conduzir pessoas. Daí a importância de o líder assumir uma de suas principais missões: atuar como educador dos seus colaboradores.

25. *Mentoring*

Assim como o *coaching*, o *mentoring* é transformador, contudo é mais focado em aspectos profissionais, evitando entrar em questões pessoais. Os objetivos trabalhados no *mentoring* podem ser, por exemplo, mudança de carreira, aumento de negócios, melhoria de qualidade da tarefa, desenvolvimento de liderança, formação de equipes, ganho de produtividade e muitas outras competências.

As sessões de *coaching* e *mentoring* devem ser conduzidas por profissionais gabaritados e experientes que têm o papel de auxiliar as pessoas e equipes a crescerem profissionalmente. O profissional que realiza o *mentoring* é denominado mentor, e deve apoiar seu cliente, sempre com o cuidado de não deliberar por ele.

26. Mesa-redonda

A mesa-redonda pode ser utilizada de várias formas. Uma das mais conhecidas é o debate depois de uma palestra. A pessoa que realizou a apresentação senta-se à mesa com outros participantes e um moderador para debater o tema e responder às perguntas da plateia. O moderador tem o papel fundamental de dirigir o encontro, mantendo o foco no tema principal, embora o grupo tenha a liberdade de debater sobre o tema.

Outro tipo de mesa-redonda é aquela desvinculada de eventos e realizada por um grupo fechado liderado por moderador, sem a presença de plateia, assemelhando-se a um grupo focal. Cada mesa-redonda tem duração aproximada de duas horas.

27. *On the job*

Essa é uma das modalidades de capacitação mais antigas do mundo e ocorre quando um colaborador é treinado, no próprio local em que se desenvolve a tarefa a ser aprendida, por uma pessoa que trabalha há mais tempo na empresa. É uma modalidade de treinamento muito comum em diversas empresas do mundo, pois os novos funcionários instintivamente irão procurar "imitar" as pessoas mais experientes por meio da observação e aplicação imediata.

O ponto alto do treinamento *on the job* é o seu enfoque voltado para a prática. A experiência vivida pelo participante nesse tipo de capacitação é intensa pelo fato de que a tarefa observada é real e descrita por um profissional mais experiente.

Entretanto, é necessário certificar-se de que o profissional que está ensinando é a pessoa mais capaz tecnicamente para falar de determinada tarefa, ou mesmo avaliar se esse mentor está, de fato, comprometido com a empresa, caso contrário, o aprendiz pode incorporar péssimos exemplos.

Uma atividade *on the job* séria é diferente do tradicional "carrapato", palavra muito usada quando um colaborador aprendiz "gruda" no mais experiente para "sugar" seu conhecimento.

Para que o treinamento *on the job* revele toda a sua eficácia são necessárias quatro condições: planejamento prévio das atividades do aprendiz, supervisão imparcial do líder imediato, envolvimento da área de recursos humanos e avaliação formal após o treinamento.

28. Palestra

Com duração aproximada de uma hora a no máximo uma hora e meia, a palestra tem como objetivo gerar *insights* nas pessoas, auxiliando-as a refletir a respeito dos temas e se motivarem para mudanças. Como a palestra precisa ser breve, o palestrante deve aproveitar o tempo ao máximo, gerando interesse e engajamento no público por meio de um bom encadeamento de ideias e sensibilização dos participantes. Palestras com mais de uma hora e meia de duração tendem a cansar o público, por isso, caso seja necessário mais tempo para tratar o assunto, o mediador deve optar por *workshops* de duas a três horas de duração ou por treinamentos com carga horária maior.

A palestra é uma excelente modalidade para iniciar mudanças nos colaboradores e fazer que eles se envolvam com o tema.

29. Pós-graduação *lato sensu*

De acordo com o MEC, entre os cursos de especialização em nível de pós-graduação *lato sensu* estão os designados como *Master Business Administration*, que devem ter duração mínima de 360 horas. Nessas horas não está computado o tempo de estudo individual ou em grupo sem assistência docente nem o tempo reservado, obrigatoriamente, para elaboração de monografia ou trabalho de conclusão de curso. A duração poderá ser ampliada de acordo com o projeto pedagógico do curso e seu objeto específico.

O *lato sensu* é uma excelente modalidade de ensino para modificar a "visão de mundo" do aluno, auxiliá-lo a galgar novas competências e criar especialização em determinadas áreas do conhecimento.

30. Pós-graduação *stricto sensu*

Compreende programas de mestrado e doutorado abertos a candidatos diplomados em cursos superiores de graduação e que atendam às exigências das instituições de ensino e ao edital de seleção de alunos. Está sujeita às exigências de autorização, reconhecimento e renovação de reconhecimento previstas na legislação brasileira. Seus programas são de longa duração.

Recomenda-se aos educadores realizarem cursos *stricto sensu* para desenvolverem-se ainda mais em competências relacionadas a pesquisa, inovação, escrita, debate e habilidade de ministrar aulas.

É uma excelente oportunidade para alcançar as esferas mais altas de pesquisa e ensino.

31. Programa de *trainee*

O meu primeiro emprego com carteira assinada foi em uma empresa de varejo para o cargo de *trainee*. Eu não sabia muito bem o que me esperava naquela época, mas confesso que foi muito acima das minhas expectativas. Como recém-formado, queria ter novas experiências e "colocar a mão na massa". E foi isso o que ocorreu; logo, sou muito grato.

Um programa de *trainee* deve ser projetado para desenvolver profissionais que trabalhem e aprendam ao mesmo tempo, pois a finalidade é direcioná-los a cargos estratégicos num futuro próximo.

Durante o programa de *trainee* é importante identificar os participantes **high potential** e **high performance** para que possam ser observados e receber oportunidades de crescimento.

32. Reunião científica

Reuniões científicas são encontros regulares realizados geralmente por empresas na área da saúde e são recomendadas para desenvolver na equipe competências guiadas pelos exemplos das melhores práticas aplicadas no tratamento de pacientes. Elas podem ocorrer com frequência semanal ou quinzenal, e o seu processo de transferência de conhecimento é poderoso.

A cada reunião um membro da equipe é convidado a apresentar os resultados que obteve ao aplicar algum método específico. No caso do exemplo da área da saúde, os profissionais apresentam o resultado que conseguiram com os pacientes e os tratamentos utilizados para obtê-lo. Assim, todos saem ganhando com a profusão de experiências reais, por isso o nível de assimilação do conhecimento é muito alto.

Em minha empresa na área de consultoria e Educação Corporativa realizamos reuniões científicas frequentes para debater novos métodos de gestão, *benchmarking* e casos de sucesso, visando apoiar nossos clientes com qualidade e inovação no projeto. É uma ótima opção para formação contínua.

33. Seminário

Seminário é uma espécie de congresso, mas com porte menor e cujos objetivos são transmissão de conhecimento, troca de ideias e inovação. Deve ser realizado com um tema específico, de tal forma que um especialista (também chamado de guru) possa lançar sementes levando o público a aumentar o seu conhecimento sobre o tema.

A palavra seminário deriva do latim *sémen*, que significa semente, isto é, o seminário é local certo para fazer surgir novos conhecimentos, inovações, paradigmas e desenvolver visões a respeito dos temas tratados.

34. Simpósio

O simpósio é muito parecido com um seminário, porém traz uma diferença importante: quando o orador apresenta o tema ao público, este é chamado para debater também, contudo não há debate entre os palestrantes como ocorre na mesa-redonda. Geralmente um único tema é a inspiração certa para o simpósio, que tratará de debatê-lo e aprofundá-lo, sempre com o incentivo dos oradores e a participação do grupo.

35. Treinamento com instrutor próprio

Os instrutores próprios, isto é, que são funcionários da organização, trazem a vantagem de conhecer em profundidade o processo da empresa e, portanto, têm facilidade para contornar situações como dificuldades de infraestrutura.

Contudo, quando a empresa necessita gerar grande motivação convida instrutores externos para fazer o trabalho; entre outras qualidades, eles possuem experiências múltiplas, notoriedade e apoiam seu cliente.

Caso a empresa já tenha instrutores internos, deverá utilizá-los intensivamente e procurar mesclar os treinamentos de competências mais impactantes com instrutores externos, por meio da contratação de treinamentos *in company*.

36. Treinamento em sistemas e procedimentos

Diferentemente da utilização mais ampla da palavra treinamento, que significa criar competências em ações de curto prazo, a modalidade *treinamento em sistemas e procedimentos* pode levar semanas ou meses. Isso ocorre porque a finalidade não é treinar competências comportamentais, mas competências técnicas específicas para os sistemas e procedimentos técnicos da organização.

Em serviços de *help desk*, por exemplo, o treinamento em sistema de atendimento, procedimentos e produtos pode levar meses, por isso deve ser constantemente racionalizado.

37. Treinamento externo

Cerca da metade dos treinamentos realizados pelas organizações acontecem em instalações externas, isto é, fora do ambiente de trabalho da empresa.

Erroneamente, muitas pessoas acreditam que é mais barato treinar dentro das empresas, mas é importante lembrar que retirar o colaborador de seu ambiente de trabalho é algo benéfico e motivacional, pois está saindo de sua zona de conforto, fato que contribui para o sucesso do treinamento.

O treinamento externo não deve ser encarado como uma despesa, e sim como um investimento no bem-estar e na motivação do grupo. As pessoas costumam se soltar mais fora de seu ambiente de trabalho, além de integrarem-se melhor.

O termo *treinamento externo* muitas vezes é confundido com o ato de utilizar instrutores externos profissionais. Nesse caso, usamos a expressão *treinamento in company*.

38. Treinamento *in company*

É a modalidade educacional realizada por empresas especializadas em Educação Corporativa e que são contratadas pelas organizações que visam desenvolver competências técnicas, comportamentais ou híbridas em curto prazo, de forma participativa, focada em resultados e com metodologia específica.

A duração de cada módulo de treinamento *in company* pode variar de oito a 32 horas, dependendo da profundidade requerida e do grau de transformação esperado dos funcionários.

O treinamento *in company* é uma ótima opção quando a empresa deseja obter mais rapidamente resultados de colaboradores e não pode ficar aguardando que eles se capacitem em cursos de longa duração como graduação e pós-graduação.

Esse tipo de treinamento também deve ser acionado quando a organização deseja trabalhar temas mais customizados para a sua realidade, adaptando o conteúdo e as atividades para seu dia a dia, favorecendo o aprendizado mais assertivo do seu funcionário.

39. Treinamento interno

Ocorre nas instalações internas da empresa, em geral perto dos locais de trabalho das pessoas que estão em sala de aula. As maiores vantagens são baixo custo de deslocamento, facilidade operacional e de comunicação com os colaboradores que precisem ser contatados em caso de problemas. Contudo, essa última vantagem pode se tornar um grande ponto fraco na medida em que os treinandos, por estarem dentro das instalações da empresa, têm mais distrações e, por vezes, interrompem sua participação para resolver problemas "logo ali ao lado".

Algumas pessoas usam a expressão *treinamento interno* também para designar a situação em que o instrutor é da própria empresa e não consultor externo. Nesse caso, o termo mais adequado é *treinamento com instrutor próprio*.

40. *Webinar*

Webinar é a combinação de *web* + inar, sendo que *inar* provém do inglês *seminar*, que significa seminário. Diferentemente da tradicional transmissão ao vivo por meio de uma única via, o *webinar* promove a interação entre a audiência e o palestrante, além de contar com recursos avançados de transmissão simultânea em vídeo, inscrição on-line de participantes, convites pré-agendados, hospedagem de vídeos, pesquisas durante a palestra, integração com redes sociais e salas de conferências.

Essa modalidade educacional também pode ser usada para demonstração de produtos ou promoção de serviços, contudo a sua aplicação original visa realizar palestras on-line com transmissão simultânea e interatividade.

41. *Workshop*

O *workshop* é uma atividade de curta duração que se situa entre uma palestra de uma hora e treinamentos mais longos, sendo a duração média de um *workshop* de duas a três horas e meia. Diferentemente da palestra, no *workshop* as pessoas são convidadas a trabalhar em conjunto com o responsável, que não possui o papel de um palestrante, mas de um mediador da aprendizagem.

A condução do *workshop* deve levar em consideração o fato de que, para assimilar conhecimentos, as pessoas precisam realizar tarefas a tempo e discutir os temas tratados, não apenas assistir passivamente à performance do educador. O *workshop* é uma excelente oportunidade de construir ideias, conceitos, planos de ação e iniciar projetos.

10.4 PDI: como escolher a modalidade certa

Escolher a modalidade de ensino mais apropriada faz toda a diferença na criação de um Plano de Desenvolvimento Individual (PDI). A premissa da qual se parte é que quando um funcionário passar por um processo de *assessment* necessitará da ajuda da organização para identificar qual a modalidade educacional mais apropriada para o seu desenvolvimento.

O grande dilema é que existem inúmeras possibilidades, contudo os recursos e o tempo do colaborador e da empresa quase sempre são escassos. Por isso, será importante fazer a recomendação mais assertiva possível para que bons resultados sejam alcançados em curto e médio prazo.

Todas as decisões que tomamos têm, como pano de fundo, resolver algum problema (real ou não) ou aproveitar futuras oportunidades. Quando dois amigos decidem cursar uma pós-graduação, um pode estar interessado numa futura promoção (oportunidade) e o outro focado em conseguir um trabalho (problema a ser resolvido). Ambos estão certos, mas vivem momentos distintos em sua vida. Na escolha da melhor modalidade educacional também há problemas a resolver ou oportunidades a serem alcançadas.

Elaborei uma lista de possibilidades relacionando problemas, oportunidades e modalidades educacionais recomendadas. Tanto os problemas quanto as oportunidades relatados são reais e ocorrem cotidianamente com organizações e indivíduos. Ao todo, listei seis problemas e seis oportunidades.

Problema 1. A pessoa não tem informações sobre suas atribuições e não conhece a sua responsabilidade no processo de trabalho. Sente-se completamente perdida. Modalidades educacionais recomendadas:

Problema 2. A pessoa conhece suas atribuições, mas não sabe como fazer o trabalho. Faltam-lhe métodos e ferramentas para realizar as tarefas. Modalidades educacionais recomendadas:

Problema 3. A pessoa conhece o trabalho, sabe qual a sua responsabilidade no processo, mas se recusa a desempenhá-lo. Parece haver uma grande resistência a quase tudo. Modalidades recomendadas:

Problema 4. A pessoa conhece o trabalho e sua responsabilidade no processo, mas erra com muita frequência. O que ocorre, nesse caso, é uma mistura de falta de foco com falta de técnica, pois o funcionário parece ser bem-intencionado. Modalidades recomendadas:

Problema 5. A pessoa sabe o que precisa ser feito, apresenta boas atitudes e técnicas para fazer o serviço, contudo não consegue tempo para fazer o trabalho, descumprindo sistematicamente as metas. Está sempre sem tempo até para conversar com outros funcionários. Modalidades educacionais recomendadas:

Problema 6. A pessoa conhece o trabalho, o desempenha bem, tem boas atitudes, contudo jamais apresenta novas ideias e inovações, mesmo que sejam simples. Modalidades educacionais recomendadas:

Oportunidade 1. O colaborador é um excelente técnico, muito bem avaliado e de alto nível, porém nunca liderou pessoas. A empresa pretende promovê-lo em breve para um cargo gerencial e tem consciência de que precisa capacitá-lo. Modalidades educacionais recomendadas:

Oportunidade 2. O funcionário apresenta um ótimo desempenho e atitudes favoráveis que o fazem ser muito proativo e bem avaliado. Contudo, foi detectado que seu nível de estresse está alto.

Oportunidade 3. A empresa está com uma vaga aberta há tempos para um cargo de diretoria e gostaria de preenchê-la com um funcionário interno. Entretanto, o candidato mais próximo apresenta as melhores competências técnicas na empresa, mas precisa melhorar a comunicação e o relacionamento com as pessoas. Modalidades educacionais recomendadas:

Oportunidade 4. A empresa está modificando a sua cultura e necessita que, de forma constante e colaborativa, as pessoas desenvolvam ideias que se transformem em projetos inovadores. Modalidades educacionais recomendadas:

Oportunidade 5. A empresa apresenta uma estrutura organizacional rígida e precisa flexibilizar as relações de comando e autoridade, tornando-as menos formais para que esse modelo tenha como resultado a melhoria de seus produtos e serviços. Modalidades educacionais recomendadas:

Oportunidade 6. A organização vem crescendo e necessita desenvolver pessoas-chave que tenham visão estratégica e sejam especialistas nos mais diferentes tipos de gestão empresarial. Modalidades educacionais recomendadas:

CASO DE SUCESSO

Laboratório Sabin

O Laboratório Sabin é um dos maiores *players* brasileiros em Medicina Diagnóstica e figura na lista das 100 melhores empresas para se trabalhar no Brasil e na América Latina e entre as dez melhores empresas para se trabalhar no Brasil, segundo o *ranking* do Great Place to Work Institute (GPTW), publicado pelas revistas *Exame*, *Você S/A* e *Valor – Carreira*.

O Laboratório Clínico Sabin obteve grande sucesso ao renovar seus conceitos sobre os programas de capacitação e estruturá-los de forma moderna. O êxito deveu-se principalmente à forma alinhada e integrada que esses programas foram incluídos na corporação.

Objetivando compor uma unidade corporativa entre os líderes para um melhor entendimento das estratégias de qualidade e dos índices que a identificam, o laboratório passou a mapear as competências úteis ao futuro organizacional. Essa identificação prévia é de suma importância para formar uma base posterior para os aprimoramentos profissionais proporcionados.

Mas para garantir a excelência é necessário gerenciar sempre as atividades e, por isso, houve o desenvolvimento de um completo esquema de avaliação dos treinamentos. As verificações ocorrem nos mais diversos níveis.

O Laboratório Sabin entendeu que precisava tornar os treinamentos atraentes para seus funcionários, fazendo que eles desejassem se aprimorar cada vez mais. A qualidade no desenvolvimento surge com métodos atuais, proativos e individualizados. Por meio de cálculos baseados no modelo 70:20:10, cujos números correspondem, respectivamente, ao percentual de tempo que deve ser despendido para experimentar, aprender informal ou formalmente, os resultados foram muito satisfatórios. Contribuíram, ainda, os líderes que receberam mais papéis de educadores e multiplicadores.

O verdadeiro sistema que o Sabin passou a ofertar em sua organização mostrou-se tão eficiente e atraente que a empresa foi capaz de proporcionar também cursos voltados ao desenvolvimento pessoal dos funcionários, como economia financeira e idiomas.

A oferta de cursos segmentada em operacionais, institucionais, comportamentais e pessoais, sempre ministrados com técnicas que prezam a diversão e interação dos colaboradores, é a base do sucesso para as melhorias na capacitação dos funcionários do Sabin.

Conheça melhor a empresa no site: <http://www.sabinonline.com.br>.

Fonte: Adaptado de FUNDAÇÃO NACIONAL DE QUALIDADE, 2016.

QUESTÕES PARA REFLEXÃO E PRÁTICA

1

O autor apresenta no começo do capítulo as diversas possibilidades de como *nomear um educador* que pretende desenvolver uma equipe na esfera acadêmica ou na corporativa, com a simples finalidade de reduzir ruídos de comunicação nas empresas e nos meios acadêmicos. Faça uma dissertação sobre esse tema.

2

O autor propôs dois tipos de quadrantes para apoiar pessoas e organizações na hora de escolher as modalidades de desenvolvimento/ensino. Um quadrante é de flexibilidade de agenda *versus* flexibilidade de conteúdo, e o outro é de carga horária *versus* grau de transformação. De que maneira os quadrantes podem ser usados na prática?

3

Neste capítulo são apresentadas 41 diferentes modalidades de desenvolvimento para serem pinçadas e aplicadas conforme a situação necessitar. Na sua visão, as empresas utilizam poucas dessas modalidades ou uma variedade maior com seus colaboradores? Justifique sua posição.

4

Das *41 modalidades de ensino* apresentadas, quais são as que ajudam no aumento de competências híbridas de um líder em um curto espaço de tempo? Justifique sua resposta.

5

Quais as diferenças entre pós-graduação *stricto sensu* e *lato sensu*?

6

Faça um quadro comparativo entre as modalidades de ensino treinamento *in company* e treinamento com instrutor próprio, levando em conta situações em que seja necessário proporcionar ao funcionário transformações mais profundas em suas competências híbridas.

7

O PDI é um instrumento traçado pelos gestores a fim de recomendar as modalidades educacionais mais apropriadas para a pessoa que foi avaliada. No caso de uma pessoa que não sabe quais são suas atribuições, não conhece sua responsabilidade no processo de trabalho e sente-se completamente perdida, quais modalidades de ensino são recomendáveis?

Capítulo 10 | As 40 modalidades de ensino e de desenvolvimento de pessoas

8

No caso de uma pessoa que conhece suas atribuições, mas não sabe como fazer o trabalho, pois desconhece os métodos, quais modalidades educacionais são mais recomendáveis? Justifique sua resposta.

9

Quando um funcionário sabe o que precisa ser feito, apresenta boas atitudes e técnicas, contudo descumpre sistematicamente as metas e está sempre sem tempo, quais modalidades educacionais são mais apropriadas? Justifique sua posição.

10

Certa empresa está com uma vaga aberta há tempos para um cargo de diretoria. Os candidatos internos apresentam as melhores competências técnicas para pleiteá-la, mas têm dificuldade em se relacionar e se comunicar melhor com as pessoas. Quais modalidades são recomendadas para eles? Justifique sua conclusão.

O próximo capítulo será dedicado a um assunto que, em minha opinião, precisa ganhar mais espaço nas áreas de RH e T&D: implantação e administração de indicadores de desempenho ligados à cultura de desempenho.

CAPÍTULO 11
INDICADORES DE T&D E A CULTURA DE DESEMPENHO

> Uma pequena fração do conjunto de 27 indicadores aqui apresentados, se implantados pelas organizações e instituições de ensino, poderá facilitar muito o planejamento e o controle das iniciativas de educação. Além disso, os indicadores sugeridos são fortes indutores da cultura organizacional de qualidade e de desempenho.

William Edwards Deming, estatístico, professor e precursor de muitos princípios de qualidade na indústria japonesa no século XX, deixou muitas marcas no mundo da gestão empresarial. A ele é atribuída a famosa frase: "O que não é medido não é gerenciado". Esse é um dos princípios da cultura organizacional voltada para o desempenho. Cada vez mais atual, sua frase demonstra que todos os processos organizacionais devem ser medidos. Assim também deveriam ser as situações de treinamento e desenvolvimento, que, em minha opinião, constituem a área com maior oportunidade de melhoria de medição nas empresas.

Outro ponto crucial que será abordado neste capítulo é que, em uma organização que aprende, tão importante quanto medir os processos e capacitar pessoas com técnicas modernas é modificar as relações de trabalho, de forma a tornar o ambiente mais frutífero para resultados. Assim, os esforços de T&D valerão a pena.

Para que os esforços de Educação Corporativa sejam sinérgicos, é necessário medir os seus processos visando à excelência. Portanto, este capítulo é dedicado aos indicadores de T&D que têm a missão de integrar os esforços de Educação Corporativa à cultura de desempenho nas organizações. Começarei pontuando os indicadores gerais de Recursos Humanos, para depois detalhar as métricas de T&D.

11.1 Indicadores de Gestão de Pessoas

Por que nas áreas comerciais das empresas as paredes estão repletas de indicadores e nos departamentos de T&D existem, em geral, somente cronogramas ou frases lúdicas? A resposta é simples: cada departamento tem sua cultura. Contudo, isso não significa que a área de desenvolvimento de pessoas não possa ampliar sua competência analítica para acompanhar e divulgar sistematicamente seus indicadores de desempenho e correlacioná-los com o desempenho organizacional.

Já foi o tempo em que a área de Talentos Humanos (TH) não mensurava seus indicadores, deixando essa tarefa para as áreas mais analíticas, como Finanças e Controladoria. Hoje, TH precisa estar sintonizada com as melhores práticas de medição de seus processos.

Há pelo menos sete motivos importantes para implantar indicadores de Gestão de Pessoas:

1. Permitir que a área de TH passe a ser estratégica na organização.
2. Conhecer melhor o negócio e a tomada de decisão por meio da mensuração dos processos.
3. Conseguir identificar melhorias a partir da observação ou mensuração.
4. Conseguir atuar na transformação de pessoas e processos.
5. Mensurar indicadores para diagnosticar, controlar e melhorar.
6. Atuar na melhoria contínua por meio do controle dos indicadores.
7. Demonstrar para toda a organização que os processos de Gestão de Pessoas estão incluídos na cultura de desempenho da empresa.

Para que seja possível caracterizar a existência de indicadores, é importante que as variáveis a serem medidas tenham entre si alguma relação e que o resultado esteja associado a um objetivo. Por exemplo, quando o *número de horas de treinamento* da equipe é medido, não é possível ainda dizer que isso é um indicador, mas uma unidade isolada, pois falta correlacioná-la com alguma outra unidade.

Se o *número de horas de treinamento* realizadas no ano for dividido pelo número de meses do ano, será possível extrair um indicador, que é a *média do número de horas de treinamento/mês*. Se, adicionalmente, esse resultado for dividido pelo número de pessoas na equipe, o efeito será um indicador ainda mais apurado, que é a *média do número de horas de treinamento/mês/por colaborador*. Podemos ainda verificar o resultado por departamento, cargo etc. Enfim, são inúmeras as possibilidades de obtenção de informações para tomada de decisão.

Figura 11.1 Indicadores de T&D são integrantes dos indicadores de Gestão de Pessoas

Fonte: elaborada pelo autor.

Os indicadores de Educação Corporativa, assim como os de recrutamento e seleção, departamento pessoal, cargos e salários, segurança do trabalho, comunicação interna e avaliação de desempenho, são uma parte do complexo sistema de **indicadores de Gestão de Pessoas**, conforme mostra a Figura 11.1.

11.2 Características dos indicadores

De nada adianta implantar indicadores se eles não forem analisados constantemente pela área responsável. De nada adianta analisá-los se não forem tomadas decisões a partir desses indicadores. Nos dias atuais, sabemos o quanto é importante medir os processos a fim de descobrir se houve e quais foram os desvios quanto a qualidade e desempenho. Para que essa análise aconteça, será importante que os indicadores de Gestão de Pessoas possuam as características a seguir.

Referente a um processo: é como se fossem pequenos relógios que medem o processo das pessoas, por isso devemos atentar para qual parte do procedimento é necessário medir e com quais variáveis.
Simplicidade: para um indicador ser adotado pela organização ele pode até ser de difícil levantamento de dados, contudo precisa mostrar-se simples de ser analisado. Se puder ser compreendido por todos, já haverá um bom caminho percorrido.
Rastreabilidade: por meio do indicador bem definido é possível rastrear onde está o problema e levantar suas causas, atuando, consequentemente, na sua resolução. Todo indicador deve ter como característica ser rastreável ao longo do processo que está sendo mensurado.
Oportunidade: por que levantar dados? A resposta é que eles sempre mostrarão algo que vai além do "achismo". Uma boa análise gerencial leva em consideração o somatório da intuição com a razão, que, juntas, tendem a apontar oportunidades em diversos processos.
Comparabilidade: se não puder ser comparado com metas ou outros indicadores, então o indicador será inútil. Por isso é necessário compará-lo minimamente com índices de mercado, série histórica, sazonalidade entre equipes, tempo de casa etc.

A seguir, vou apresentar alguns exemplos de indicadores que cobrem os principais processos de Gestão de Pessoas nas organizações. Eles precisam ter estas 15 características para ser mensurados sistematicamente e com credibilidade:

1. *Headcount*/filial (quantidade de funcionários por filial).
2. Tempo médio de recrutamento/vaga.
3. Absenteísmo/mês.
4. Absenteísmo justificado/mês.
5. Quantidade de admissões mês/quantidade de funcionários mês anterior.
6. Quantidade de desligamento mês/quantidade de funcionários mês anterior.
7. Amplitude de comando ou de controle.
8. Salário médio/categoria profissional.
9. Quantidade de acidentes de trabalho/quantidade de funcionários ativos.
10. Número de afastamentos/CID.
11. Indicadores de pesquisa de clima.
12. Indicadores de avaliação de desempenho.
13. Custo da rotatividade.
14. Indicadores de T&D.
15. Escala Brasileira de Liderança.

11.3 Escala Brasileira de Liderança

Em 2012, criei um modelo inédito chamado **Escala Brasileira de Liderança**, que se tornou um importante instrumento para as pessoas medirem, por meio de um questionário on-line com apenas 25 itens, o seu estágio como líder. O resultado foi muito gratificante, pois centenas de líderes de vários tipos de organizações de todo o Brasil já se avaliaram, o que de fato tornou possível a elaboração de vários indicadores.

Antes de criar a Escala Brasileira de Liderança deparei com um problema. As classificações tradicionais sobre liderança avaliavam muito mais o perfil das pessoas que ocupam cargos de chefia do que o que elas conseguiam realizar. Os líderes não possuíam um indicador prático para saber se estavam próximos ou distantes da liderança de alta performance.

Depois de muita pesquisa, elaborei e implantei a Escala Brasileira de Liderança com o intuito de propor uma reflexão e, consequentemente, mudanças na forma como os líderes estão exercendo seu trabalho. Essa escala está disponível a qualquer um que possa despender de 20 a 30 minutos para realizá-la.[1]

Após o preenchimento do formulário são geradas uma pontuação e uma classificação na escala, que enquadram a pessoa em um dos cinco estágios, conforme Figura 11.2.

Este realmente é o poder de um indicador: ajudar as pessoas a diagnosticar se estão próximas ou distantes de um objetivo, proporcionar comparação e, consequentemente, criar oportunidade para realizar melhoria contínua naquilo que fazem.

Figura 11.2 Escala Brasileira de Liderança, na qual as pessoas podem obter sua pontuação podendo alcançar o grau mínimo (inspeção) até o grau máximo (liderança de alta performance)

Fonte: portal da CONQUIST.

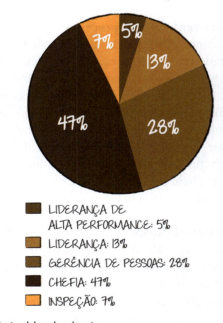

Figura 11.3 Média de resultados da Escala Brasileira de Liderança

Fonte: elaborada pelo autor.

---

[1] A avaliação pode ser feita pelo portal: <http://www.conquist.com.br/quiz/escala-brasileira-de-liderança/>.

É importante conhecer como centenas de pessoas avaliadas foram classificadas. A Figura 11.3 mostra que apenas 18% (5% + 13%) das pessoas alcançaram o estágio de liderança. Ao mesmo tempo, 47% das pessoas, isto é, praticamente a metade dos participantes, teve como resultado da avaliação o estágio de *chefia*, o que demonstra uma grande oportunidade de desenvolvimento no Brasil.

Foram identificados, também, os itens declarados pelos participantes do estudo como pontos altos e baixos em termos de liderança. Os cinco principais pontos fracos, em ordem de importância, foram: delegar tarefas mais especiais para os colaboradores; ajudá-los a adquirir o sentimento de pertencimento; convencê-los a mudar; despertar nos funcionários o senso de empreendedorismo e prepará-los para a sucessão.

11.4 O processo de melhoria contínua

Devemos aplicar esforços para medir o processo por meio de indicadores específicos. Tudo começa com a mensuração do desempenho do processo escolhido. Por exemplo, no processo de inscrições de alunos para treinamentos temos um indicador importante que é a quantidade de alunos que participaram do treinamento dividida pela quantidade de alunos que se inscreveram, calculando assim o índice de frequência no treinamento, que é o contrário de evasão. Caso a frequência seja menor do que a série histórica, haverá um problema para ser resolvido.

O exemplo a seguir mostra o **índice de frequência** nos treinamentos realizados internamente em uma empresa, que era inicialmente de 100%, ou seja, zero faltas. Com o passar dos meses, o número de faltas cresceu, chegando a 28%, isto é, mais de um quarto das pessoas deixou de comparecer às aulas previamente marcadas. Como é possível ver na Figura 11.4, a tendência do gráfico era negativa.

Figura 11.4 Tendência verificada numa empresa, apontando a diminuição do índice de frequência nos treinamentos

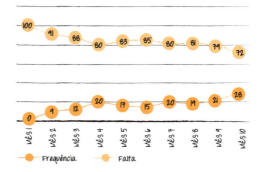

Fonte: elaborada pelo autor.

Após um levantamento apurado, foram constatadas várias causas, como qualidade pobre do material didático desenvolvido pela empresa, falta de investimento em instrutores mais experientes e baixo envolvimento dos gestores no processo de Educação Corporativa.

De posse dessa breve análise foi possível reverter a situação, inclusive foi elaborado um plano de comunicação para engajar os colaboradores e, principalmente, os líderes. O resultado foi surpreendente, pois conseguiu-se reduzir o índice de faltas para praticamente zero.

Por isso, sempre recomendo o acompanhamento constante dos indicadores de Gestão de Pessoas com o objetivo de estabelecer melhoria contínua. Os passos para melhorar o resultado de qualquer indicador de pessoas devem seguir um método, uma sequência como a apresentada a seguir.

Figura 11.5 Qualidade e desempenho se conquistam por meio de um ciclo contínuo de melhoria, iniciando pelo estabelecimento e pela mensuração adequados de indicadores

Fonte: elaborada pelo autor.

1. Medir o desempenho do indicador previamente estabelecido.
2. Estabelecer comparação entre o resultado, a série histórica, a meta e o mercado.
3. Identificar as causas dos problemas encontrados.
4. Criar ações de melhoria para que o indicador alcance sua meta.
5. Priorizar ações, já que nem sempre há tempo e dinheiro para tudo.
6. Aplicar melhorias e monitorar os resultados.

Na Figura 11.5 fica mais evidente que resultados são conquistados mediante estabelecimento do primeiro passo, que é a mensuração contínua do indicador de desempenho.

11.5 Indicadores setoriais de T&D

Segundo o levantamento *Panorama do Treinamento no Brasil*, realizado pela Associação Brasileira de Treinamento e Desenvolvimento (ABTD), as corporações com mais de 500 funcionários gastam, em média, 11% de sua folha de pagamento com T&D. A pesquisa, que analisou dados de 425 instituições públicas e privadas, identificou um aumento de 58% no volume de trabalho no ano do profissional de T&D. Contudo, somente 8% das empresas brasileiras que mais empregam calculam o retorno sobre o investimento feito em treinamentos. Apesar do orçamento elevado, o cenário brasileiro ainda esbarra em alguns obstáculos quando os resultados efetivos dessas capacitações são analisados, estando muito atrás dos índices globais de ROI (*return on investment* – em português, retorno sobre investimento), que correspondem a 28%.

Outro ponto relevante é o investimento anual em T&D por colaborador, que, no Brasil, é de R$ 624,00 contra aproximadamente R$ 4.000,00 nos Estados Unidos; ou seja, lá investe-se quase sete vezes a mais do que no Brasil.

Figura 11.6 Pesquisa Panorama do Treinamento no Brasil sobre transferência, retenção de conhecimento e retorno do investimento

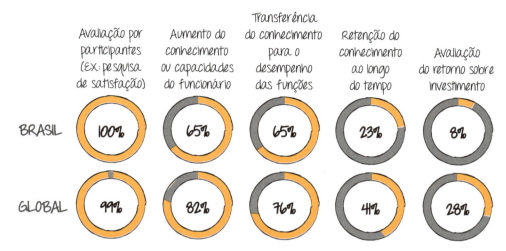

Fonte: LOTURCO, 2016.

A empresa de certificação global Top Employers Institute, que emite certificações de qualidade referentes às condições no ambiente de trabalho, analisou os números ligados ao treinamento dos profissionais e expôs a realidade de nosso país. Enquanto 82% dos funcionários mundiais obtêm novas habilidades após os treinamentos, o número no Brasil chega somente a 65%. Além disso, enquanto 41% dos profissionais globais retêm o conhecimento ao longo do tempo, a média chega a apenas 23% entre os brasileiros. A Figura 11.6 mostra mais indicadores de T&D apresentados na pesquisa.

Esses dados estão diretamente ligados à forma como a transferência de conhecimento ocorre em nossa nação. A compreensão de que os modelos tradicionais de ensino são menos eficientes ainda é pouco difundida no escopo brasileiro. Apesar de serem menos custosas e complexas, práticas como leitura e assistir aulas nem sempre envolvem os participantes se a metodologia não for moderna.

Em meu curso sobre Indicadores de Gestão de Pessoas, ensino a turma a medir mais de 30 deles. Contudo, na seção a seguir vou me deter em descrever os indicadores exclusivamente voltados para o processo de T&D e suas fórmulas corretas.

11.6 Vinte e sete indicadores de T&D aplicáveis

Foi tarefa árdua descrever os objetivos e as fórmulas de todos os 27 indicadores que recomendo para T&D, mas imagino que seja uma contribuição para a área. O conjunto de 27 indicadores, se implantados, pelo menos parcialmente, pelas organizações e instituições de ensino, poderá facilitar muito o planejamento e o controle das iniciativas de educação. Além disso, os indicadores apresentados são fortes indutores da cultura de qualidade e desempenho.

Esses indicadores são de fácil mensuração e, caso a empresa não disponha de medição por meio de sistema de gestão empresarial, não há razão para preocupações, pois todos eles podem ser medidos manualmente, de forma simples, isto é, usando as operações básicas de adição, subtração, multiplicação e divisão. Nada mais!

Os 27 indicadores de T&D foram divididos em sete categorias, uma forma que identifiquei para cobrir tanto situações de qualidade quanto de desempenho. As categorias são: Gestão de T&D, Cobertura e escopo de T&D, Satisfação e engajamento, Produtividade, Competências, Financeiro e Resultados de negócios.

Da lista de indicadores, é possível selecionar aqueles que forem mais viáveis de ser implantados (Figura 11.7).

Figura 11.7 Os 27 indicadores de T&D divididos em sete categorias

Gestão de T&D	Cobertura e escopo	Satisfação e engajamento
1. Taxa de aproveitamento de vagas nos treinamentos 2. Taxa de cumprimento da meta de T&D 3. Quantidade de horas de treinamento da equipe de T&D 4. Taxa de horas de acompanhamento de treinamento em campo	5. Taxa de colaboradores capacitados na empresa 6. Taxa de treinamentos realizados por consultores externos 7. Tempo médio de ações de sustentação per capita 8. Tempo médio de capacitação per capita	9. Índice de satisfação/avaliação de reação 10. Taxa de satisfação do cliente interno 11. Satisfação com a política de T&D 12. Taxa de evasão de ensino 13. Índice de frequência

Produtividade	Competências	Financeiro
14. Taxa de retrabalho da equipe 15. Taxa de variação de produtividade 16. Taxa de horas de aplicação de treinamento 17. Tempo gasto com elaboração de conteúdo	18. Taxa de competências comportamentais e híbridas capacitadas 19. Nota média do teste de conhecimento 20. Taxa de avaliação de competência pelo gestor imediato 21. Taxa de compliance de sucessão	22. Variação de custo per capita 23. ROI – Return on Investment 24. Investimento em T&D por colaborador

Resultados de negócios

25. Taxa de crescimento de vendas
26. Taxa de crescimento de produtividade de vendas
27. Taxa de conversão com negócios

Fonte: elaborada pelo autor.

A partir deste ponto do capítulo, serão descritos os objetivos de cada indicador, respectivas fórmulas e algumas dicas.

11.7 Indicadores de Gestão de T&D

Servem para avaliar se os processos da área de desenvolvimento humano estão alinhados com as melhores práticas e calibrá-los. Há quatro principais indicadores que são apresentados a seguir.

1. Taxa de aproveitamento de vagas nos treinamentos

Objetivo: mensurar se está havendo efetividade no preenchimento das vagas ofertadas nas capacitações, até porque, caso as vagas não sejam preenchidas, haverá prejuízo, pois os investimentos fixos do treinamento serão rateados por um grupo menor de pessoas. Naturalmente, a meta ideal desse indicador é 100% de aproveitamento.
Periodicidade de coleta: mensal.
Fórmula de cálculo:

> **Taxa de aproveitamento de vagas nos treinamentos**
>
> $$\frac{\Sigma \text{ de vagas preenchidas para os treinamentos no mês}}{\Sigma \text{ de vagas ofertadas nos treinamentos realizados no mês}} \times 100$$

2. Taxa de cumprimento da meta de T&D

Objetivo: a meta orçada quanto ao número de horas foi alcançada no mês? Caso não tenha sido, isso poderá resultar em acúmulo para os próximos meses, sobrecarregando o funcionamento da empresa. Dessa forma, o indicador de taxa de cumprimento da meta de T&D é algo que a organização não pode perder de vista.
Periodicidade de coleta: mensal e semestral.
Fórmula de cálculo:

> **Taxa de cumprimento de meta de T&D**
>
> $$\frac{\Sigma \text{ de horas efetivas de treinamentos realizados no mês}}{\Sigma \text{ de horas planejadas para aplicação de treinamentos no mês}} \times 100$$

3. Quantidade de horas de treinamento da equipe de T&D

Objetivo: verificar se a equipe que atua em T&D está sendo capacitada para enfrentar os desafios da organização. Quando esse número é positivo e confortável, auxilia a organização a demolir aquele velho ditado: "Casa de ferreiro, espeto de pau". Anualmente, a equipe de T&D deverá projetar e aprovar com a diretoria quais capacitações precisará receber com o objetivo de aumentar as competências da área.
Periodicidade de coleta: semestral.
Fórmula de cálculo:

> **Quantidade de horas de treinamento da equipe de T&D**
>
> $$\frac{\Sigma \text{ de horas de treinamento da equipe de T&D no mês}}{\text{Média de colaboradores ativos de T&D no mês}}$$

4. Taxa de horas de acompanhamento de treinamento em campo

Objetivo: identificar se a área que acompanha a realização de capacitações está fornecendo suporte a essas ações. Esse indicador é importante por apresentar qual o percentual de horas de acompanhamento em relação ao número de horas totais que as equipes têm disponíveis em sua jornada de trabalho. Se a taxa for baixa, significa que a área de desenvolvimento de pessoas está trabalhando muito na retaguarda com pouco acompanhamento das ações de treinamento em campo.
Periodicidade de coleta: mensal.
Fórmula de cálculo:

> **Taxa de horas de acompanhamento de treinamento em campo**
>
> $$\frac{\Sigma \text{ de horas de acompanhamento dos treinamentos no mês}}{\Sigma \text{ de horas dos colaboradores que trabalharam em T\&D no mês}} \times 100$$

11.8 Indicadores de cobertura e escopo de T&D

São responsáveis por avaliar se as ações educacionais estão cobrindo adequadamente a necessidade da empresa em termos de quantidade, tempo e qualidade. A seguir, são apresentados os quatro indicadores.

1. Taxa de colaboradores capacitados na empresa

Objetivo: mensurar qual o percentual de colaboradores capacitados no período estudado, podendo ser mensal ou anual, em relação à totalidade de colaboradores ativos na empresa. Essa medida é tão simples, mas extremamente importante, pois evita uma série de problemas, como o acúmulo de treinamentos em um único mês. O indicador também tem como objetivo definir uma meta mínima para as pessoas não ficarem de fora da capacitação.
Periodicidade de coleta: mensal e semestral.
Fórmula de cálculo:

> **Taxa de colaboradores capacitados na empresa**
>
> $$\frac{\Sigma \text{ da quantidade de colaboradores capacitados no período}}{\Sigma \text{ da quantidade de colaboradores da organização no período}} \times 100$$

2. Taxa de treinamentos realizados por consultores externos

Objetivo: a frase "Ninguém faz nada sozinho" significa que sempre precisaremos de parceiros para nos apoiar em nossas realizações. A taxa de treinamentos realizados por consultores externos permite que a organização consiga fazer previsões do quanto tem que reservar de investimentos para consultorias e instrutores externos como uma forma de "oxigenar" as práticas educacionais, trazendo novidades e relevante notoriedade para os alunos. Esse indicador também tem o objetivo de fornecer uma medida de quanto a empresa investe em parceiros externos estratégicos.
Periodicidade de coleta: semestral.
Fórmula de cálculo:

> **Taxa de treinamentos realizados por consultores externos**
>
> $$\frac{\Sigma \text{ de quantidade de horas de treinamento realizadas por consultores externos}}{\Sigma \text{ da quantidade de horas de treinamento totais da empresa}} \times 100$$

3. Tempo médio de ações de sustentação *per capita*

Objetivo: indicador utilizado para verificar quantas horas por colaborador a organização investe por ano para realizar ações de sustentação da aprendizagem, que devem acontecer logo após os treinamentos presenciais e on-line. As ações de sustentação podem utilizar inúmeras ferramentas, como *games*, fóruns, videoaulas, certificação do conhecimento e projetos em equipe. Infelizmente, algumas empresas apresentam um índice de zero horas por colaborador/ano, o que pode comprometer o desenvolvimento do seu capital intelectual.
Periodicidade de coleta: semestral.
Fórmula de cálculo:

> **Tempo médio de ações de sustentação *per capita***
>
> $$\frac{\Sigma \text{ de horas realizadas de ações de sustentação pós-treinamento na empresa}}{\Sigma \text{ de colaboradores que foram treinados no período}}$$

4. Tempo médio de capacitação *per capita*
Objetivo: da mesma forma que o indicador anterior mensura o tempo de dedicação a as ações de sustentação do aprendizado, o indicador *tempo médio de capacitação per capita* mede quantas horas de treinamento e desenvolvimento foram dedicadas em média por colaborador. O ideal é analisar essas informações por cargo para estudar a melhor distribuição do investimento.
Periodicidade de coleta: mensal e semestral.
Fórmula de cálculo:

$$\text{Tempo médio de capacitação per capita} = \frac{\Sigma \text{ de horas realizadas de treinamentos na empresa no período}}{\Sigma \text{ de colaboradores ativos no período}}$$

11.9 Indicadores de satisfação e engajamento em T&D

Como o próprio nome já diz, os indicadores de satisfação e engajamento em T&D visam ouvir as pessoas que estão envolvidas no processo educacional. Há cinco principais que são apresentados a seguir.

1. Índice de satisfação/avaliação de reação
Objetivo: mensurar qual foi a satisfação dos treinandos ao final da capacitação realizada quanto aos quesitos instrutor, infraestrutura, material didático, pertinência, carga horária etc. Existem muitas formas de chegar a essa média, contudo, uma das que recomendo é usar um formulário para resposta do treinando, trazendo espaço para o preenchimento de notas de 1 a 7, na qual 1 é a menor e 7, a maior. Ao final, as notas de 1 a 4 são somadas, retirando-as do grau de satisfação, pois são consideradas insatisfação. Embora a nota 4 fique no meio da escala, recomendo que ela seja considerada insatisfação para tornar o índice mais desafiador.
Periodicidade de coleta: por evento e mensal.
Fórmula de cálculo:

$$\text{Índice de satisfação — avaliação de reação} = \frac{\Sigma \text{ de avaliações que alcançaram notas de 5 a 7 dadas pelos participantes do treinamento}}{\Sigma \text{ de total de avaliações realizadas no mesmo treinamento}} \times 100$$

2. Taxa de satisfação do cliente interno
Objetivo: mensurar se houve mudança na percepção do cliente interno após a realização da capacitação de uma equipe com a qual ele se relaciona. Assim como o indicador anterior, a taxa de satisfação do cliente interno deve ser utilizada somente em ocasiões específicas, pois muitas variáveis externas ao treinamento podem influenciar seu resultado. Em situações em que haja conflitos entre equipes, após um treinamento de integração, o indicador é muito bem-vindo.
Periodicidade de coleta: em ocasiões específicas.
Fórmula de cálculo:

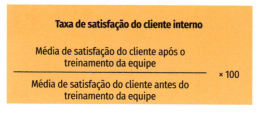

3. Satisfação com a política de T&D
Objetivo: o indicador é extraído da pesquisa de clima organizacional que deve conter perguntas sobre T&D para serem feitas em cada rodada, anual ou semestralmente. Uma das questões é sobre a satisfação do colaborador com políticas de desenvolvimento da empresa, como incentivo aos estudos, carga horária para treinamentos e processo

de escolha de quem será capacitado, entre outras.
Periodicidade de coleta: semestral ou anual.
Fórmula de cálculo:

$$\frac{\Sigma \text{ da pontuação do público interno com as políticas de T\&D}}{\Sigma \text{ da pontuação máxima possível com as políticas de T\&D}} \times 100$$

4. Taxa de evasão de ensino
Objetivo: calcular o percentual dos alunos que abandonam as capacitações oferecidas pela organização a fim de verificar o motivo. Quanto maior a taxa de evasão de ensino, maior a preocupação em criar estratégias para engajamento do aluno. Por qual motivo alunos não continuam nos treinamentos internos e cursos externos? Recomendo que esse indicador seja coletado para qualquer tipo de ação educacional planejada para as pessoas, seja palestra, *coaching*, EaD, cursos livres ou outros.
Periodicidade de coleta: trimestral.
Fórmula de cálculo:

$$\frac{\Sigma \text{ da quantidade de alunos que abandonaram os treinamentos}}{\Sigma \text{ da quantidade de alunos que iniciaram os treinamentos}} \times 100$$

5. Índice de frequência
Objetivo: enquanto o indicador anterior visa acompanhar e diminuir a evasão, isto é, identificar quantos alunos abandonaram o curso, o índice de frequência visa acompanhar a evolução da presença do aluno, procurando controlar e minimizar faltas. A maior parte das instituições somente concede certificado de participação com índice de frequência maior ou igual a 75%.

Periodicidade de coleta: mensal e por evento específico.
Fórmula de cálculo:

$$\frac{\Sigma \text{ da quantidade de comparecimento dos alunos}}{\Sigma \text{ de alunos inscritos}} \times 100$$

11.10 Indicadores de produtividade

Esses indicadores são implantados para verificar os ganhos de produtividade conquistados pelas equipes capacitadas e também pelas pessoas que trabalham nos processos de T&D. Há quatro principais que são apresentados a seguir.

1. Taxa de retrabalho da equipe
Objetivo: mensurar se a taxa de retrabalho aumentou ou diminuiu após a capacitação ter sido realizada. Esse indicador e os demais da família de produtividade devem ser usados com cautela, pois existem muitos fatores que podem afetar a produtividade além do treinamento. Diminuir o retrabalho é dos principais desafios que as empresas enfrentam na atualidade, por isso esse indicador é tão importante. Ele somente pode ser utilizado após a aplicação de treinamento cujo objetivo e conteúdo tenham como foco o aumento da produtividade dos alunos sobre determinado processo. Treinamentos em sistemas, por exemplo. Nesse caso, deve-se comparar o "antes com o depois".
Periodicidade de coleta: em ocasiões específicas.
Fórmula de cálculo:

$$\frac{\Sigma \text{ das horas gastas em retrabalho pela equipe}}{\Sigma \text{ das horas de todas as atividades da equipe}} \times 100$$

2. Taxa de variação de produtividade

Objetivo: diagnosticar se houve melhoria na produtividade da equipe após a realização do treinamento, avaliando-se o período de dois meses antes e após a ação educacional. Recomendo muita cautela na utilização desse indicador, pois existem diversos fatores que podem influenciar a produtividade da equipe, como sazonalidade, fatores de infraestrutura, produção, condições de trabalho e mercado. Uma recomendação importante que faço é que esse indicador somente deva ser usado para situações em que o treinamento seja focado em alguma ferramenta usada no dia a dia de trabalho para aumentar a produtividade do colaborador; por exemplo, sistemas, máquinas, procedimentos e atendimento. Esse indicador somente deve ser usado quando o treinamento for intensivo, formado por módulos presenciais e com instrutores muito experientes.

Periodicidade de coleta: em ocasiões específicas.

Fórmula de cálculo:

$$\text{Taxa de variação de produtividade} = \frac{\Sigma \text{ de produtos ou serviços produzidos pela equipe após o treinamento}}{\Sigma \text{ de produtos ou serviços produzidos pela equipe antes do treinamento}} \times 100$$

3. Taxa de horas de aplicação de treinamento

Objetivo: apurar se a quantidade de horas destinadas à aplicação de treinamentos é relevante perante o total de horas trabalhadas pelas pessoas que atuam com T&D em benefício da organização. Se o treinamento for por contratação externa, as horas dedicadas deverão entrar na soma do numerador e do denominador. Esse indicador ajuda a apurar se a equipe interna é efetiva em termos da geração do *output* de treinar pessoas.

Periodicidade de coleta: semestral.

Fórmula de cálculo:

$$\text{Taxa de horas de aplicação de treinamento} = \frac{\Sigma \text{ de horas destinadas à aplicação de treinamentos no mês}}{\Sigma \text{ de horas dos colaboradores que trabalharam em T\&D no mês}} \times 100$$

4. Tempo gasto com elaboração de conteúdo

Objetivo: identificar, em média, quantas horas estão sendo gastas na criação de conteúdo para cada hora de treinamento realizado, tanto presencialmente quanto em EaD. Essa medida nos ajuda a estipular uma meta para novos treinamentos. Por exemplo, para criação de conteúdos de treinamentos em comunicação, em média, alguns educadores gastam três horas de criação de conteúdo para cada hora em sala de aula.

Periodicidade de coleta: mensal.

Fórmula de cálculo:

$$\text{Tempo gasto com elaboração de conteúdo} = \frac{\Sigma \text{ das horas gastas para a criação de conteúdo dos treinamentos}}{\Sigma \text{ das horas relativas à carga horária dos treinamentos}}$$

11.11 Indicadores de T&D ligados a competências

As pessoas na empresa são capacitadas apenas em competências técnicas? Houve retenção de conhecimento após as capacitações? O gestor verificou o aumento do nível de competência após o treinamento da equipe? A empresa consegue desenvolver seus funcionários para cargos-chave visando à sucessão? Essas perguntas são respondidas com a implantação dos quatro indicadores apresentados a seguir.

1. Taxa de competências comportamentais e híbridas capacitadas

Objetivo: as capacitações realizadas na empresa comumente valorizam competências técnicas. O objetivo desse indicador é alertar a empresa para não cair no erro de capacitar seus colaboradores apenas nos produtos, serviços, sistemas e procedimentos, desvalorizando a aquisição de competências comportamentais e híbridas. Apresentei o detalhamento de competências no **Capítulo 1**.

Periodicidade de coleta: mensal.
Fórmula de cálculo:

> **Taxa de competências comportamentais e híbridas**
>
> $\dfrac{\Sigma \text{ de horas de treinamento realizadas em competências comportamentais e híbridas no mês}}{\Sigma \text{ de horas efetivas de treinamento realizadas no mês}}$

2. Nota média do teste de conhecimento

Objetivo: chegar à nota média conferida à turma treinada e submetida ao teste de conhecimento realizado após a capacitação. O teste de conhecimento poderá ser de múltipla escolha com cerca de 15 questões. Ao final, soma-se o número de questões corretamente respondidas e divide-se pela quantidade total de questões. Esse indicador auxilia na retenção do conhecimento, já que os colaboradores terão que estudar para realizar um bom teste. Recomendo que notas baixas não gerem punição, mas ações de reforço do aprendizado. Manter esse simples indicador em alto patamar significa zelar pela retenção do capital intelectual na organização.

Periodicidade de coleta: por evento e mensal.
Fórmula de cálculo:

> **Nota média do teste de conhecimento**
>
> $\dfrac{\Sigma \text{ de pontos das questões corretas}}{\Sigma \text{ de pontos máximos de todas as questões do teste}} \times 100$

3. Taxa de avaliação de competência pelo gestor imediato

Objetivo: após o treinamento da equipe, o líder poderá avaliar, por meio de observação direta e preenchimento de um questionário, como a equipe desempenhava uma competência antes e como o faz depois da ação de desenvolvimento.

Periodicidade de coleta: por evento.
Fórmula de cálculo:

> **Taxa de avaliação de competência pelo gestor imediato**
>
> $\dfrac{\text{Média do grau de competência atribuído pelo superior imediato após o treinamento da equipe}}{\text{Média do grau de competência atribuído pelo superior imediato antes do treinamento da equipe}} \times 100$

4. Taxa de *compliance* de sucessão

Objetivo: muitas vezes, as empresas levam anos para preparar pessoas-chave a fim de atender ao plano de sucessão. Durante essa trajetória, é importante mensurar se os esforços de T&D estão contribuindo para que esses profissionais estejam aptos para ocupar as vagas de promoção assim que elas surgem.

Periodicidade de coleta: semestral ou anual.
Fórmula de cálculo:

> **Taxa de *compliance* de sucessão**
>
> $\dfrac{\Sigma \text{ de vagas para cargos de sucessão preenchidas no ano por candidatos internos treinados}}{\Sigma \text{ de vagas para cargos de sucessão abertas na empresa no ano}} \times 100$

11.12 Indicadores financeiros de T&D

Os indicadores financeiros são destinados a mensurar resultados de ROI, custos e investimentos ligados à realização de T&D. Os três principais são apresentados a seguir.

1. Variação do custo *per capita* com saúde do colaborador

Objetivo: é mais do que sabido que organizações que não zelam pelo clima organizacional e pelo desenvolvimento de seus funcionários poderão apresentar sérios custos relacionados à saúde ocupacional. Mesmo aquelas empresas que cuidam bem de seu pessoal não podem perder o controle de custos laborais com saúde, pois é dever de todos promover a saúde e o bem-estar. Nessa lista de custos devem ser incluídos faltas, atrasos, reembolsos e demais despesas relacionadas.

Periodicidade de coleta: semestral ou anual.
Fórmula de cálculo:

Variação do custo *per capita* com saúde do colaborador

$$\frac{\Sigma \text{ de valores gastos com saúde após o treinamento} - \Sigma \text{ de custos com saúde antes do treinamento}}{\Sigma \text{ de custos com saúde antes do treinamento}}$$

---

2. *Return on Investment* (ROI)

Objetivo: o cálculo do ROI tem como objetivo ajudar a organização a perceber melhor os efeitos benéficos produzidos pelas ações de desenvolvimento.

De todos os indicadores, esse é o mais difícil de coletar dados, pois não é fácil levantar os benefícios conquistados com o treinamento. No entanto, muitas empresas alcançaram significativo sucesso na apuração dos benefícios, incluindo nessa conta ganhos de produtividade, redução de custos, aumento de eficiência, ganho de mercado, satisfação de clientes, entre outros fatores.

Periodicidade de coleta: semestral ou anual.
Fórmula de cálculo:

ROI – Return on Investment

$$\frac{\Sigma \text{ valores dos benefícios produzidos} - \Sigma \text{ de custos com o treinamento}}{\Sigma \text{ de custos com o treinamento}}$$

---

3. Investimento em T&D por colaborador

Objetivo: identificar quanto está sendo investido por colaborador com a finalidade de saber se é suficiente e se está dentro de uma meta organizacional. Algumas empresas, quando calculam esse indicador, surpreendem-se ao verificar que investem por mês mais em reformas do que no desenvolvimento das pessoas. Nos Estados Unidos, o investimento médio das empresas por funcionário gira em torno de R$ 4.000,00, ou seja, quase sete vezes a mais que no Brasil.

Periodicidade de coleta: mensal.
Fórmula de cálculo:

Investimento em T&D por colaborador

$$\frac{\Sigma \text{ investimento em T\&D no mês}}{\text{Média de colaboradores ativos no mês}}$$

11.13 Indicadores de T&D ligados aos resultados de negócios

Quando as ações de treinamento são realizadas para desenvolver competências como técnica de vendas presencial ou a distância, negociação e atendimento a clientes, há a possibilidade de se medir a performance da equipe por meio de três principais indicadores. Veja a seguir.

1. Taxa de crescimento de vendas

Objetivo: a taxa de crescimento de vendas pode ser mensurada antes e depois da capacitação para serem identificadas tendências. A taxa deve ser calculada mensalmente, retirada a sazonalidade. Além da quantidade de produtos e serviços comercializados, a taxa poderá ser usada para valores em reais. É importante ressaltar que muitos fatores internos e externos podem afetar as vendas, por isso o resultado do indicador deve ser analisado com ressalvas. Adicionalmente, o indicador somente deve ser medido quando a capacitação for intensiva, formada por vários módulos presenciais e com instrutores muito experientes.

Periodicidade de coleta: em momentos específicos.

Fórmula de cálculo:

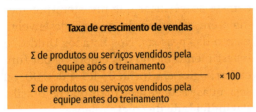

2. Taxa de crescimento de produtividade de vendas

Objetivo: nesse indicador, as vendas devem ser avaliadas na média por vendedor, para ser verificado se houve aumento de produtividade de vendas. Cada vendedor, na média, está vendendo mais produtos e serviços? A taxa também pode ser utilizada para vendas em reais, apresentando a variação do *ticket* médio. Volto a reforçar que vários fatores internos e externos podem afetar as vendas, por isso o resultado do indicador deve ser analisado com ressalvas. Esse indicador somente deve ser usado quando o treinamento for intensivo, formado por vários módulos presenciais e com instrutores muito experientes.

Periodicidade de coleta: em momentos específicos.

Fórmula de cálculo:

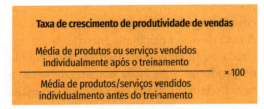

3. Taxa de conversão em negócios

Objetivo: mensurar se a equipe treinada aumentou a taxa de conversão de vendas, atendimento e negociação anterior ao treinamento recebido. A taxa de conversão de negócios é medida dividindo-se o número de negócios realizados pelo número de oportunidades identificadas no cliente. Esse indicador somente deve ser usado quando o treinamento for intensivo, composto por módulos presenciais e com instrutores muito experientes. Mesmo assim, a mensuração desse indicador não é tão assertiva, pois podem ocorrer fatos externos à empresa que causam impactos nos negócios, como aumento de preço e alteração da fidelidade dos clientes.

Periodicidade de coleta: em momentos específicos.

Fórmula de cálculo:

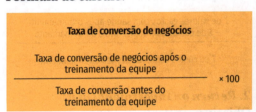

Após a apresentação dos 27 indicadores de T&D, acho oportuno comentar que existem normas para auxiliar empresas a se organizarem para colocar em prática o processo de treinamento, embora a maior parte delas seja superficial.

11.14 Norma ABNT NBR ISO 10015:2001

A International Organization for Standardization (Organização Internacional para Padronização ou Organização Internacional de Normalização), com sede em Genebra, Suíça, conhecida no mundo inteiro pela sigla ISO, é uma organização não governamental independente e a maior desenvolvedora mundial de normas internacionais voluntárias. A entidade trabalha com padronização e normalização em mais de 150 países.

A missão da ISO é criar normas internacionais para fazer que diversos processos de produção e de serviços funcionem dentro de padrões. Essas especificações são desenvolvidas para produtos, serviços e sistemas, com a finalidade de garantir qualidade, segurança e eficiência, colaborando para facilitar o comércio internacional. A ISO já publicou quase 20 mil normas internacionais que cobrem praticamente todos os setores econômicos.

Em 1999, a ISO publicou a Norma 10015:1999 que trata de *guidelines* para treinamentos. No Brasil, essa norma foi introduzida pela Associação Brasileira de Normas Técnicas (ABNT) e, em 2001, passou a se chamar ABNT NBR ISO 10015:2001 – Gestão da Qualidade – Diretrizes para Treinamento.

A ABNT é uma entidade privada e sem fins lucrativos, membro fundador da ISO, da Comisión Panamericana de Normas Técnicas (Comissão Pan-Americana de Normas Técnicas – Copant) e da Asociación Mercosur de Normalización (Associação Mercosul de Normalização – AMN). Desde a sua fundação, é também membro da International Electrotechnical Commission (Comissão Eletrotécnica Internacional – IEC). A ABNT é responsável pela publicação das Normas Brasileiras (ABNT NBR), elaboradas por seus Comitês Brasileiros (ABNT/CB), Organismos de Normalização Setorial (ABNT/ONS) e por suas Comissões de Estudos Especiais (ABNT/CEE).

A Norma ISO 10015 – Diretrizes para Treinamento pode ser aplicada para os casos de treinamento presentes nas normas das famílias NBR ISO 9000 e 14000 e em outras normas de gestão. Ela pode ser aplicada também a toda e qualquer empresa que realiza treinamentos, seja com pessoal interno ou com consultorias externas.

Os principais temas tratados pela Norma ISO 10015 são:
Apresentação dos quatro estágios do processo de treinamento.
Definição das necessidades de treinamento da organização.
Definição e análise dos requisitos de competência.
Identificação de soluções para eliminar as lacunas de competência.
Projeto e planejamento do treinamento.
Especificação do programa de treinamento.
Execução do treinamento.
Coleta de dados e preparação do relatório de avaliação.
Monitoração e melhoria do processo de treinamento.

Para melhor expressar esses conceitos, a ABNT definiu as diretrizes:

1. **Ciclo em quatro estágios**: a estrutura básica deve definir, projetar, executar e avaliar o treinamento. Para colocar essa trajetória em prática, devem ser avaliadas as necessidades. A gestão do processo também deve assegurar o envolvimento dos aprendizes, englobando-os no planejamento para transmitir uma ideia positiva de coautoria.
2. **Definição das necessidades de treinamento**: avaliar as necessidades da organização para desenvolver as competências requisitadas. Para identificar as lacunas de competências, podem ser utilizadas ferramentas como observação, discussões em grupo e opiniões de especialistas. A escolha pelo treinamento deve ser acompanhada de uma especificação documentada

para o melhor entendimento dos envolvidos.

3. **Projeto e planejamento do treinamento**: atentar às restrições que podem surgir para a execução do treinamento, como normas da empresa, leis, recursos financeiros, prazos e mesmo motivação das pessoas a serem treinadas. Aliando essas delimitações com os objetivos, o método do treinamento pode, enfim, ser escolhido: estágio, curso a distância, *in company* etc. Após essas definições, deve-se selecionar e analisar o fornecedor do treinamento, seja ele interno ou externo.

4. **Execução do treinamento**: fornecer recursos e estruturas aos treinandos e instrutores, pois isso tem ligação direta com a eficácia do programa. O apoio deve ser anterior à aplicação, com informações e contatos, passando pela implementação até o momento posterior, com *feedback* sobre as participações.

5. **Avaliação dos resultados do treinamento**: fase de confirmação dos resultados por meio das expectativas iniciais, estendendo-se até a demonstração prática do conhecimento no ambiente de trabalho pelos aprendizes. A avaliação também deve ser voltada à aplicação do treinamento, ou seja, verificar se orçamento, prazos e especificações foram atendidos, além de identificar quais etapas podem ser incrementadas para aperfeiçoamentos futuros.

QUESTÕES PARA REFLEXÃO E PRÁTICA

1

Os indicadores de Gestão de Pessoas possuem a finalidade de mensurar diversos processos de recursos humanos na organização. Forneça exemplos dos principais.

2

Para que os indicadores sejam implantados com sucesso é preciso que eles tenham algumas *características*. Diga quais são as principais e correlacione-as com as dificuldades que as organizações possuem para colocar em prática os indicadores de T&D.

3

A Escala Brasileira de Liderança é um importante indicador criado pelo autor para medir os diferentes estágios do líder. A pesquisa desenvolvida por essa escala demonstrou que, no Brasil, apenas 18% dos gestores chegam ao estágio de líder. Quais são os motivos que levam a esse resultado?

4

A pesquisa realizada pelo *Top Employers Institute* e pela Associação Brasileira de Treinamento apontou, entre outras conclusões, que, no Brasil, a retenção do conhecimento pelo aluno empresarial é de 23%, enquanto nos Estados Unidos, é de 41%. A quais motivos você atribui essa grande diferença?

5

O autor expôs os 27 indicadores de T&D divididos em *sete categorias*, pois apresentam diferentes análises. Qual a importância de se dividir os indicadores de T&D dessa forma?

6

Os indicadores de gestão de T&D servem para avaliar se os processos da área de desenvolvimento humano estão alinhados com as melhores práticas. Faça uma analogia entre esses processos e a necessidade de mensuração.

7

O indicador denominado taxa de treinamento realizado por consultores externos é uma medida que permite reservar investimentos para consultorias e instrutores externos como uma forma de "oxigenar" a organização. Apresente suas justificativas para essa afirmação.

8

Os cinco indicadores de satisfação e engajamento em T&D possuem quais objetivos? Forneça exemplos práticos do que o resultado de sua medição poderá provocar na empresa.

9

Os indicadores de produtividade são implantados para verificar as alterações de produtividade ocorridas nas equipes capacitadas e também nas pessoas que trabalham nos processos de T&D. Comente de que forma as pessoas que foram treinadas poderão apresentar aumento de produtividade.

10

O indicador taxa de *compliance* de sucessão visa mensurar se a empresa está conseguindo preparar pessoas para sucederem cargos-chave. Qual a importância desse indicador e como o seu resultado poderá ser utilizado?

> O próximo capítulo tem como foco apresentar diversos instrumentos para planejamento, implementação e avaliação de Educação Corporativa.
>
>

Capítulo 11 | Indicadores de T&D e a cultura de desempenho   253

CAPÍTULO 12
FORMULÁRIOS PARA PLANEJAMENTO, IMPLEMENTAÇÃO E AVALIAÇÃO DE EDUCAÇÃO CORPORATIVA

> "Formulários são instrumentos que auxiliam em todas as etapas para preparação e execução de ações educacionais. Jamais devem servir para engessar a empresa. Devem ser utilizados, portanto, para apoiar a excelência na Educação Corporativa."

A inclusão de modelos de formulários neste livro tem a finalidade de apresentar para educadores pessoas físicas, empresas e instituições de ensino formas simples e econômicas de organizar a demanda, a produção e o controle das iniciativas educacionais. Eles podem ser usados com os *softwares* Word e Excel ou podem fazer parte dos sistemas de gestão LMS (Learning Management System).

A ordem em que os formulários são apresentados aqui é cronológica para o projeto, ou seja, começa no planejamento, passando pela implementação e, finalmente, chegando à avaliação de T&D.[1]

---

[1] Os formulários podem ser baixados pelo portal: <www.conquist.com.br/download>.

12.1 Modelos de formulários para T&D

1. Formulário de pesquisa da Escala de Educação Corporativa (EEC)
Objetivo: identificar o estágio no qual se encontra a organização quanto ao grau de implantação e funcionamento de Educação Corporativa. A pesquisa poderá ser aplicada na área responsável por T&D e também ser respondida pelo usuário/aluno, visando à comparação de resultados entre essas distintas visões.

Concentre-se nas afirmações abaixo e responda de maneira transparente. As respostas são válidas tanto para capacitações presenciais quanto on-line. Indique na coluna em branco apenas o número correspondente à seguinte escala e faça o somatório ao final.

0 = Discordo totalmente
8 = Concordo totalmente
2 = Discordo parcialmente
4 = Nem discordo nem concordo
6 = Concordo parcialmente

Escala Educacional	Pontos
1. O processo de Educação Corporativa é prioridade da alta cúpula, não apenas no discurso como na prática, com a alocação de investimentos e infraestrutura.	
2. Os investimentos e custeios dedicados ao desenvolvimento interno e externo de colaboradores são suficientes para as necessidades da empresa.	
3. A empresa desenvolve regularmente capacitações para o seu público interno mediante um diagnóstico estruturado, adequando os temas às necessidades das áreas.	
4. A empresa atua cotidianamente na capacitação não apenas de funcionários como também de clientes e parceiros do negócio.	
5. Existem indicadores ligados à Educação Corporativa que são auditados, controlados e comunicados para a alta cúpula, que toma providências em caso de não cumprimento.	
6. A empresa procura parceiros constantemente no mercado e convida consultorias para elaboração de conteúdos e aplicação de capacitações mais estratégicas.	
7. Anualmente, 100% dos funcionários são desenvolvidos pela organização em cargas horárias diferenciadas e suficientes para cada um poder dar o máximo de si.	
8. A organização possui ou terceiriza um ambiente virtual de aprendizagem para ministrar conteúdos mais informacionais constantemente e de forma atrativa para o seu pessoal.	
9. A organização dispõe de ou terceiriza espaços confortáveis, bem localizados, bem equipados e com infraestrutura adequada de salas de aula para treinar a qualquer momento seus colaboradores.	
10. Existe um acervo de materiais instrucionais atualizados e são aplicados cotidianamente recursos como *gamification*, dinâmicas de grupo, livros e pesquisas para tornar as aulas participativas.	

11. A empresa planeja com antecedência de quais capacitações presenciais ou on-line as pessoas irão participar e as envolve com os seus objetivos antes das datas das aulas.	
12. Existe uma estratégia de comunicação interna que é aplicada para divulgar constantemente as boas práticas e os resultados advindos do processo de capacitação realizado.	
13. Tanto os funcionários quanto os consultores externos são valorizados pela empresa do ponto de vista de remuneração e reconhecimento.	
14. Há um processo constituído, sistêmico e simplificado para atender as dúvidas dos alunos em forma de secretaria acadêmica, mesmo que seja virtual, antes e após as aulas.	
15. Os treinamentos presenciais ou on-line, desde que estruturados, são constantes na organização, e essa prática de educação continuada é percebida pelos colaboradores.	
16. A organização possui proficiência própria ou terceirizada por consultoria para a criação de conteúdos diferenciados, controle de versões e atualização constante dos materiais.	
17. A capacitação de colaboradores não é exclusividade da área de RH e pode também ser realizada pelas áreas de negócios da empresa que possuem autonomia.	
18. A empresa realiza ou contrata treinamentos que ocorrem de forma estruturada, seguindo metodologias confiáveis e com educadores experientes.	
19. Os educadores alocados pela empresa facilitam a obtenção de conhecimento pelos alunos e proporcionam sempre atividades práticas e participativas em aula.	
20. A organização proporciona conhecimentos específicos e amplos para as pessoas e contribui fortemente para o desenvolvimento dos colaboradores em suas carreiras.	
Total	

2. Formulário de plano de treinamento e desenvolvimento

Objetivo: documentar, de forma resumida, todas as necessidades de treinamento presenciais e on-line da empresa para conseguir apresentá-las, discuti-las e aprová-las com a diretoria responsável. Sugiro que, juntamente com esse formulário, seja levado o Relatório de Necessidades de Treinamento (RNT) apresentado no Capítulo 5 deste livro.

Formulário de plano de treinamento e desenvolvimento					
Empresa					
Responsável pelo plano					
Justificativa do plano					
Orçamento do plano					
Áreas beneficiadas com o treinamento	nº de participantes	Módulos	Modalidade educacional	Local	Data de início
Responsável pela aprovação	Data / / _____ Assinatura Nome: Cargo:				

3. Formulário de trilha de desenvolvimento

Objetivo: sequenciar corretamente os módulos que serão ministrados de forma que possam fazer mais sentido para o público-alvo e manter coerência com o programa de T&D. O sequenciamento dos módulos é mais importante do que as pessoas imaginam, pois o conhecimento deve ser dosado de forma gradativa.

Competência	Sequência	Nome do módulo	Carga horária

4. Formulário para dimensionamento do treinamento e entregas previstas

Objetivo: registrar a quantidade de módulos de treinamento, carga horária, participantes, datas, horários, turmas e entregas que serão realizadas pela consultoria ou equipe interna. É um formulário de compromisso de entregas.

Formulário para dimensionamento do treinamento e entregas previstas	
Empresa	
Público-alvo do treinamento	
Forma de diagnóstico	
Entrega do material didático	
Certificação do treinamento	
Reporte dos resultados	
Ações pós-treinamento	

Informações do módulo					
Nome do módulo	Quantidade de módulos	Carga horária	nº de alunos/ turma	Data início/ data fim	Horário

5. Formulário para solicitação de treinamento e desenvolvimento

Objetivo: solicitar de maneira assertiva as ações educacionais para o desenvolvimento do colaborador. Cada colaborador deverá possuir um formulário próprio para ser submetido à área responsável por sua aprovação.

Formulário para solicitação de T&D	
Modalidade	( ) Interno ( ) Curso aberto ( ) *In company* ( ) *On the job* ( ) Graduação ( ) Pós-graduação ( ) *Coaching* ( ) Congresso
Funcionário solicitante	
E-mail	
Cargo	
Chefe imediato	
Diretor da área	
Justificativa	
Origem do recurso	
Nome do treinamento	
Carga horária	
Local	
Instituição/consultoria	
Solicitante	Data / / _____ Assinatura Nome: Cargo:
Responsável pela aprovação	Data / / _____ Assinatura Nome: Cargo:

6. Roteiro simplificado para diagnóstico – grupo focal

Objetivo: uma das primeiras etapas da implantação de qualquer treinamento é conhecer melhor o seu público-alvo, identificando situações, práticas de trabalho, comportamentos e necessidades por meio da realização de grupo focal. Um funcionário experiente deverá estimular um grupo de pessoas – formado por no mínimo quatro participantes e no máximo, sete – a falar sobre situações reais de trabalho que poderão ser aproveitadas no treinamento. Irei apresentar num único roteiro questões simples para levantamento da situação atual e da situação desejada.

Roteiro simplificado para diagnóstico – grupo focal – situação atual e desejada

Empresa	
Data	
Treinamento	
Nome dos participantes	

Passos
1. Consultor se apresenta ao grupo e solicita que se apresentem individualmente.
2. Consultor esclarece que o objetivo do encontro é levantar ideias para customização do treinamento.
3. Consultor estimula o grupo a discutir a situação atual (pontos fortes e fracos) da competência em questão e qual a situação a que se deseja chegar, levantando exemplos do cotidiano das melhores práticas.
4. O consultor grava a conversa, com permissão, e anota todos os *insights* do grupo focal.

Questões para estimular o grupo na discussão (levantamento de situação atual)
Falem sobre como é a rotina de trabalho de vocês.
Que conhecimentos, habilidades e atitudes são necessários para realizar as rotinas?
Quais ferramentas vocês utilizam no dia a dia e com que frequência?
Quais são os principais problemas que ocorrem na sua área? Quais os motivos?
Quanto aos indicadores da área, falem sobre as metas e os resultados obtidos.

Com quais áreas vocês mais se relacionam e quais problemas ocorrem?
Que obstáculos podem impedir vocês de fazerem um trabalho perfeito?
Citem casos breves que ocorreram ou ocorrem em seu trabalho.
Quais treinamentos já foram realizados e quais foram seus pontos fortes e fracos?

Levantamento de situação desejada
Qual é o perfil do profissional ideal para se trabalhar nessa área?
Que conhecimentos, habilidades e atitudes precisa ter?
Quais são as soluções para os problemas que vocês apresentaram nas perguntas anteriores?
Como gostariam que fosse o treinamento?
Que técnicas gostariam que fossem apresentadas?
O que a empresa gostaria que vocês mudassem ou melhorassem?
Quais resultados poderiam ser melhorados? Aonde vocês gostariam de chegar?
Se vocês pudessem fazer algo inovador e diferente no trabalho, o que fariam?

Observação: Caso a empresa já tenha escolhido as competências a serem treinadas, as questões acima devem ser aplicadas por competência. Se possível, um grupo focal diferente para cada competência. Caso contrário, o consultor deve identificar quais as competências prioritárias para desenvolvimento.

7. Roteiro simplificado para diagnóstico – questionário para gestores do projeto e líderes

Objetivo: entrevistar, de forma estruturada, os gestores responsáveis pela demanda de desenvolvimento e mapear as necessidades dos líderes quanto aos seus colaboradores que serão treinados, pois nem sempre a entrevista com o futuro treinando consegue descobrir todas as lacunas de desenvolvimento.

Roteiro simplificado para diagnóstico – questionário para gestores do projeto e líderes	
Empresa	
Data	
Nome e dados dos participantes da entrevista	

Questionário

- Quais são as principais estratégias da empresa e desafios para o ano?
- Quais são as diretrizes de RH quanto a T&D?
- Faça um breve relato do histórico da área que será capacitada.
- Quais as características das pessoas a serem capacitadas? Características em relação a idade, gênero, formação, tempo de casa, experiência, perfil e hierarquia.
- Qual o grau de maturidade das pessoas que serão capacitadas?
- No passado, algum treinamento realizado para essas pessoas foi bem-sucedido? Caso afirmativo ou não, o que ocorreu?
- Que erros são cometidos na área e com que frequência?
- Qual é o perfil geral dos colaboradores que serão treinados?
- Quais são os pontos fortes e os pontos a serem desenvolvidos nos colaboradores?
- Que processos de trabalho dos colaboradores podem ser melhorados?
- Quais são as metas da área e o que pode ser melhorado para atingi-las?
- Que conhecimentos, habilidades e atitudes os colaboradores precisam desenvolver?
- Em que modalidade de desenvolvimento você acredita que o público-alvo estará mais disposto a participar?
- Em relação à carga horária, local e agenda, a empresa possui alguma recomendação?
- Há algum comportamento que o instrutor deve evitar?
- Atribua nota de 1 a 10 para o estágio atual das competências que precisam ser desenvolvidas nas pessoas a serem treinadas.

8. Formulário para criação de *storyboard* para treinamento presencial e EaD

Objetivo: um dos erros que mais consomem o tempo de designers instrucionais e designers gráficos durante a elaboração de conteúdo é não aprovarem previamente com o educador demandante as ideias para o conteúdo.

O objetivo desse formulário é contribuir para o ganho de produtividade na elaboração de conteúdos educacionais.

Formulário para criação de *storyboard* para treinamento presencial e EaD

Empresa	
Data	
Coordenador do projeto	
Quantidade de *slides* ou cenas	
Carga horária de aula prevista	

Módulo 1 / Lição 1

Nome do *slide* ou cena	Tipo de *slide* ou cena	Imagem / vídeo indicados	Efeito indicado	Áudio indicado	Texto indicado

Módulo 1 / Lição 2

Nome do *slide* ou cena	Tipo de *slide* ou cena	Imagem / vídeo indicados	Efeito indicado	Áudio indicado	Texto indicado

Módulo 1 / Lição 3

Nome do *slide* ou cena	Tipo de *slide* ou cena	Imagem / vídeo indicados	Efeito indicado	Áudio indicado	Texto indicado

9. Formulário para convocação de treinamento e desenvolvimento

Objetivo: muitas empresas convocam seus funcionários para capacitações, contudo não os envolvem com o que será ministrado, gerando ansiedade. Existem casos em que o funcionário sequer sabia a data da capacitação. Convocar os participantes corretamente para o treinamento é um passo importante, fornecendo informações pontuais sobre o mesmo. Esse é objetivo deste formulário.

Formulário para convocação de T&D			
Modalidade	( ) Interno ( ) Curso aberto ( ) *In company* ( ) *On the job* ( ) Outra			
Nome do módulo			
Objetivo			
Nome do instrutor			
Carga horária		Data de realização	Local
Conteúdo programático				
1º dia	2º dia	3º dia
Lista de participantes	
Nome	Setor

10. Formulário de presença

Objetivo: documentar a participação dos alunos nas ações educacionais realizadas, visando gerar indicadores de frequência e aproveitamento. É de suma importância o registro de frequência também para a correta emissão do certificado.

Formulário de presença				
Modalidade	( ) Interno ( ) Curso aberto ( ) *In company* ( ) *On the job* ( ) *Coaching*			
Módulo				
Instrutor				
Carga horária		Data de realização		Local
Participantes				
#	Nome completo		Setor	Rubrica
1				
2				
3				
4				
5				
6				
7				
8				
9				
10				
11				
12				
13				
14				
15				
16				
17				
18				
19				
20				

11. Formulário de avaliação de reação

Objetivo: mensurar, de forma assertiva, o grau de satisfação do treinando ao final da ação educacional realizada, coletando informações importantes sobre performance do instrutor, infraestrutura e material didático.

Formulário de avaliação de reação

Data	
Nome do aluno	
Nome do treinamento	
Modalidade educacional	( ) Interno ( ) Externo – *in company* ( ) *On the job*
Instrutor	

Nas questões a seguir, marque a pontuação que reflete a sua avaliação sobre aspectos do treinamento utilizando a escala de 1 a 7, sendo 1 a menor nota e 7 a maior nota.

1. Atualização das informações apresentadas
2. Conhecimento do assunto pelo instrutor
3. Didática na exposição do conteúdo
4. Atenção ao grupo
5. Capacidade de motivação do grupo
6. Favorecimento de troca de experiências
7. Administração do tempo do treinamento
8. Pertinência das atividades realizadas em aula
9. Qualidade do conteúdo do treinamento
10. Qualidade do material didático
11. Adequação da carga horária do treinamento
12. Infraestrutura física de sala de aula
13. Qualidade do *coffee break*
14. Assistência de secretaria e atendimento ao aluno
15. Localização do treinamento

Quais temas você gostaria que fossem tratados nos próximos treinamentos?
_____
_____
_____
_____
_____
_____
_____

Você indicaria a empresa contratada para ministrar outros treinamentos?
( ) sim   ( ) não

Espaço para críticas, sugestões ou elogios.
_____
_____
_____
_____
_____
_____

12. Relatório pós-treinamento – conclusão do projeto de T&D

Objetivo: reportar ao final do projeto ao cliente o histórico do projeto, a percepção do educador, a satisfação dos alunos, e as oportunidades de novas capacitações.

Relatório pós-treinamento – conclusão do projeto de T&D	
Empresa	
Nome do projeto	
Nome do cliente	
Módulos ministrados	
Histórico do projeto	Data(s) de coleta de *briefing*
	Data(s) de realização do diagnóstico
	Data(s) de customização do conteúdo
	Data(s) de aprovação com o cliente
	Data(s) de realização da capacitação
	Data(s) da(s) ação(ões) de sustentação da aprendizagem
	Data de conclusão do projeto
Percepções do educador durante a capacitação	
Índices de satisfação dos alunos com a capacitação	
Comentários dos alunos na ficha de avaliação	
Oportunidades adicionais de desenvolvimento detectadas	
Coordenação do projeto	Data / / _____ Assinatura Nome: Cargo:

13. Outros modelos de formulários

Existem muitos outros modelos que recomendo utilizar para o sucesso das ações de T&D. Contudo, em função do espaço limitado do formato do livro, eles não serão incluídos aqui, mas posso citá-los. Alguns formulários são:

Calendário de treinamento.
Cálculo de investimento em cursos e treinamentos.
Carta convite para o instrutor.
Agradecimento ao aluno depois do término da aula.
Checklist de ações pós-treinamento.
Sequenciamento de uma apresentação de aula.
Relatório final de treinamento.

Chegamos ao fim do último capítulo deste livro. Como se trata do último, as questões foram extraídas dos demais. Ao todo são 15 perguntas para reflexão e prática.

QUESTÕES PARA REFLEXÃO E PRÁTICA

1
Explique a diferença entre a sigla CHAR e a tradicional CHA. Em sua opinião, qual é a evolução do novo conceito de competências?

2
Quais são as principais *razões para se implementar Educação Corporativa* com profissionalismo em vez de fazer ações isoladas de treinamento?

3
É certo que os líderes se diferenciam das tradicionais chefias. Defina quais são os *2cs + 2is* do líder criados pelo autor e que devem ser praticados cotidianamente pelos gestores.

4
Como deve ser estruturado um Programa de Desenvolvimento de Líderes? Quais os principais grupos de competências que devem ser aplicados em PDGs/PDLs?

5
Segundo o autor, quais as vantagens de se apresentar o *Plano de Treinamento* completo quando o projeto de educação requer vários módulos e turmas?

6
A *Trilha de Desenvolvimento*, também chamada de Trilha do Conhecimento, é um importante instrumento da fase de planejamento das ações educacionais. Como deve ser criada uma trilha?

7
Fábrica de Conteúdo é o local físico ou um ambiente virtual no qual uma equipe trabalha. Quantos passos são necessários para que haja produção na Fábrica de Conteúdo? Cite exemplos.

Elabore uma para um Programa de Desenvolvimento de Líderes com módulos mensais de 16 horas de duração, destinado a uma empresa da área de telefonia celular para *trainees* que iniciaram na área de vendas.

8

"*Não confunda gamification com venda de jogos*" foi uma frase criada pelo autor no capítulo sobre elaboração de conteúdo. Disserte sobre essa afirmação.

9

O que são os *mestres blended* apresentados no livro? Quais os motivos de tal recomendação?

10

A *Hierarquia 4M2T* é composta por Metodologia, Modalidade, Método, Técnica, Tecnologia e Material de ensino. Apresente e explique a hierarquia entre os seus componentes.

11

No livro o autor apresentou as 30 técnicas mais utilizadas em seus trabalhos de consultoria, treinamento e desenvolvimento de pessoas. Exemplifique algumas das principais técnicas.

12

A *Curva de aprendizagem ABCDE* apresentada pelo autor demonstra um gráfico comparando a aprendizagem dos alunos com a carga horária para treinamentos de curta duração. Experimente reproduzi-lo em forma de *draft*.

13

O autor propôs dois tipos de quadrantes para apoiar pessoas e organizações a escolherem melhor as modalidades de desenvolvimento/ensino. Um quadrante é o de *flexibilidade de agenda* versus *flexibilidade de conteúdo*, e o outro é de *carga horária* versus *grau de transformação*. Como os quadrantes podem ser usados na prática?

14

No capítulo sobre *modalidades de desenvolvimento* o autor apresenta 41 modalidades para serem selecionadas e aplicadas conforme a situação necessitar. Na sua visão, as empresas utilizam poucas dessas modalidades ou uma variedade maior com os colaboradores? Justifique sua posição.

15

A *Escala Brasileira de Liderança* é um importante indicador criado pelo autor para medir os diferentes estágios do líder. A pesquisa que foi feita pelo autor indicou que, no Brasil, apenas 18% dos gestores chegam ao estágio de líder. Quais são os motivos que levam a esse resultado?

Chegamos ao fim do livro que dedico a você, leitor. Lembre-se sempre de que quem trabalha com educação de pessoas tem o compromisso nobre de ajudar os outros, a si mesmo e a sociedade a evoluírem sempre. Conheça meus artigos no campo da educação e em outras áreas de gestão empresarial acessando minha biblioteca: <http://www.conquist.com.br/blog-artigos/>.

Se precisar fazer *download* dos formulários apresentados nos capítulos de planejamento e implementação de T&D acesse: <http://www.conquist.com.br/download/>.

Obrigado por seu tempo e até breve!

Roberto Madruga

[REFERÊNCIAS]

ACAD – EXPERIÊNCIA E EDUCAÇÃO. *Dez passos para criar uma universidade corporativa*. Disponível em: <http://academiadaestrategia.com.br/site/dez-passos-para-criar-uma-universidade-corporativa/>. Acesso em: 28 abr. 2017.

ACADEMIA BRASILEIRA DE LETRAS. *Dicionário escolar da língua portuguesa*. 2. ed. São Paulo: Companhia Editora Nacional, 2008.

AKED, Jody et al. Five ways to well-being – foresight project on communicating the evidence base for improving people's well-being. *New Economics Foundation*. Disponível em: <http://www.businessballs.com/freespecialresources/Five_Ways_to_Well-being-NEF.pdf>. Acesso em: 27 abr. 2017.

ALTERDATA SOFTWARE. Disponível em: <http://www.alterdata.com.br/>. Acesso em: 27 abr. 2017.

ARAUJO, Luis César G.; GARCIA, Adriana Amadeu. *Gestão de pessoas, estratégias e integração organizacional*. São Paulo: Atlas, 2014.

ARTICULATE. *Any course you can imagine, on any device imaginable*. Disponível em: <https://www.articulate.com/products/storyline-all-features.php>. Acesso em: 28 abr. 2017.

ASSOCIAÇÃO BRASILEIRA DE NORMAS TÉCNICAS (ABNT). Disponível em: <http://www.abntcatalogo.com.br/>. Acesso em: 28 abr. 2017.

_____. *NBR ISO 10015*: Gestão da qualidade – Diretrizes para treinamento. Rio de Janeiro: ABNT, 2001.

ASSOCIAÇÃO BRASILEIRA DE TREINAMENTO E DESENVOLVIMENTO (ABTD). *O panorama do treinamento no Brasil*: fatos, indicadores, tendências e análises. 2016. Disponível em: <http://www.integracao.com.br/pesquisa-panorama-do-treinamento-no-brasil-2016.pdf>. Acesso em: set. 2017.

_____. *O retrato do treinamento no Brasil*. 2014. Disponível em: <http://portal.abtd.com.br/Conteudo/Material/Arquivo/PesquisaABTD20132014.pdf>. Acesso em: ago. 2017.

ASSOCIAÇÃO BRASILEIRA DOS ANALISTAS DE INTELIGÊNCIA COMPETITIVA NO BRASIL (ABRAIC). Disponível em: <http://abraic.org.br/>. Acesso em: 27 abr. 2017.

ASSOCIAÇÃO DOS EX-ALUNOS DO CURSO DE ESPECIALIZAÇÃO EM INTELIGÊNCIA COMPETITIVA NO BRASIL (ICBRASIL). Disponível em: <http://icbrasil.org.br/>. Acesso em: 28 abr. 2017.

BAIMA, Cesar. *Cérebro de adolescentes é programado para aprender, diz estudo*. O Globo, Rio de Janeiro, 10 out. 2016. Disponível em: <https://oglobo.globo.com/sociedade/ciencia/cerebro-de-adolescentes-programado-para-aprender-diz-estudo-20258527>. Acesso em: 29 ago. 2017.

BARRET VALUES CENTRE. *The Barret Model*: the seven levels model describes the evolutionary development of human consciousness. Disponível em: <https://www.valuescentre.com/mapping-values/barrett-model>. Acesso em: 28 abr. 2017.

BENITEZ, Christopher Jan. *7 factors that prevent you from studying better*. Disponível em: <https://elearningindustry.com/7-factors-prevent-studying-better>. Acesso em: 27 abr. 2017.

BERSIN, Josh. The new organization: different by design. *Josh Bersin Articles*, mar. 5, 2016. Disponível em: <http://joshbersin.com/2016/03/the-new-organization-different-by-design/>. Acesso em: 27 abr. 2014.

BOOG, G.; BOOG, M. (Org.). *Manual de treinamento e desenvolvimento*: processos e operações. 6. ed. São Paulo: Pearson Education do Brasil, 2013.

BRASIL, André. *Fale bem, fale sempre*. São Paulo: Universo dos Livros, 2010.

BRASIL. Ministério do Meio Ambiente – Instituto Chico Mendes de Conservação da Biodiversidade – ICMBio. *Participação em eventos de formação*. Disponível em: <http://www.icmbio.gov.br/cggp/paginas/educacao/aquivos/Manual_Capacitacao.pdf>. Acesso em: 28 abr. 2017.

BUENO, Marcos. As teorias de motivação humana e sua contribuição para a empresa humanizada: um tributo a Abraham Maslow. *Revista do Centro de Ensino Superior Catalão*, Catalão, Goiás, ano IV, n. 6, 1° semestre, 2002.

CANONGIA, Claudia et al. Foresight, inteligência competitiva e gestão do conhecimento: instrumentos para a gestão da inovação. *Gestão & Produção*, São Carlos, v. 11, n. 2, p. 231-238, maio-ago. 2004.

CAOSMOSE. *Notice biographique sur Pierre Lévy*. Disponível em: <http://www.caosmose.net/pierrelevy/bio.html>. Acesso em: 23 abr. 2017.

CAPTERRA. *Top course authoring software products*. Disponível em: <http://www.capterra.com/course-authoring-software>. Acesso em: 28 abr. 2017.

_____. *Top LMS software*. Disponível em: <http://www.capterra.com/learning-management-system-scftware/#infographic>. Acesso em: 28 abr. 2017.

CASTRO, Nivalde José de; BRUNO, Marinilza; ROSENTAL, Rubens. Tecnologias da informação e comunicação, formação profissional e educação a distância: tendências e perspectivas. In: CONGRESSO ANUAL EM CIÊNCIA DA COMUNICAÇÃO, 25., 4 e 5, 2002, Salvador. *Anais*... Disponível em: <http://www.intercom.org.br/papers/nacionais/2002/congresso2002_anais/2002_NP8castro.pdf>. Acesso em: 28 abr. 2017.

CHAPMAN, Alan. *Howard Gardner's multiple intelligences*. Disponível em: <http://www.businessballs.com/howardgardnermultipleintelligences.htm>. Acesso em: 27 abr. 2017.

_____. *Induction training checklist*. Disponível em: <http://www.businessballs.com/inductiontrainingchecklist.htm>. Acesso em: 27 abr. 2017.

_____. *Johari window*. Disponível em: <http://www.businessballs.com/johariwindowmodel.htm>. Acesso em: 27 abr. 2017.

_____. *Kolb learning styles*. Disponível em: <http://www.businessballs.com/kolblearningstyles.htm>. Acesso em: 27 abr. 2017.

_____. *Training process diagram. The process of training and developing others – Typical model*. Disponível em: <http://www.businessballs.com/trainingprocessdiagram.pdf>. Acesso em: 27 abr. 2017.

CHURCHES, Andrew. *Bloom's digital taxonomy*. Disponível em: <http://edorigami.wikispaces.com/Bloom%27s+Digital+Taxonomy>. Acesso em: 24 abr. 2017.

CITRIN, James. As cinco virtudes dos executivos extraordinários. *HSM Management*, São Paulo, p. 130, mar.-abr., 2004.

CONSORTIUM FOR RESEARCH ON EMOTIONAL INTELLIGENCE IN ORGANIZATIONS. *The emotional competence framework*. 1998. Disponível em: <http://www.eiconsortium.org/reports/emotional_competence_framework.html>. Acesso em: 28 abr. 2017.

CRUZ, Maria Lúcia Reis Monteiro da. Estratégias pedagógicas para alunos com dificuldade de aprendizagem. In: SEMINÁRIO INTERNACIONAL DE INCLUSÃO ESCOLAR: PRÁTICAS EM DIÁLOGO, 1., 2014, Rio de Janeiro. *Anais...* Fortaleza: CAp-UERJ, 2014. Disponível em: <http://www.cap.uerj.br/site/images/stories/noticias/5-cruz.pdf>. Acesso em: 29 ago. 2017.

DALE, Edgar. *Audiovisual methods in teaching*. Nova York: Dryden Press, 1954.

DAVENPORT, Thomas H.; PRUSAK, Laurence. *Conhecimento empresarial*: como as empresas gerenciam o seu capital intelectual. Rio de Janeiro: Campus, 1998.

DeAQUINO, Carlos Tasso Eira de. *Como aprender*: andragogia e as habilidades de aprendizagem. São Paulo: Pearson, 2007.

DELOITTE UNIVERSITY PRESS. *2017 Deloitte global human*: rewriting the rules for the digital age. Disponível em: <https://www2.deloitte.com/us/en/pages/human-capital/articles/introduction-human-capital-trends.html>. Acesso em: 28 abr. 2017.

DESIGN THINKING PARA EDUCADORES. Disponível em: <http://www.dtparaeducadores.org.br/site/material/>. Acesso em: 8 mar. 2017.

DICIONÁRIO AURÉLIO ONLINE. Disponível em: <https://dicionariodoaurelio.com/>. Acesso em: 28 abr. 2017.

DICIONÁRIO BRASILEIRO DA LÍNGUA PORTUGUESA MICHAELIS ON-LINE. Disponível em: <http://michaelis.uol.com.br>. Acesso em: 28 abr. 2017.

DISNEY INSTITUTE. *Our approach*. Disponível em: <https://disneyinstitute.com/approach/>. Acesso em: 28 abr. 2017.

DUTRA, Daniela Cristina; LOURENÇO, Luís Cláudio; FRANCO, Martinha. *Treinamento e desenvolvimento empresarial*: um olhar sob o ciclo de vida organizacional segundo Adizes.

2010. 52 f. Trabalho de Conclusão de Curso (Graduação em Administração) – Faculdade de Pindamonhangaba – Pindamonhangaba. Disponível em: <http://177.107.89.34:8080/jspui/handle/123456789/15>. Acesso em: 28 abr. 2017.

DUTRA, Joel Souza. *Competências*: conceitos e instrumentos para a gestão de pessoas na empresa moderna. São Paulo: Atlas, 2007.

_____. *Gestão de pessoas*. São Paulo: Atlas, 2002.

DUTRA, Joel Souza; FLEURY, Maria Tereza Leme; RUAS, Roberto. (Org.). *Competências*: conceitos, métodos e experiências. São Paulo: Atlas, 2008.

EBOLI, Marisa. *Educação corporativa no Brasil*: mitos e verdades. São Paulo: Gente, 2004. In: SILVA, Fabíola Fernandes; LUCIO, Emellyne Marcela de Melo; BARRETO, Liliane Michelle Trindade da Silva. Treinamento, desenvolvimento e educação de pessoas em turismo: case Disney. *Revista Hospitalidade*. São Paulo, v. X, n. 2, p. 283, dez. 2013. Disponível em: <http://www.revhosp.org/hospitalidade/article/new/526/544>. Acesso em: 13 nov. 2017.

_____. O desenvolvimento das pessoas e a educação corporativa. In: FLEURY, Maria Tereza Leme (Coord.). *As pessoas na organização*. São Paulo: Gente, 2002. p. 185-216.

EDUCAÇÃO CORPORATIVA. Disponível em: <http://www.conquist.com.br/educacional/>. Acesso em: 28 abr. 2017.

ELANCO BRASIL. Disponível em: <http://www.elanco.com.br/>. Acesso em: 1 mar. 2017.

ELETROBRAS. *Universidade corporativa*. Disponível em: <http://www.eletrobras.com/elb/data/Pages/LUMIS70805430PTBRIE.htm>. Acesso em: 28 abr. 2017.

EUROPEAN MENTORING AND COACHING COUNCIL (EMCC)/ ASSOCIATION FOR COACHING. *Global code of ethics for coaches and mentors*. Disponível em: <http://www.emccouncil.org/webimages/EMCC/Global_Code_of_Ethics.pdf>. Acesso em: 29 ago. 2017.

FACHINELLI, Ana Cristina; ECKERT, Alex; MELLO, Claudio Baltazar Correa de. Transferência de conhecimento organizacional a partir de uma internacionalização de empresa. *Revista de Administração IMED – RAIMED*, v. 5, n. 1, p. 36-48, jan./abr. 2015.

FADEL, Luciane Maria et al. (Org.). *Gamificação na educação*. São Paulo: Pimenta Cultural, 2014.

FISHER, John. *The process of transition* – Fisher's personal transition curve. Disponível em: <http://www.businessballs.com/freepdfmaterials/fisher-transition-curve-2012bb.pdf>. Acesso em: 28 abr. 2017.

FOOD AND AGRICULTURE ORGANIZATION OF UNITED NATIONS (FAO). *The art of questioning in principles and methods of training*. Disponível em: <http://www.fao.org/docrep/W8088E/w8088e03.htm#module5the art of questioning>. Acesso em: 23 abr. 2017.

FOSWAY GROUP. *Authoring tools*. Disponível em: <http://www.fosway.com/9-grid/authoring-tools/>. Acesso em: 28 abr. 2017.

FUNDAÇÃO NACIONAL DA QUALIDADE (FNQ). Disponível em: <http://www.fnq.org.br/sobre-a-fnq>. Acesso em: 28 abr. 2017.

_____. *Conceitos fundamentais da excelência da gestão*. 3. ed. São Paulo, 2015.

_____. *Despertando o pleno potencial das pessoas*. 23. ed. São Paulo, 2016.

GENNARI, Emilio. *Um breve passeio pela história da educação*. Disponível em: <http://www.espacoacademico.com.br/029/29cgennari.htm>. Acesso em: 28 abr. 2017.

GUTIERREZ, Karla. *A quick overview of four institutional design models*. 2015. Disponível em: <http://info.shiftelearning.com/blog/top-instructional-design-models-explained>. Acesso em: 28 abr. 2017.

_____. 10 writing strategies that drive up learner engagement online. *Shift disruptive eLearning*. Disponível em: <<http://cdn2.hubspot.net/hubfs/159642/shift_ebook_abril2015.pdf?__hssc=5681644.1.1513223927535&__hstc=5681644.c10fad8ceaae15a0f8aa732c3e243bcb.1513223927535.1513223927535.1513223927535.1&__hsfp=3915944366&hsCtaTracking=00e62e4a-9bb8-4142-8528-244faa662b80%7C2fc455e4-0a5d-4ce2-a7cc-649ef3c3a902>. Acesso em: 28 abr. 2017.

HALLORAN, Ann. *Popular change management theories*. Disponível em: <http://www.practical-management-skills.com/change-management-theories.html>. Acesso em: 28 abr. 2017.

HART, Steve. 10 steps to create a strong baseline plan. *PM – Foundations*, 2011. Disponível em: <https://pm-foundations.com/2011/12/11/pm-foundations-10-steps-to-create-a-strong-baseline-plan/>. Acesso em: 28 abr. 2017.

_____. *Project management foundations*: managing change, 2011. Disponível em: <https://pm-foundations.com/2011/05/14/pm-foundations-%E2%80%93-managing-change/>. Acesso em: 28 abr. 2017.

HILSDOR, Carlos. *O que é inteligência competitiva?* Disponível em: <http://www.administradores.com.br/artigos/negocios/o-que-e-inteligencia-competitiva/44824/>. Acesso em: 28 abr. 2017.

INSTRUCTIONAL DESIGN CENTRAL (IDC). *Instructional design models*. Disponível em: <http://www.instructionaldesigncentral.com/instructionaldesignmodels>. Acesso em: 28 abr. 2017.

INTERNATIONAL ORGANIZATION FOR STANDARDIZATION (ISO). Disponível em: <http://www.iso.org/iso/home/about.htm>. Acesso em: 28 abr. 2017.

JENSEN, Bill. *Empresas do futuro procuram*: novas e criativas relações de trabalho. Rio de Janeiro: Campus, 2002.

KAJESWSKI, Kelly. *Adaptive learning for adaptive leaders*: the future of leadership development. Disponível em: <http://deakinprime.com/news-and-publications/news/adaptive-learning-for-adaptive-leaders>. Acesso em: 27 abr. 2017.

KAJEWSKI, Kelly; MADSEN, Valerie. *Desmystifying 70:20:10*. Melbourne: Deakin Prime Corporate Education, 2013. Disponível em: <http://deakinprime.com/media/47821/002978_dpw_70-20-10wp_v01_fa.pdf>. Acesso em: 27 abr. 2017.

KOENRAAD, Ton; HOEFF, Aike van der. National competence standards for initial teacher education: a result of collaboration by faculties of education in the Netherlands. *Journal of Teacher Education and Educators*, v. 2, n. 2, p. 167-194, 2013. Disponível em: <http://www.jtee.org/document/issue4/MAK1.pdf>. Acesso em: 28 abr. 2017.

KOTTER, John P. Leading change. Boston: Harvard Business School Press, 1996. In: PINTO, Mario C. S.; SOUZA, Cristina L. C. Mudança organizacional em uma empresa familiar brasileira: um estudo de caso. *Revista de Administração Pública*, Rio de Janeiro, v. 43, n. 3, p. 617-618, maio-jun. 2009.

_____. Winning at change. *Leader to Leader*, Nova Jersey, n. 10, p. 27-33, 1998.

_____. *Liderando mudanças*: transformando empresas com a força das emoções. Rio de Janeiro: Alta Books, 2017.

KRAKOVSKY, Marina. A ciência ajuda você a realizar seus planos. *Mente e Cérebro*, São Paulo, n. 51, ano XXI.

_____. *Como a ciência pode ajudar você a realizar seus planos*. Disponível em: <http://www.methodus.com.br/artigo/993/como-a-ciencia-pode-ajudar-voce-a-realizar-seus-pl.html>. Acesso em: 28 abr. 2017.

LABORATÓRIO WALTERBOOT. Disponível em: <http://www.walterboot.net/>. Acesso em: 28 abr. 2017.

LACOMBE, Francisco José Masset. *Recursos humanos*: princípios e tendências. São Paulo: Saraiva, 2005.

LEME, Rogério. *Aplicação prática de gestão de pessoas por competências*. 2. ed. Rio de Janeiro: Qualitymark, 2005.

LÉVY, Pierre. *Cibercultura*. 3. ed. São Paulo: Editora 34, 2010.

LITTO, F. M.; FORMIGA, M. (Org.). *Educação à distância*: o estado da arte. São Paulo: Pearson Education, 2009.

LOMBARDO, Michael M.; EICHINGER, Robert W. *The career architect development planner*. Minneapolis: Lominger, 1996.

LOPES, Viviane Costa et al. Andragogia e a didática do ensino superior: novo lidar com o aprendizado do adulto em EaD. In: XVIII CONGRESSO INTERNACIONAL DE EDUCAÇÃO A DISTÂNCIA (ABED), 18., 2012. Ribeirão Preto. *Anais...* Ribeirão Preto: ABED, 2012. Disponível em: <http://www.abed.org.br/congresso2012/anais/218c.pdf>. Acesso em: 27 abr. 2017.

LOTURCO, Roseli. Novas metodologias para capacitar os funcionários. *Você RH*, 27 jan. 2016. Disponível em: <http://exame.abril.com.br/negocios/novas-metodologias-para-capacitar-os-funcionarios/>. Acesso em: 28 abr. 2017.

MADRUGA, Roberto. *Escala brasileira de liderança*. Disponível em: <http://www.conquist.com.br/escala-brasileira-de-lideranca/>. Acesso em: 28 abr. 2017.

_____. *Guia de implementação de marketing de relacionamento e CRM*. 2. ed. São Paulo: Atlas, 2009.

_____. *Triunfo da liderança*: práticas, estratégias e técnicas diárias para desenvolver líderes de alta performance. 2. ed. São Paulo: Atlas, 2015.

MARIOTTI, Humberto; ZAUHY, Cristina. *A aprendizagem informal e o conceito 70:20:10*. Disponível em: <http://www.humbertomariotti.com.br/imagens/trabalhosfoto/20131.pdf>. Acesso em: 28 abr. 2017.

MARQUES, Marta Nascimento; KRUG, Hugo Norberto. *Reflexões acerca de algumas abordagens pedagógicas da educação física escolar*. Disponível em: <http://www.partes.com.br/educacao/reflexoes.asp>. Acesso em: 28 abr. 2017.

MATTOS, Thiago. Oferta é cada vez maior, mas EAD ainda sofre resistência. *O Estado de S. Paulo*, São Paulo, 30 jul. 2013. Disponível em: <http://educacao.estadao.com.br/noticias/geral,oferta-e-cada-vez-maior-mas-ead-ainda-sofre-resistencia,1058834>. Acesso em: 28 abr. 2017.

MEDEIROS, Ana Paula Nunes. *A gamificação inserida como material de apoio que estimula o aluno no ensino da matemática*. Porto Alegre: UFRGS, 2015.

MEDINA, Bruno et al. *Gamification, Inc.*: como reinventar empresas a partir de jogos. Rio de Janeiro: MJV Press, 2013.

MEISTER, Jeanne. *Educação corporativa*: a gestão do capital intelectual através das universidades corporativas. São Paulo: Makron Books, 1999.

MENEZES, Ebenezer Takuno de. *Modalidades de ensino*. Disponível em: <http://www.educabrasil.com.br/modalidades-de-ensino/>. Acesso em: 28 abr. 2017.

MILKOVICH, George T.; BOUDREAU, John W. *Administração de recursos humanos*. São Paulo: Atlas, 2000. p. 198.

MILL, Daniel. Gestão estratégica de sistemas de educação a distância no Brasil e em Portugal: a propósito da flexibilidade educacional. *Educ. Soc.*, Campinas, v. 36, n. 131, p. 407-426, abr.-jun. 2015. Disponível em: <http://www.scielo.br/scielo.php?script=sci_arttext&pid=S0101-73302015000200407&lng=en&nrm=iso>. Acesso em: 28 abr. 2017.

MINDTOOLS. *Forming, storming, norming, and performing*: understanding the stages of team formation. Disponível em: <https://www.mindtools.com/pages/article/newLDR_86.htm>. Acesso em: 28 abr. 2017.

_____. *Gagne's nine levels of learning*: training your team effectively. Disponível em: <https://www.mindtools.com/pages/article/gagne.htm>. Acesso em: 28 abr. 2017.

MINISTÉRIO DA EDUCAÇÃO – PRONATEC. Disponível em: <http://pronatec.mec.gov.br/cnct/perguntas_frequentes.php>. Acesso em: 28 abr. 2017.

MINISTÉRIO DA EDUCAÇÃO. Disponível em: <http://portal.mec.gov.br/>. Acesso em: 28 abr. 2017.

MOTTA, Gustavo da Silva; PAIXÃO, Roberto Brazileiro; MELO, Daniel Reis Armond de. A aprendizagem de estratégia empresarial por meio dos jogos de empresas: o discurso coletivo de alunos. In: ENCONTRO DE ESTUDOS EM ESTRATÉGIAS, 4., 2009, Recife. Anais... Recife, 2009.

NEAL, David T.; WOOD, Wendy; WU, Mengju; KURLANDER, David. The pull of the past: when do habits persist despite conflict with motives? *Personality and Social Psychology Bulletin*, v. 37, n. 11, p. 1.428-1.437, nov. 2011.

NONAKA, Ikujiro; TAKEUCHI, Hirotaka. *Criação do conhecimento na empresa*: como as empresas japonesas geram a dinâmica da inovação. Rio de Janeiro: Campus, 1997.

NTL INSTITUTE. Disponível em: <http://www.ntl.org/>. Acesso em: 28 abr. 2017.

NUNOMURA, Eduardo. As lições da velha guarda. *Você RH*, 30 maio 2016. Disponível em: <http://exame.abril.com.br/negocios/as-licoes-da-velha-guarda/#>. Acesso em: 28 abr. 2017.

OLIVEIRA, Neófita Maria de. *Treinamento e desenvolvimento*: tendências e inovações na pequena empresa. 2000. 120f. Dissertação (Mestrado – Programa de Pós-Graduação em Engenharia de Produção) – Universidade Metodista de Piracicaba – Faculdade de Engenharia Mecânica e de Produção, Santa Bárbara D'Oeste, 2000. Disponível em: <https://www.unimep.br/phpg/bibdig/pdfs/docs/25052012_171038_neofita_maria_da_silva.pdf>. Acesso em: 28 abr. 2017.

PALKMETS, Lauri. *Good practice guide on training methodologies*: how to become an effective and inspirational trainer. European Union Agency for Network and Information Security, 2014.

PANT, Mandakini. Preparatory training methodology and materials. 2012. In: PARTICIPATORY ADULT LEARNING, DOCUMENTATION AND INFORMATION NETWORKING: Participatory lifelong learning and information and communication technologies. Unesco.

PAPPAS, Christopher. *7 e-learning gamification tips to enhance problem solving skills*. Disponível em: <https://elearningindustry.com/elearning-gamification-tips-enhance-problem-solving-skills>. Acesso em: 23 abr. 2017.

_____. *8 innovative ways to facilitate peer-based e-learning feedback*. Disponível em: <https://elearningindustry.com/ways-facilitate-peer-based-elearning-feedback>. Acesso em: 23 abr. 2017.

_____. *The top e-learning statistics and facts for 2015 you need to know*. Disponível em: <http://elearningindustry.com/elearning-statistics-and-facts-for-2015>. Acesso em: 28 abr. 2017.

PERIARD, Gustavo. *Tudo sobre a teoria dos dois fatores de Frederick Herzberg*. Disponível em: <http://www.sobreadministracao.com/tudo-sobre-a-teoria-dos-dois-fatores-de-frederick-herzberg/>. Acesso em: 28 abr. 2017.

PERRENOUD, Philippe. *Dez novas competências para ensinar*. Porto Alegre: Artes Médicas Sul, 2000.

PILETTI, Claudino. *Didática geral*. São Paulo: Ática, 2010.

PINTO, Mario Couto Soares; SOUZA, Cristina Lyra Couto. Mudança organizacional em uma empresa familiar brasileira: um estudo de caso. In: ENCONTRO DA ANPAD, Rio de Janeiro, 2007. *Anais eletrônicos...* Disponível em: <http://www.anpad.org.br/admin/pdf/GPR-A1804.pdf>. Acesso em: 8 set. 2017.

POLATO, Amanda. Como detectar transtornos de aprendizagem. *Época*, 30 ago. 2012. Disponível em: <http://revistaepoca.globo.com/Sociedade/noticia/2012/08/como-detectar-transtornos-de-aprendizagem.html>. Acesso em: 24 abr. 2017.

PONTUAL, Marcos. Evolução do treinamento empresarial. In: BOOG, G. G. (Org.). *Manual de treinamento e desenvolvimento*: gestão e estratégias. São Paulo: McGraw-Hill do Brasil, 1980.

PORTER, Michael E. *Estratégia competitiva*: técnicas para análise de indústrias e da concorrência. Rio de Janeiro: Campus, 1986.

_____. *Vantagem competitiva das nações*. Rio de Janeiro: Campus, 1993.

PORTUGUÊS. Disponível em: <http://www.portugues.com.br/>. Acesso em: 28 abr. 2017.

PÓS-GRADUANDO. *Quais são as diferenças entre palestra, curso, workshop, simpósio, seminário e congresso?* 28 ago. 2011. Disponível em: <http://posgraduando.com/blog/quais-sao-as-diferencas-entre-palestra-curso-workshop-simposio-seminario-e-congresso>. Acesso em: 28 abr. 2017.

PRADAN, Arun. *Design thinking for learning innovation* — a practical guide. Disponível em: <http://deakinprime.com/news-and-publications/news/design-thinking-for-learning-innovation>. Acesso em: 28 abr. 2017.

PROENÇA, Adriano et al. (Org.). *Gestão da inovação e competitividade no Brasil*: da teoria para a prática. Porto Alegre: Bookman, 2015.

QUINN, Robert E. et al. *Competências gerenciais*. 5. ed. Rio de Janeiro: Campus, 2012.

RIBEIRO, Juliane de Almeida et al. Competências essenciais como fator determinante de competitividade em ambientes hipercompetitivos: um estudo do setor de telefonia celular de Minas Gerais. *Revista de Gestão USP*, São Paulo, v. 16, n. 1, p. 51-67, jan.-mar. 2009.

RODRIGUES, Anna Carolina. O papel do business partner. *Revista Você RH*, 20 abr. 2016. Disponível em: <http://exame.abril.com.br/negocios/o-papel-do-business-partner/>. Acesso em: 28 abr. 2017.

SABIN – MEDICINA DIAGNÓSTICA. Disponível em: <http://www.sabinonline.com.br/site/interna.asp?CodConteudo=4>. Acesso em: 28 abr. 2017.

SAFE WORK AUSTRALIA. *Workplace induction for construction workplaces*, nov. 2014. Disponível em: <https://www.safeworkaustralia.gov.au/system/files/documents/1703/information-sheet-work-induction-for-construction.pdf>. Acesso em: 12 dez. 2016.

SANTOS, Diego. *6 teaching techniques you should know*. Disponível em: <https://www.goconqr.com/en/examtime/blog/teaching-techniques/>. Acesso em: 22 abr. 2017.

SARKAR, Amit. Simple steps to manage your project changes. *UCSC Silicon Valley Extension*, 13 mar. 2010. Disponível em: <http://svprojectmanagement.com/simple-steps-to-manage-your-project-changes>. Acesso em: 27 abr. 2017.

SAUAIA, Antonio Carlos Aidar. *Satisfação e aprendizagem em jogos de empresas*: contribuições para a educação gerencial. Tese (Doutorado em Administração) –

Faculdade de Economia, Administração e Contabilidade, Universidade de São Paulo, São Paulo, 1995, p. 273.

SCACHETTI, Ana Ligia. *Série especial:* história da educação no Brasil. Disponível em: <https://novaescola.org.br/conteudo/1910/serie-especial-historia-da-educacao-no-brasil> Acesso em: 28 abr. 2017.

SCHIEMANN, William A. From talent management to talent optimization. *Journal of World Business*, 2014.

SCRIBD. *John fisher's personal transition curve.* Disponível em: <https://pt.scribd.com/document/34696244/Employee-Motivation>. Acesso em: 28 abr. 2017.

_____. *Ten tips for questionnaires on employee motivation.* Disponível em: <https://pt.scribd.com/document/34696244/Employee-Motivation>. Acesso em: 28 abr. 2017.

SEBRAE. *Gamificação*: aplicação de lógica de jogos na educação. Disponível em: <http://ois.sebrae.com.br/boaspraticas/gamefication-aplicacao-da-logica-de-jogos-na-educacao/>. Acesso em: 22 abr. 2017.

SEIXAS, Luma da Rocha. *A efetividade de mecânicas de gamificação sobre o engajamento de alunos do ensino fundamental.* 2014. 135 f. Dissertação (Mestrado em Ciência da Computação) – Universidade Federal de Pernambuco, Recife, 2014. Disponível em: <http://repositorio.ufpe.br/bitstream/handle/123456789/11567/DISSERTA%C3%87%C3%83O%20Luma%20da%20Rocha%20Seixas.pdf?sequence=1&isAllowed=y>. Acesso em: 8 set. 2017.

SENE, José Eustáquio de. A sociedade do conhecimento e as reformas educacionais. *Diez años de cambios en el mundo, en la geografía y en las ciencias sociales, 1999-2008. Actas del X Coloquio Internacional de Geocrítica*, Universidad de Barcelona, mayo 2008. Disponível em: <http://www.ub.edu/geocrit/-xcol/91.htm>. Acesso em: 28 abr. 2017.

SENGE, Peter M. *A quinta disciplina*: dança das mudanças. Rio de Janeiro: Elsevier, 1999.

SILVA, Fabíola Fernandes; LUCIO, Emellyne Marcella de Melo; BARRETO, Leilianne Michelle Trindade da Silva. Treinamento, desenvolvimento e educação de pessoas em turismo: case Disney. *Revista Hospitalidade*, São Paulo, v. X, n. 2, p. 275 - 295, dez. 2013.

SMITH, Theodore C. Fifty-one competencies for online instruction. *The Journal of Educators Online*, v. 2, n. 2, jul. 2005.

SOCIEDADE BRASILEIRA DE HISTÓRIA E EDUCAÇÃO (SBHE). *História da Educação*, v. 17, n. 3[46], jul.-set., 2017. Disponível em: <http://www.rbhe.sbhe.org.br/index.php/rbhe>. Acesso em: 27 abr. 2017.

SOPRANA, Paula. Universidades brasileiras falham no ensino de empreendedorismo. *Época*, Rio de Janeiro, out. 2016. Disponível em: <http://epoca.globo.com/vida/noticia/2016/10/universidades-brasileiras-falham-no-ensino-de-empreendedorismo.html>. Acesso em: 8 set. 2017.

STELTER, Reinhard. *Working with values in coaching in The SAGE handbook of coaching.* 2016. Disponível em: <https://www.researchgate.net/publication/298299825_Working_with_values_in_coaching>. Acesso em: 28 abr. 2017.

SUBRAMANIAM, A. et al. Effects of coaching supervision, mentoring supervision and abusive supervision on talent development among trainee doctors in public hospitals: moderating role of clinical learning environment. *BMC Medical Education*, 2015.

SUZANO PAPEL E CELULOSE. Disponível em: <http://www.suzano.com.br/>. Acesso em: 4 dez. 2016.

SVEIBY, Karl Erik. *A nova riqueza das organizações*: gerenciando e avaliando patrimônios do conhecimento. Rio de Janeiro: Campus, 1998.

TERRA, José Cláudio Cyrineu. *Gestão do conhecimento*: o grande desafio empresarial. 3. ed. São Paulo: Negócio Editora, 2001.

THEIS, Ivo Marcos. *A sociedade do conhecimento realmente existente na perspectiva do desenvolvimento desigual*. Disponível em: <http://www.scielo.br/pdf/urbe/v5n1/a10v5n1.pdf>. Acesso em: 28 abr. 2017.

UNESCO. *Incheon declaration and framework for action for the implementation of sustainable development goals 4*: ensure inclusive and equitable quality education and promote lifelong learning opportunities for all. Disponível em: <http://www.uis.unesco.org/Education/Documents/incheon-framework-for-action-en.pdf>. Acesso em: 28 abr. 2017.

UNIVERSIDADE FEDERAL DE ALAGOAS. *Gestão do conhecimento*. Disponível em: <http://www.ufal.edu.br/gestaodoconhecimento/gestao-do-conhecimento/gestao-do-conhecimento>. Acesso em: 28 abr. 2017.

UNIVERSITY OF MICHIGAN. *Definitions of instructional design*. Adapted from Training and instructional design, Applied Research Laboratory, Penn State University, 1996. Disponível em: <http://www.umich.edu/~ed626/define.html>. Acesso em: 28 abr. 2017.

VILHENA, João Baptista. *Manual para desenvolvimento de uma universidade corporativa*. Disponível em: <http://pt.slideshare.net/costacurtajunqueira/manual-para-Desenvolvimento-de-uma-universidade-corporativa-slides>. Acesso em: 28 abr. 2017.

WINSTEAD, Scott. How to create effective eLearning quiz questions. *eLearning Industry*, oct. 2016. Disponível em: <https://elearningindustry.com/6-tips-elearning-quiz-questions>. Acesso em: 23 abr. 2017.

ZICHERMANN, Gabe; CUNNINGHAM, Christopher. *Gamification by design*: implementing game mechanics in web and mobile apps. Sebastopol: O'Reilly Media, 2011.